MOEWIG

EIN PLAYBOY TASCHENBUCH
IM MOEWIG VERLAG

D1732579

PLAYBOY
ROMAN

Raymond Hawkey · Roger Bingham

Mord auf höchster Ebene

MOEWIG

PLAYBOY, Häschenmarke, Playmate und Femlin sind registered trade marks von PLAYBOY Enterprises Inc., Chicago, USA

Titel der Originalausgabe: Wild Card
Aus dem Englischen von Annemarie Stemmler
Copyright © 1974 by Raymond Hawkey und Roger Bingham
Copyright © der deutschen Übersetzung 1981
by Moewig Verlag, München
Umschlagfoto: MALL Photodesign, Stuttgart
Umschlagentwurf und -gestaltung: Franz Wöllzenmüller, München
Verkaufspreis inkl. gesetzl. Mehrwertsteuer
Auslieferung in Österreich:
Pressegroßvertrieb Salzburg, Niederalm 300, A-5081 Anif
Printed in Germany 1981
Druck und Bindung: Ebner Ulm
ISBN 3-8118-6123-9

Nehmt guten Rath an; es ist höchst gefährlich
Geheimnisse von Fürsten zu erfahren,
Denn sie zu wahren braucht man eine Brust
Die ganz umgürtet ist mit Diamanten.
Ich bitte Dich, gieb Dich zufrieden, prüfe
Die eigne Schwachheit; wahrlich, es ist leichter
Knoten zu binden, als sie aufzulösen.
's ist ein Geheimniß, das, wie schleichend Gift
In Deinen Adern wirken mag, Dich tödten,
Eh' sieben Jahr verflossen.

(Die Herzogin von Malfi, 5. Akt, 2. Szene)

1

Die Druckwelle rüttelte an den Fenstern des Weißen Hauses und ließ den Kronleuchter im Schlafzimmer leise klirren. Der Präsident bewegte sich im Schlaf, ein Zucken überflog seine Augenlider.

Er träumte. In seinem Traum war *Thanksgiving,* und er war wieder ein Kind und daheim im alten Haus. Alle waren sie da, seine Eltern und Geschwister, Onkel und Tanten, Vettern und Kusinen – doch auch seine Frau und seine Kinder. Also wirklich alle, nur Jack fehlte. Und obwohl er in seinem Traum nicht älter als sechs Jahre war, hatte er das Essen zubereitet. Warum das so war, wußte er nicht, er wußte nur, daß es etwas mit der Uhrzeit zu tun hatte: Es war eine Minute nach halb Zwölf.

Als er mit dem Austeilen fertig war und an der Mitte des ovalen Mahagonitisches seinen Platz zwischen den Eltern eingenommen hatte, merkte er plötzlich, daß der Schauplatz des Traumes gewechselt hatte. Jetzt befanden sie sich alle im Kabinettsraum des Weißen Hauses.

Die Unterhaltungen verklangen, und als sein Vater das Dankgebet zu sprechen begann, faltete er vor sich auf dem Tisch die Hände. Obwohl noch keiner das Fehlen seines Bruders bemerkt hatte, begann Angst in ihm aufzusteigen. Er drehte den Kopf zur Seite und sah, wie das Fleisch auf dem Teller seiner Mutter zu pulsieren anfing. Voller Grauen beobachtete er, wie sie langsam die Gabel aufnahm und prüfend damit in das Fleischstück stach.

Augenblicklich, als habe sie eine Ader getroffen, fing es an zu bluten. Entsetzt ließ sie die Gabel fallen und wich zurück, Hände, Gesicht und Oberteil ihres weißen Spitzenkleides blutbespritzt.

Sein Vater hörte auf zu sprechen und starrte ihn, genau wie jeder andere im Raum, anklagend an. Panik erfaßte ihn; er wußte, gleich würden sie ihm etwas Schreckliches antun. Das ist ja so ungerecht! dachte er wütend. Hätte er seinen Bruder nicht getötet und sein Fleisch für sie zubereitet, dann hätten sie alle sterben müssen...

Irgendwo hatte es zu klingeln begonnen. Der Präsident streckte den Arm aus und tastete nach dem roten Telefon auf dem Nachttisch.

„Tut mir leid, Sir, Sie schon wieder stören zu müssen." Der Anruf kam aus dem Lagerraum, und es war das dritte Mal in dieser Nacht, daß der Beamte vom Dienst den Präsidenten aus dem Schlaf holte. „Wir haben jedoch gerade eben erfahren, daß es das *Lincoln Memorial* erwischt hat."

„*Was,* bitte?" Der Präsident stützte sich auf den Ellbogen und rieb sich die Augen.

„Das *Lincoln Memorial.* Sieht aus, als hätten sie die Verteidigungslinien untertunnelt."

„War's ein nuklearer Sprengsatz?"

„Ich fürchte, ja."

„Herrgott noch mal!" Der Präsident war plötzlich hellwach. „Und war das Ding sauber?"

„Wir nehmen's an. Die Bombe war tief in der Erde angebracht und ziemlich klein, den Bebenmessungen zufolge – nicht mehr als eine Achtelkilotonne. Gerade genug, um uns zu beweisen, daß sie es ernst meinen."

„Und ohne das geringste Risiko eines Gegenschlags durch Weiße." Der Präsident stöhnte. „Genau wie Nadelman vorausgesagt hat."

Es klopfte an der Tür, und sein persönlicher Diener trat ein. Er trug ein Tablett, das er auf den Nachttisch stellte. Dann ging er ans Fenster und zog die Vorhänge zur Seite. Der Präsident hielt schützend die Hand vor die Augen. In den Chor der morgendlichen Vogelstimmen mischte sich das entfernte Sirengeheul von Polizeifahrzeugen und Krankenwagen. „Sind Menschen zu Schaden gekommen?" fragte er.

„Die Jungs in den Panzern scheinen okay zu sein, aber das ist auch schon alles, fürchte ich."

Der Präsident sah zu, wie sein Kammerdiener Kaffee einschenkte und eine Serviette ausschlug. „Hören Sie", sagte er ins Telefon und warf einen Blick auf die Uhr, „in spätestens zwei Stunden trete ich meine Reise nach Cleveland an. Vorher will ich Ihren vollständigen Bericht auf meinem Schreibtisch liegen haben." Er legte den Hörer auf und überlegte, ob ihm wohl schlecht werden würde. Es war die Drohung einer „Volks"bombe gewesen, die ihn von der Notwendigkeit überzeugt hatte, ein Denkkonsortium zur Ausarbeitung einer Studie über die Welle von Unruhen, die die Bürger der Vereinigten Staaten erfaßt hatte, einzurichten. Und den Vorsitz hatte auf seine Bitte hin sein wissenschaftlicher Berater, Dr. Richard Nadelman, übernommen.

Ende Januar hatten er und Nadelman sich zusammengesetzt, um das Projekt zu besprechen, spät am Abend und im Oval des Gelben Zimmers, wie er sich jetzt erinnerte. Mit der Hand, die das Whiskyglas hielt, hatte er auf die Stapel von Aktennotizen und Berichten zur inneren Sicherheit gewiesen, die überall auf dem gelben Teppich lagen, und zu Nadelman gesagt: „Ich möchte, daß Sie sich diesen ganzen Kram da verdammt gut ansehen und mir dann sagen, wonach ich mich – wenn überhaupt – zu richten habe. Kommen Sie mir ja nicht mit schönen Worten und schon gar nicht mit einem Haufen Unsinn über historische Zwänge, sondern sagen Sie mir klipp und klar, was ich zu tun habe! Denn wenn das so weitergeht, werde ich schon verdammt bald nicht nur mit einem Bein, sondern bis zum Hals in der Scheiße stecken! Ihre Arbeit wird unter die höchste Geheimhaltungsstufe fallen; wenn Sie also der Ansicht sind, daß hier in meinem Laden Leute wie McNamara oder Bundy oder Rostow sitzen – dann raus mit der Sprache!"

Während er auf Nadelmans Antwort wartete, hatte er sich seinen dritten – oder war es der vierte? – Drink seit dem Eintreffen des Experten gemixt. Bei jedem anderen hätte er sich damit in acht nehmen müssen; es mußte zu dieser Zeit gewesen sein, daß man den alten Witz auf ihn münzte, er sei ein Computer mit Alkohol statt Strom in den Leitungen. Aber bei Nadelman war es egal, wieviel er trank. Er war nicht geschwätzig, im Gegensatz zu so vielen anderen in seiner Umgebung, und zusätzlich war er loyal. Kein Schmeichler – er hätte niemals, wie Johnson es einmal formuliert hatte, ihm oder einem anderen Präsidenten auf einem Bild im Schaufenster den Hintern geküßt. Und noch eine Eigenschaft machte ihn so wertvoll: Nicht nur sah er trotz Bäumen den Wald, und das auf fast allen Gebieten, sondern er war auch bereit, die Dinge beim Namen zu nennen und darauf zu pfeifen, was das für Folgen haben könnte.

„Für ein Unternehmen wie das, von dem Sie sprechen", hatte Nadelman gesagt, „brauche ich einen Soziologen, einen Anthropologen mit Schwerpunkt kulturelle Entwicklung, auf jeden Fall einen Psychologen – drüben am Walter-Reed-Institut gibt's übrigens einen erstklassigen Mann! – und außerdem einen Fachmann für Kriegsspiele, einen Systemanalytiker und einen Historiker."

Sie hatten bis in die frühen Morgenstunden diskutiert. „Ein letzter Punkt noch", hatte der Präsident gesagt, als er Nadelman zum Aufzug begleitete, „ich will auf keinen Fall, daß Sie oder einer von den Leuten, mit denen Sie zusammenarbeiten werden, das Innen- oder das Verteidigungsministerium um Informationen angehen. Wenden Sie sich bei allem, was Sie wissen wollen, an mich. Den Bericht werden Sie selbst tippen – keine Stenographen, keine Durchschläge. Und lassen Sie um Himmels willen niemanden damit in die Nähe eines Fotokopiergerätes!"

Zum Stützpunkt der Studiengruppe war das Hauptquartier des Nationalen Sicherheitsdienstes in Fort Meade gemacht worden; alle für die Untersuchung erforderlichen Einrichtungen waren ihr zur Verfügung gestellt worden. Die Erstellung des Berichtes hatte einen Monat gedauert, und am vergangenen Abend war er dem Präsidenten übergeben worden.

Die Studiengruppe hatte seinen Erwartungen entsprochen und eine bestechende Analyse der Faktoren, die zu der gegenwärtigen Krise geführt hatten, geliefert. Und obwohl die Sorgfalt, mit der vermieden worden war, Werturteile zu fällen, offensichtlich war, fand er es doch erfreulich, daß mit keinem Wort angedeutet wurde, er oder irgendein Mitglied seiner Regierung könnte für das, was da falsch gelaufen war, verantwortlich sein.

Was ihn aber aus der Fassung gebracht hatte, war der Anhang zu dem Bericht gewesen. Er war im Anschluß an die Arbeit der Studiengruppe von Nadelman unter der Assistenz des Psychologen vom Walter-Reed-Institut erstellt worden. Ausgehend von den generellen Schlußfolgerungen der Arbeitsgruppe wurde hier unter dem Decknamen WILD CARD ein alternativer Plan zur Bewältigung der Krise vorgeschlagen. Der Präsident hatte ihn sich mehrmals durchlesen müssen, bevor er wirklich davon überzeugt war, daß es sich nicht um Hirngespinste handelte. Empört hatte er daraufhin alles als das Werk zweier Verrückter abgetan und war mit dem festen Vorsatz zu Bett gegangen, Nadelman dafür am nächsten Tag die Leviten zu lesen.

Aber hatte er den Plan wirklich verworfen? fragte er sich jetzt. Wenn er an seinen Traum dachte, kamen ihm doch ernste Zweifel.

Zutiefst beunruhigt spülte er mit einem Schluck von dem mittlerweile lauwarmen Kaffee zwei Beruhigungstabletten hinunter und griff dann nach dem von seinem Berater in Fragen der inneren Sicherheit verfaßten Bericht über die Ereignisse der vergangenen Nacht.

Wieder hatte es in einer ganzen Reihe amerikanischer Städte Unruhen gegeben, doch der Schauplatz der erbittertsten Kämpfe war immer noch St. Louis.

Achtundvierzig Stunden zuvor hatte er der Nationalgarde des Missouri-Gebietes Bundesvollmacht erteilt und den Einsatz von Armeefallschirmjägern im Stadtgebiet genehmigt. Eine der Entscheidungen, die er noch vor Antritt seiner Reise zu treffen hatte, war die, ob er St. Louis zu einem Katastrophengebiet größeren Ausmaßes erklären sollte oder nicht. Das wäre dann die dreizehnte Stadt innerhalb dieses Monats.

Der Bericht schloß mit den Worten: *Abgesehen von den oben im einzelnen aufgeführten Ereignissen halten die rassisch motivierten Auseinandersetzungen und zerstörerischen Aufstände im ganzen Land an.*

11

Der Präsident warf den Bericht zur Seite und langte, ohne die Zusammenfassung der Nachrichten vom Tage zu beachten, nach dem Zeitungsstapel, der auf dem silbernen Frühstückstablett lag.

Am heutigen Tag würde er zum ersten Mal seit fast einem Jahr Washington verlassen, und sämtliche Zeitungen – mit Ausnahme der in St. Louis erscheinenden *Post-Dispatch* – brachten dieses Ereignis als Titelstory. Er wußte, daß trotz massiver Sicherheitsvorkehrungen, die zu seinem Schutz getroffen worden waren, die Zeitungsredakteure im ganzen Land jetzt die zahlreichen druckreifen Versionen des Nachrufes auf den Präsidenten auf den neuesten Stand brachten. Tatsächlich lasen sich einige der Leitartikel – insbesondere die der *Washington Post* und *New York Times* – bereits wie Nachrufe.

Die unterste Zeitung in dem Stapel, die *Denver Post,* brachte eine Karikatur, die seine Aufmerksamkeit weckte. Die hohe, athletische Gestalt des Präsidenten, sein hübsches Gesicht und die Warmherzigkeit, die er ausstrahlte, machten ihn zu einer nur schwer zu karikierenden Person. Im Lauf der Jahre hatte sich eine stereotype Art, ihn zu zeichnen, entwickelt: mit einem dichten Schopf ungebändigten Haares, einem aggressiven, eckigen Kinn und den traurigen Augen einer Dogge.

Die Karikatur in der *Denver Post* zeigte ihn als Kapitän eines Mississippi-Raddampfers, der ein aufgewühltes, mit Sternen und Streifen verziertes Meer durchfuhr, in dem es von Haien nur so wimmelte. Im Heck des Schiffes drängte sich die verängstigte Mannschaft zusammen – unter den Gesichtern erkannte er einige der leichter zu karikierenden Mitglieder seines Kabinetts – sowie eine Handvoll Passagiere, die als typische Mittelamerikaner gezeichnet waren. Er selbst wurde dargestellt, wie er dümmlich lächelnd am Bug lehnte und aus einer Kanne mit der Aufschrift GESETZESVORLAGEN eine Flüssigkeit ins Meer tropfen ließ. Die größten Haie trugen den wildesten Gesichtsausdruck und auf den Seiten die Aufschriften KU-KLUX-KLAN, KOMMUNISTEN, STAAT DER SCHWARZEN, MAU-MAU und REVOLUTIONÄRE ALLIANZ. Die Überschrift lautete schlicht und einfach: ÖL AUF DIE WOGEN.

Verärgert feuerte er die Zeitung zur Seite und stieg aus dem Bett. Als er geduscht und sich angezogen hatte, trat er an die Tür, die in den Schlafraum der First Lady führte. Da er nicht wußte, ob sie bereits wach war, öffnete er die Tür vorsichtig einen Spalt breit, um ohne sie zu stören einen Blick in ihr Zimmer werfen zu können.

Seine Frau saß aufrecht im Bett beim Morgenkaffee und las in einem Brief. Sie sah zu ihm auf und nahm ihre Brille ab. Der Präsident begrüßte sie mit einem Kuß und setzte sich zu ihr aufs Bett.

„Sag mal", fragte sie und studierte aufmerksam sein Gesicht, auf dem die Müdigkeit tiefe Spuren hinterlassen hatte, „wann bist du eigentlich heute nachts ins Bett gegangen?"

„Kurz nach eins. Hast du schon von der Sache mit dem *Lincoln Memorial* gehört?"

Sie nickte. „Liebling", sagte sie, und ihre Betonung verriet, daß sie sich seine volle Aufmerksamkeit für ihre folgenden Worte wünschte, „ich weiß ja, daß ich versprochen hatte, Cleveland nicht mehr zu erwähnen..."

„Aber?" unterbrach sie der Präsident lächelnd.

Sie ergriff seine Hand und gab sich Mühe, ihre nächsten Worte weder wehleidig noch vorwurfsvoll klingen zu lassen. „Wenn du schon fahren mußt – kannst du mich dann nicht wenigstens bis zum *Dulles Airport* mitfahren lassen? Und warum muß es überhaupt ein Zivilflughafen sein? Wäre es nicht sicherer und auch schneller, mit dem Hubschrauber nach Andrews rauszufliegen?"

Er seufzte. Seine Finger spielten an dem mit Rosen bedruckten Bettüberwurf. „Nicht auch du noch! Ich habe mir schon von den Jungs vom Geheimdienst einen langen Vortrag über Viktimologie anhören müssen!"

Sie schüttelte traurig den Kopf. „Ich halte dich für verrückt", sagte sie, „so einfach dein Leben aufs Spiel zu setzen, bloß um eine Kläranlage einzuweihen."

Er zuckte die Achseln, als sei er geneigt, ihr zuzustimmen. „Mein Gefühl sagt mir, daß ich alles in meinen Kräften Stehende tun muß, um die Dinge besser aussehen zu lassen, als sie sind, insbesondere nach dem, was heute morgen passiert ist." Er warf einen Blick auf seine Armbanduhr. „Dann werd' ich mich wohl besser auf die Socken machen", fuhr er bedauernd fort.

Sie küßten sich, und er verließ das Zimmer. Als er die Tür hinter sich zuzog, wußte er, daß damit endlich ihre wochenlangen Diskussionen darüber, ob es für ihn gefährlich war oder nicht, Washington zu verlassen, ein Ende gefunden hatten.

Es war ein schöner, klarer Morgen, und als der Präsident im Erdgeschoß aus dem Fahrstuhl trat, beschloß er, zu Fuß durch den Rosengarten zu seinem im Westflügel gelegenen Amtszimmer zu gehen. Einer seiner Vorgänger, Präsident Taft, hatte das Weiße Haus einmal den einsamsten Ort auf der Welt genannt, doch er selbst stellte immer wieder irritiert fest, wie schwer es war, überhaupt einmal allein zu sein. Schon zu Beginn seiner Amtszeit war es schlimm genug gewesen, doch seit den Unruhen im vergangenen Herbst war die Zahl der Geheimdienstleute verdoppelt und die hauseigene Polizeieinheit durch eine Kompanie Mariner verstärkt worden. Er war sich voller Unbehagen bewußt, daß ihm zwei Geheimdienstbeamte folgten, als er die Stufen des *South Portico* hinabstieg, um dann einen Augenblick lang unter den dicken Knospen der Magnolienbüsche stehenzubleiben. Er blickte hinüber zu dem Springbrunnen in der Mitte des Parks. Die Sonne, die eben aus den tiefliegenden Morgennebeln über dem Potomac aufstieg, hatte in dem Wasser, das der Südwind in einem feinen Schleier über den Rand des runden Beckens sprühte, einen Regenbogen hervorgezaubert. Abgesehen von dem tiefen Graben und dem vorgelagerten freien Gelände, das neuerdings den Park umgab, und abgesehen von den Wachtürmen und Suchscheinwerfern, den bewaffneten Posten und den Geschützbettungen hätte die Szenerie, so schien es dem Präsidenten, höchstwahrscheinlich das Herz eines jeden Landschaftsmalers aus dem neunzehnten Jahrhundert höherschlagen lassen.

Obwohl laut Voraussage des *United States Weather Bureau* die Temperatur in Washington bis zum Mittag auf etwa fünfundzwanzig Grad ansteigen sollte – acht Grad über dem Durchschnittswert für den Monat März – hatte sich die Luft noch nicht erwärmt, und der Präsident war froh, als er sein Amtszimmer betrat.

Er hatte sich den Zorn der *White House Historical Association* zugezogen, als er bei Amtsantritt auch die kleinste Erinnerung an die überlieferte Einrichtung hatte entfernen lassen. Verschwunden waren die schweren, unförmigen Möbel, der ovale blaue Teppich mit dem eingewebten Großen Siegel der Vereinigten Staaten und Peales Porträt von George Washington, das von seinem Platz über dem marmornen, weißen Kaminsims den Raum beherrscht hatte. Der Präsident hatte geltend gemacht, daß er das, was einer seiner Vorgänger „die leisen, die inneren Stimmen – die Stimmen, die aus der Stille sprechen" genannt hatte, am ehesten hören könne, wenn er sich mit dem Erbe der bäuerlichen und maritimen Vergangenheit Amerikas umgebe. Die Kraft und unerschrockene Vaterlandsliebe, die aus der frühen Volkskunst seines Landes sprach, war immer noch, so glaubte er zu wissen, die eigentliche Grundlage dessen, was Amerika ausmachte.

Die weißen Flächen der Decke und Wände im ovalen Amtszimmer, der schimmernde Parkettfußboden und die sorgfältig ausgewählten modernen Möbelstücke bildeten den perfekten Rahmen für seine einzigartige Sammlung historischer Handwerkszeichen und -figuren, Schnitzereien, Gallionsfiguren und Wetterfahnen.

Er blieb einen Augenblick lang vor seiner neuesten Errungenschaft stehen, dem Zunftzeichen eines Schiffshändlers, wie sie einst an der Ostküste verbreitet gewesen waren, und ging dann hinüber zu seinem großen Schreibtisch aus weißem Kunststoff und rostfreiem Stahl.

Er setzte sich und begann, die Briefe und Aktennotizen durchzusehen, die während der vergangenen Nacht aufgenommen und getippt worden waren. Konsterniert entdeckte er fünfzig Beileidsschreiben an Angehörige von Truppenmitgliedern, die bei Maßnahmen zur Bekämpfung der Aufstände im Land getötet worden waren. Noch vor einem Jahr hatte er es als seine Pflicht angesehen, solche Briefe persönlich aufzusetzen; inzwischen hatte er jedoch nicht umhingekonnt, diese Aufgabe zu delegieren, und er wußte bereits, daß, wenn die Zahl der Todesfälle weiterhin derart eskalierte, es nicht mehr lange dauern würde, bis selbst seine Unterschrift von einem Automaten würde geschrieben werden müssen.

Beim Unterzeichnen stach ihm in einem der Briefe die Zeile ins Auge: ... *womit ein Leben sein jähes Ende fand, das reich an Erfüllungen war und zu den schönsten Hoffnungen berechtigte*... Der Präsident las den an die Mutter eines Nationalgardisten gerichteten Brief von Anfang bis Ende durch und schlug dann in den Unterlagen nach, um etwas über den Werdegang des jungen Mannes zu erfahren. Ungläubig den Kopf schüttelnd, strich er den Satz durch und kritzelte *Nicht so schwülstig!* an den Rand des Blattes. So etwas ließ sich ja wohl beim besten Willen nicht über einen Metzgerlehrling aus Wichita Falls sagen.

Er legte das Schreiben zur Seite und schaltete sein Diktiergerät ein. Er hatte sich fast durch den Stapel von Telegrammen, Diplomatenpost und die Berichte der Nachrichtendienste hindurchgearbeitet, als die Stimme seiner für Termine zuständigen Sekretärin aus dem Sprechgerät drang. „Wollen Sie jetzt Dr. Nadelman empfangen, Sir?" fragte sie.

Der Präsident runzelte die Stirn. „Was, zum Teufel, will der denn hier?"

„Sie hatten ihn doch gebeten zu kommen, Sir. Sie waren für Viertel nach sieben mit ihm verabredet."

Der Präsident fühlte seine Handflächen feucht werden. Er hatte diese Verabredung nicht nur völlig vergessen, sondern auch noch, wie ihm plötzlich klar wurde, mit unbewußter Absicht die für das Diktieren angesetzte Zeit so sehr überzogen, daß ihm jetzt keine mehr für die Besprechung mit seinem Berater blieb.

Er sah auf die Uhr und stieß einen Fluch aus. „Laut Plan muß ich in fünf Minuten los, stimmt's?"

„Ja, Sir. Soll ich Ihren Termin mit Dr. Nadelman auf einen späteren Zeitpunkt verlegen?"

Der Präsident zögerte. Es war verlockend, das Treffen abzusagen, doch auf der anderen Seite wollte er es gern hinter sich bringen. „Nein, ich werde mich doch lieber jetzt noch mit ihm unterhalten", sagte er daher. „Würden Sie bitte den Sicherheitsdienst informieren, daß Nadelman mich auf der Fahrt zum Flughafen begleiten wird? Die werden sich also doch noch ein bißchen umstellen müssen, fürchte ich. Ich will allein mit ihm sprechen."

„Also fahren Sie doch nach St. Louis?" platzte sie heraus.

„Aber ja doch! Am besten versuchen Sie schon mal, den Gouverneur zu wecken. Und dann möchte ich, daß Sie feststellen, wo zum Teufel der Bericht über den Anschlag auf das *Lincoln Memorial* bleibt, um den ich gebeten hatte."

Der Präsident drückte sich die Sonnenbrille fester auf den Nasenrücken, als er aus dem Schatten der vor seinem Amtszimmer liegenden Kolonnaden trat und seine Schritte auf den zur Auffahrt hinunterführenden Weg lenkte, dicht gefolgt von dem Beamten der Fernmeldetruppe, der die Aufgabe hatte, den über dreizehn Kilo schweren Metallkoffer zu tragen, welchen der Präsident immer dabeihatte. Die Öffentlichkeit wußte seit vielen Jahren, daß sich in diesem Koffer das Programm für einen nuklearen Vergeltungsschlag gegen einen ausländischen Aggressor befand. Was aber bis vor kurzem, genauer bis vor sechs Wochen, bevor der Fernsehkommentator Douglas Wallcroft es enthüllte, nicht bekannt gewesen war, war die Tatsache, daß der Koffer neuerdings auch die Codes und Kontingentierungspläne enthielt, die für den Fall einer Revolution im Innern der Vereinigten Staaten benötigt wurden.

Ein Stück weiter vorn drängten sich politische Berater, Militäradjutanten und die Presseattachés um die wartenden Autos und Busse, ebenso diejenigen Personen aus seinem Presseamt und dem Schreibsaal und die Geheimdienstleute, die mit ihm nach Cleveland reisen würden, dazu Männer aus seinem Stab, die ihn verabschieden wollten.

Der Präsident bahnte sich einen Weg durch die Menge, winkte lächelnd nach allen Seiten, grüßte mit „Hallo!" und „Guten

Morgen!" und kletterte schließlich in den kugelsicheren Lincoln Continental.

Wenige Minuten später erschien Nadelman, stieg ein und ließ sich neben dem Präsidenten auf den Rücksitz fallen; er hielt die Beine weit gespreizt, und sein Schmerbauch hob und senkte sich unter seinen schweren Atemzügen. Seine zitternden Hängebacken verdeckten den Krawattenknoten sowie einen guten Teil des Kragens seines verknitterten Hemdes. Augen, Nase und Mund wirkten klein und standen merkwürdig eng beieinander. Er spähte unter der Stahlfassung seiner Brille hervor, die einen bleibenden grauen Abdruck auf seiner Stirn hinterlassen hatte, und fuhr sich mit einem Taschentuch über das Gesicht. „Also, ich habe zwar keine Ahnung, wo die ihr Plutonium herkriegen", sagte er, und seine Stimme klang seltsam dünn für einen Mann von solch wuchtiger Statur, „aber, weiß der Henker, umgehen können sie damit!"

Der Präsident sagte nichts. Er sah zu, wie Hal Botha, der Geheimagent, an den vorderen Kotflügeln die beiden kleinen Flaggen Amerikas und des Präsidenten entfaltete.

„Sie wissen doch wohl, was das heute bedeutet?" fuhr Nadelman fort. Er schlug sich mit der Hand auf den fast gänzlich kahlen Schädel. „Es bedeutet, daß die plötzlich die Schlagkraft einer ganzen Waggonladung TNT in einem Behälter unterbringen können, der nicht größer ist als das da." Er wies mit einem Nicken auf den Diplomatenkoffer aus schwarzem Leder, der vor dem Präsidenten auf einer Art Ablage stand. „Darüber sollten Sie mal 'ne Minute lang nachdenken."

Botha setzte sich vorne neben den Chauffeur und langte nach dem Telefon. Er warf einen prüfenden Blick in die Runde und sprach dann kurz in den Hörer. Die Motorräder der Polizeieskorte formierten sich, ihre schweren Zwillings-V-Motoren heulten auf. Botha nickte dem Chauffeur zu. Langsam setzte sich die Kolonne in Bewegung.

Der Präsident steckte seine Sonnenbrille in die Jackentasche zurück und öffnete den Aktenkoffer. Er enthielt Nadelmans

Bericht, weiß eingebunden und versehen mit dem Siegel des Präsidenten und der Aufschrift NUR FÜR DIE AUGEN DES PRÄSIDENTEN BESTIMMT. Er nahm ihn heraus und fing an, ihn durchzublättern; dabei machte er ein Gesicht, als seien die Seiten vergiftet.

„Ich bin, wie Sie wissen, Ihrer Meinung, Dick", begann er. „Zwar habe ich es während meiner Amtszeit so manches Mal mit der Angst zu tun bekommen, aber das hier" – er schlug in einer wegwerfenden Bewegung mit dem Handrücken auf den Bericht – „das hier hat mich vor Angst fast in die Hosen machen lassen!"

„Herr Präsident", sagte Nadelman, „die Lage ist ernst. Unser Land treibt auf einen Bürgerkrieg zu." Er wies mit einem dicken Finger auf die Akte. „Diese Operation mit dem Decknamen WILD CARD ist möglicherweise der einzige Weg, um solch eine Gefahr abzuwenden."

Der Präsident starrte Nadelman ungläubig an.

„Sie verlangen von mir, dem vorbedachten Mord an amerikanischen Staatsbürgern zuzustimmen, und alles, was Sie mir dafür anbieten können, ist die *Möglichkeit,* die Gefahr eines Bürgerkrieges abzuwenden?"

Nadelman hauchte auf seine Brillengläser und wischte mit einer Ecke seines Jackets darüber. „Wenn Sie Argumente brauchen", sagte er, „die finden Sie im Abschnitt *Zusammenfassung und Schlußbemerkung,* Seite zweihundertachtundzwanzig."

Der Präsident fand die Seite und schlug die restlichen Blätter nach hinten um. Er hielt den Bericht in einer Hand, während er laut in einem Tonfall zu lesen anfing, der einen leichten Spott durchklingen ließ: „Die Studiengruppe vertritt die Ansicht, daß ein neues Zusammengehörigkeitsgefühl der Menschen in unserem Land am sichersten dadurch erweckt werden kann – und zwar auf eine sowohl politisch als auch wirtschaftlich vertretbare Weise –, daß..." Der Präsident blickte auf. „Was, zum Teufel, bedeutet eigentlich WILD CARD?"

Sein Wissenschaftsberater sah aus dem Fenster. „Es ist ein Ausdruck, den man bei Kriegsspielen zur Beschreibung eines nicht vorhersehbaren Ereignisses verwendet, welches aller Wahrscheinlichkeit nach weitrechende Auswirkungen auf den Ausgang des Spieles haben wird."

Sie befanden sich jetzt auf der Pennsylvania Avenue. Die Fahrzeuge waren auf eine Geschwindigkeit von fünf Stundenkilometern heruntergegangen, bevor sie über die ersten Rumpelschwellen fuhren. Über ihren Köpfen tauchte ein Jagdhubschrauber auf, der auf die Kolonne gewartet hatte; die bewaffneten Männer in den Einstiegsluken suchten die Dächer unter sich sorgfältig nach Scharfschützen ab.

Nadelman starrte hinaus; er sah die Kugeleinschläge an den Hauswänden, die neuerdings bis zur Höhe des ersten Stockwerks mit einem schwarzen Anstrich versehen worden waren, um Attentätern das Ausmachen von nächtlichen Armeepatrouillen zu erschweren; er sah die mit Brettern vernagelten Fenster, die aufgetürmten Sandsäcke, die Warnschilder, daß unbewachte Autos von Sicherheitskräften in die Luft gesprengt würden, und in ihm stieg die Frage auf, wessen es denn noch bedurfte, um den Präsidenten davon zu überzeugen, daß bunte Paraden nicht mehr genügten, um ein Land zu retten, das an den Wunden, die es sich selbst zugefügt hatte, zu sterben drohte.

Der Präsident wandte sich wieder dem Bericht zu und fuhr fort: „Obwohl bedauert werden muß, daß der Angriff eines Feindes von außen nur dadurch glaubwürdig wird, daß man eine beliebige Anzahl von amerikanischen Staatsbürgern vorsätzlich opfert, sollte nicht übersehen werden, daß diese Verlustziffer nur einen Bruchteil dessen darstellt, was während eines umfassenden bewaffneten Aufruhrs an Opfern zu beklagen wäre." Er hielt inne und sah Nadelman an. „Übrigens – das hier ist Seite zweihundertachtundzwanzig, aber Zahlen werden nicht erwähnt."

„Das hat auch keiner behauptet", gab Nadelman bissig zurück. „Ich sprach von Argumenten. Die Zahlen stehen zwei Seiten weiter."

Der Präsident gab sich geschlagen. „Aber", sagte er, immer noch ungläubig, „damit verlangen Sie von mir, amerikanische Staatsbürger zu töten!"

„Zu *retten!* Ist es nicht das, worum es bei Kriegen geht?"
Verächtlich schob der Präsident Nadelman den Bericht zu.
„Und außerdem würde das alles viel zu viel kosten!"

„Unser Land hat in Vietnam das Leben von fünfzigtausend Amerikanern geopfert", sagte Nadelman empört, „dazu hundertacht Milliarden Dollar für den pathetischen Glauben, daß..."

„Um Himmels willen, Dick", unterbrach ihn der Präsident, „Sie hätten mir wirklich mit einem besseren Vergleich kommen können!"

Nadelman protestierte. „Ich erwähne Vietnam nicht als Entscheidungshilfe. Auch Truman hatte keinen Präzedenzfall dafür, ob er die Atombombe abwerfen lassen sollte oder nicht, ebensowenig Kennedy, als Rußland seine Raketen auf Kuba stationierte."

„Aber es gibt einen guten Präzedenzfall dafür, warum wir das hier *nicht* durchziehen sollten – Watergate!"

„Kinderkram!" Nadelman fegte den Einwand hinweg. „Ich spreche von..."

„Schon gut, schon gut", unterbrach ihn der Präsident gereizt. „Nehmen wir einmal an, wir realisieren Ihren Plan – sind Sie eigentlich sicher, die Sache so aufziehen zu können, daß sie anschließend der Untersuchung durch ein internationales Team von Wissenschaftlern standhält? Wir würden nämlich die UNO einschalten müssen, wenn das Ganze koscher aussehen soll. Und welche Kosten werden entstehen? Schließlich habe ich ein Limit, bis zu welcher Höhe ich den Sonderhaushalt belasten kann. Und falls – ich sage *falls!* – wir tatsächlich WILD CARD in Angriff nehmen: Wie steht's mit der Geheimhaltung? Was für Leute nehmen wir? Wenn von der Sache jemals auch nur ein Wort an die Öffentlichkeit dringt, wird man mich im Senat verhackstücken!"

„Die Geheimhaltung ist in der Tat ein Problem", gab Nadelman zu, „jedoch keins, das nicht zu lösen wäre. Und was die Finanzierung betrifft: Das benötigte Geld können wir ganz offen über das Scheinprojekt beschaffen." Er gab dem Präsidenten den Bericht zurück und sah ihn fragend an. „Wie gut haben Sie sich das hier eigentlich durchgelesen? Die beiden Punkte werden ausführlich auf den Seiten zweihundertsechsundneunzig bis dreihundertsiebzehn behandelt.

Herr Präsident, Sie fragen mich, ob WILD CARD einer Untersuchung durch Experten standhalten wird. Ich bin mir dessen sicher. An dieser Stelle sollten wir uns ins Gedächtnis zurückrufen, daß Wissenschaftler fast vierzig Jahre gebraucht haben, bis sie entdeckten, daß es sich bei dem Piltdown-Menschen um eine Fälschung handelte. Und immerhin standen den Burschen, die den hergestellt hatten, auch nicht andeutungsweise unsere Mittel zur Verfügung."

Der Präsident legte den Bericht wieder in den Diplomatenkoffer zurück und drückte den Deckel zu. „Der Plan ist clever, Dick", sagte er sinnend und drehte an den Rädchen der beiden Kombinationsschlösser, „verdammt clever. Aber ich kann ihn nicht genehmigen. Ich kann es einfach nicht."

Als die Kolonne neben Gate 25 an der schwer bewachten Einstiegsrampe zum Stehen kam, richtete sich der Präsident plötzlich in seinem Sitz auf. „Bei Gott", sagte er zu Hal Botha, „ihr Jungs geht aber wirklich auf Nummer Sicher! Daß ihr die Zufahrtswege und Überführungen absperrt, kann ich ja noch verstehen, aber das da..." Er wies mit einem ärgerlichen Nicken auf die weite Fläche des öffentlichen Parkplatzes, der jetzt, abgesehen von einer Handvoll Transporter, leer dalag. „Ich habe so schon genug Ärger, ohne daß auch noch sämtliche Leute, die den Flughafen heute morgen in Anspruch nehmen wollten, sauer auf mich sind."

Die Menschen hinter dem Polizeikordon weiter hinten am anderen Ende des Gebäudes begrüßten das Erscheinen des Präsidenten mit einem spärlichen, trägen Händeklatschen.

Langsam füllte sich der Passagierbus, der den Präsidenten und seine Begleiter zu dem eine Meile entfernten Flugfeld bringen sollte. Hinter zwei Geheimagenten durchquerten der Präsident und Nadelman den Fahrgastraum und ließen sich auf einer Bank unmittelbar hinter der Fahrerkabine nieder, ein Platz, der ihnen genügend Abstand von den Fenstern bot und sie gleichzeitig so nah wie möglich an den Notausgang brachte.

Wenn sein Vorschlag abgewiesen worden war, fragte sich Nadelman, warum hatte man ihn dann gebeten, noch bis zur Präsidentenmaschine *Air Force One* mitzukommen? Das konnte doch nur bedeuten, entschied er im stillen, daß der Präsident überzeugenden Argumenten gegenüber noch aufgeschlossen war. Jetzt hatte sich der Bus gefüllt, und der Motor wurde angelassen. Die dem Terminal zugewandten Türen schlossen sich, und augenblicklich setzte sich das Fahrzeug in Bewegung.

„Herr Präsident", begann Nadelman, „ich bin bedrückt. Glauben Sie mir, ich bin sehr bedrückt." Er sprach leise und in wohlüberlegten Worten, damit auch für den Fall, daß jemand mithörte, nichts Verdächtiges laut wurde. „Ich kann nicht mehr tun, als Ihnen unsere Diagnose zu nennen und zu einer Operation zu raten. Der gesetzliche Vormund des Patienten aber sind Sie, und nur Sie können daher entscheiden, ob wir eine Herztransplantation wagen oder doch lieber mit den Blutegeln weitermachen sollen."

Der Präsident nickte ernst, sagte aber nichts. Nadelman wartete einen Moment lang, dann wandte er sich ab und sah zum Fenster hinaus. Er vermutete, daß sie jetzt die Hälfte der Strecke zu dem wartenden Jet zurückgelegt hatten.

Plötzlich war das laute Quietschen der Luftbremsen zu hören, und ihr Gefährt verlangsamte die Geschwindigkeit. Die beiden Männer tauschten einen verständnislosen Blick. Hal Botha, der von den Agenten am dichtesten beim Präsidenten stand, erstarrte; weiter hinten rief jemand: „Was, zum Teufel...?" Aus der Fahrerkabine drang das Knattern des Lautsprechers, über den vom Kontrollturm aus Anweisungen durchgegeben wurden. Obwohl im Bus selbst niemand etwas verstehen konnte, war doch die Panik in der Stimme des Sprechens nicht zu überhören. Botha, aufs höchste alarmiert, machte einen Schritt auf die Tür zur Fahrerkabine zu, blieb dann aber wie angewurzelt stehen. Aus der Gegenrichtung tauchte ein weiterer Passagierbus neben ihnen auf.

Im selben Moment erschienen einige Männer in weißen TWA-

Overalls an den Fenstern dieses Busses, Automatikgewehre in den Händen, mit denen sie die Fensterscheiben einschlugen und das Feuer eröffneten. Der Lärm war ohrenbetäubend. Ein Hagel von Kugeln schlug in der Fahrerkabine und der Motorhaube ein, der zweite zerfetzte die Reifen auf der rechten Seite. Der Bus des Präsidenten kippte zur Seite und riß seine Insassen zu Boden. Rauch begann den Raum zu füllen, und laute Rufe und Schreie ertönten, als eine weitere Salve einen Schauer von Glassplittern niedergehen ließ. Eine der Kugeln prallte auf der gegenüberliegenden Seite an einem Fensterkreuz ab und kam mit einem hohen Pfeifton zurück. Obwohl verformt und in ihrer Wucht abgeschwächt, schleuderte sie dennoch Hal Botha gegen die Tür der Fahrerkabine, nachdem sie ihm den Unterkiefer abgerissen hatte.

Der Präsident, eingeklemmt zwischen der Wand und Nadelman, blickte hoch und sah voller Entsetzen, daß die Kugel Bothas obere Zahnreihe völlig bloßgelegt hatte. Die Zähne sahen weiß und ebenmäßig aus und hatten, abgesehen von zwei rechten Backenzähnen, die, wie er sich jetzt erinnerte, Botha erst vor einem Monat gequält hatten, keine Füllungen.

Botha begann langsam zusammenzusacken und landete schließlich, die Beine weit von sich gestreckt, in einer Lache aus seinem Blut. Das einzige Lebenszeichen, das er noch von sich gab, war eine leise pulsierende, schaumige Traube aus Blutblasen an der Stelle, wo sein Mund gewesen war.

Die Geheimagenten wanden sich unter dem Haufen strampelnder Leiber hervor. „Die Maschinengewehre!" schrie eine Stimme über den Lärm hinweg. „Wo sind die beschissenen M-16er?"

Zwei der Männer kletterten auf Händen und Füßen über die Körper im Gang hinweg und versuchten verzweifelt, zum Notausgang zu gelangen. „Runter mit Ihnen!" brüllte der eine, zerrte den Präsidenten hinter Nadelmann hervor und drückte ihn zu Boden, während der andere die Glasscheibe vor den Sicherungshebeln für Tür und Treppe zerschlug. Die beiden Männer ließen sich nach draußen gleiten und, in dem Öl, das aus der beschädigten Treibstoffleitung des Fahrzeugs tropfte, ausgleitend, gingen sie

24

jeweils am Ende des Passagierbusses in Stellung. Flach auf dem Boden liegend, mit den zerschossenen Reifen als Deckung, hielten sie ihren Colt-Phython in einem beidhändigen Griff. Beide spannten die Waffe, zielten sorgfältig und drückten rasch hintereinander zweimal auf den Abzug. In dem gegenüberliegenden Fahrzeug verschwanden zwei Gesichter von den Fenstern, als habe sie ein Vorschlaghammer getroffen.

Sofort gingen deren Kameraden in Deckung; eine kleine Pause entstand. Einer der Geheimagenten rappelte sich auf und setzte zum Lauf auf den gegnerischen Bus an. Er hatte fast die Hälfte der Distanz zwischen den beiden Fahrzeugen zurückgelegt, als an einem der Fenster ein Schwarzer mit einer Granate in der Hand auftauchte. Der Agent, der noch am Boden lag, feuerte, und das schwarze Gesicht zerplatzte wie ein roter Ballon.

Augenblicklich erschienen zwei weitere Männer – ein Weißer und ein Schwarzer – an den Fenstern rechts und links ihres Fahrzeuges.

Beide Präsidentenbewacher schossen auf den Weißen. Derjenige von ihnen, der noch im Schutze des Busses lag, begriff um den Bruchteil einer Sekunde eher, was geschehen war. Er riß die Hände zur Seite, zielte auf den Schwarzen und drückte auf den Abzug. Nichts passierte. Sein Revolver war leer, und da ihm keine Zeit blieb, ihn neu zu laden, war das einzige, was er tun konnte, seinem Kameraden eine Warnung zuzurufen.

Der zögerte einen Moment lang, als ihm blitzartig eine Erinnerung an jenen Tag durch den Kopf schoß, an dem er sich auf dem Schießübungsplatz der FBI-Akademie in Quantico schon einmal solch einer Situation gegenübergesehen hatte. Und damals, am Schluß der elektronisch simulierten Szene, hatte das Prüfgerät ihn für tot erklärt.

Der Neger hob seine AK-47 und feuerte. Die 7.62er Kugeln durchbohrten den Brustkorb des Agenten und rissen ihn seitlich nach hinten. Mit seinen ausgestreckten Armen sah er einen Moment lang aus, als spielte er Blindekuh. Dann brach er zusammen, und das Blut drang aus der klaffenden Ausschußwunde auf dem Rücken, während sein Mörder von Schüssen aus dem Präsidentenbus niedergestreckt wurde.

Zischend wich die Luft aus den Reifen des gegnerischen Busses, und langsam, wie ein sterbender Elefant, kippte er zur Seite; aus den Einschußlöchern der in den Boden des Fahrzeuges eindringenden Kugeln begann langsam Blut herauszusickern.

Weitere Geheimagenten rannten nun auf das Fahrzeug zu, und eine über Lautsprecher verstärkte Stimme forderte die Attentäter auf, mit erhobenen Händen herauszukommen. Aber niemand gab Antwort.

Ohne eine Wiederholung der Aufforderung abzuwarten, riß einer der Männer am Abzug einer Gasgranate und schleuderte sie durch ein Fenster.

Ein dumpfer Knall ertönte, dann begann das weiße Gas durch die Fenster und Kugellöcher zu quellen. Im Innern fing jemand würgend an zu husten.

Als der Präsident, der sich den Knöchel verstaucht hatte und leicht hinkte, ins Freie durfte, waren die beiden Passagierbusse längst von Polizeiautos, Armeefahrzeugen, Feuerwehren und Notarztwagen umringt. Ganz in der Nähe hatten die Ärzte Hal Botha versorgt und ihm durch die Luftröhre einen Schlauch in die Lunge eingeführt, bevor sie ihn schleunigst in einem der Krankenwagen abtransportierten.

Erst jetzt, als er draußen auf der Fahrbahn stand, entdeckte der Präsident ein paar kleine weiße Splitter auf seinem Jackett. Neugierig klaubte er einen ab und drehte ihn zwischen Zeigefinger und Daumen hin und her. Es war ein Stück Knochen aus Bothas Unterkiefer.

Der Präsident bahnte sich einen Weg durch Scherben und Patronenhülsen und suchte mit vom Gas geröteten Augen das Gelände nach Nadelman ab.

Wenig später entdeckte er ihn, verloren im Schatten des Angreiferbusses sitzend, den Rücken an einen der Reifen gelehnt. Er hatte sich übergeben, und da er sein Taschentuch nicht finden konnte, versuchte er gerade, sich das Jacket mit den Händen abzuwischen.

„Sind Sie okay?" fragte der Präsident und hielt ihm sein eigenes Taschentuch hin.

Nadelman, aschgrau im Gesicht, nickte.

Der Präsident langte in die Jackentasche, doch das merkwürdig verformte Gebilde, auf das seine Hand stieß, zeigte ihm, daß es keinen Zweck hatte, die Sonnenbrille herauszuholen. So schützte er die Augen mit der Hand vor der Sonne, während er sich umsah.

„Wissen Sie", begann er, „allmählich scheint mir der Gedanke nicht mehr ganz so abwegig, daß wir vielleicht doch zu drastischeren Mitteln greifen sollten..."

2

Douglas Wallcroft – laut *Time* der „größte Virtuose auf dem Instrument elektronischer Nachrichtenübermittlung seit Walter Cronkite" – war ein hochgewachsener, breitschultriger Mann mit angenehmen, etwas groben Gesichtszügen, den jede Modellagentur in die Kategorie „distinguierter Herr mittleren Alters" eingeordnet hätte.

Er hatte gerade auf der Terrasse seines Hauses auf Long Island sein Frühstück beendet, als aus dem Innern des Hauses ein Lärm ertönte, als habe jemand ein Tablett voller Porzellan fallen gelassen. Er stöhnte. Die Frühstückszeit schien immer wieder Anlaß häuslicher Krisen zu sein, und so wartete er auf die Stimmen oder Rufe, die unweigerlich folgen würden. Er wurde nicht enttäuscht.

„Mr. Wallcroft! Um Gottes willen!" Die Stimme gehörte dem Hausmädchen und kam aus der Küche. „Mr. Wallcroft!" schrie sie noch einmal. „Man hat den Präsidenten ermordet!" Warum er in diesem Augenblick annahm, daß sie den Präsidenten der Fernsehanstalt meinte, die sein tägliches Nachrichten- und Hintergrundprogramm *Countdown* ausstrahlte, sollte zu einem späteren Zeitpunkt zum Thema eines längeren Gespräches mit seinem Analytiker werden. Noch ehe er auf das Haus zuzurennen begann, hatte er schon angefangen, eine Liste der möglichen Nachfolger aufzustellen, die er in „Barrakudas" und „nette Kerle" einteilte. Barrakudas waren solche Vorgesetzten, die ihm im Interesse von Sparsamkeit und möglichst höheren Einschaltquoten das Leben schwer machen würden; nette Kerle dagegen würden es vorziehen, ihn in Ruhe zu lassen und nicht an den bestehenden Verhältnissen zu rütteln.

Wallcroft versorgte an fünf Abenden der Woche ein Publikum von vierundzwanzig Millionen Fernsehzuschauern. Doch seine Arbeit war ein hartes Geschäft, und niemand, so glaubte er zu wissen, war in dieser Branche jemals groß genug, um dagegen gefeit zu sein, irgendwann einmal von Barrakudas, die in die höheren Etagen des Managements aufgestiegen waren, gefressen zu werden. Er hatte das schon vor langer Zeit durchmachen müssen, als die Fernsehanstalt WABC-TV die neue Sendung *Augenzeugenberichte* ins Leben rief. Sozusagen über Nacht waren an maßgeblicher Stelle Männer von altem Schrot und Korn nicht mehr gefragt. An ihre Stelle trat eine neue Generation von Journalisten, die bald schon als die „Witzbolde der Nation" bezeichnet wurden: Teams von jungen, lässig gekleideten Redakteuren, die sich ein unbekümmertes Menschen-wie-du-und-ich-Image gaben und Nachrichten auf eine Art und Weise zu vermitteln verstanden, die sie wie Werbespots klingen ließ. In einer derartig veränderten Szene hatte Wallcroft nicht heimisch werden können, und er hatte eine Menge schlucken müssen, um während dieser „Lach-mal-wieder"-Phase überhaupt im Geschäft zu bleiben.

Doch einer nach dem anderen verstummten die strahlenden Schönredner der frühen siebziger Jahre wieder, als sie durch Ereignisse, die zu düster waren, um sie als harmlose Späßchen zu bringen, von ihren Höhenflügen wieder zur Erde heruntergeholt wurden. Und mit jeder Woche und jeder Nachrichtensendung gelang es Wallcroft, seine Reputation wiederzugewinnen und erneut als Journalist arbeiten zu können.

Jetzt stieß er die Küchentür gerade in dem Augenblick auf, als seine vierjährige Tochter den Fernseher auf einen anderen Kanal umschaltete. Auf dem vor Farbe triefenden Bildschirm erschien eine hüpfende Corn-flakes-Packung.

Wallcroft drehte sich nach dem Dienstmädchen um. Sie zitterte am ganzen Körper und starrte den Fernseher an, als würde er jeden Augenblick explodieren.

„Debby!" rief er. „Was ist denn passiert, verdammt nochmal?" Augenblicklich brach sie in Tränen aus. Hysterisch schluchzend stürzte sie, sich die Schürze vors Gesicht haltend, in den Garten hinaus.

Wallcroft sah ihr fassungslos hinterher, wurde jedoch von einer Männerstimme in die Wirklichkeit zurückgeholt, die plötzlich sagte: „Wir unterbrechen unser Programm für eine wichtige Nachricht."

Er stieß mit dem Fuß das für seine Frau bestimmt gewesene Frühstückstablett beiseite und streckte die Hand nach dem Fernsehgerät aus, war jedoch nicht schnell genug, um seine Tochter daran zu hindern, wieder auf ein anderes Programm zu drücken.

Ohne auf ihr Wutgebrüll zu achten, drehte er die Lautstärke höher und schaltete zurück auf den Sender, der die Sondermeldung angekündigt hatte.

Der Sprecher las von einem Blatt ab, das, wie Wallcroft erkannte, direkt aus dem Fernschreiber kam. Also hatte der Chefredakteur die von der Nachrichtenagentur übermittelte Neuigkeit für zu wichtig gehalten, als daß er sie so lange zurückgehalten hätte, bis sie umgeschrieben worden war: „. . . wurde der Passagierbus, in dem sich der Präsident und sein Gefolge aus dem Weißen Haus befanden, unter Beschuß genommen. Das Gefährt war mit dem Präsidenten und seinen Begleitern vom Terminal des *Dulles International Airport* aus zu der Maschine unterwegs, die für den Flug nach Cleveland bereitstand.

Der Präsident sollte dort im Lauf des heutigen Tages zusammen mit Kanadas Premierminister Pelling die umstrittene kernkraftbetriebene Kläranlage am Ufer des Erie-Sees einweihen.

Augenzeugenberichten zufolge soll es eine Anzahl von Toten gegeben haben, doch ist bis zur Stunde nicht bekannt, ob sich jemand aus dem Stab des Präsidenten unter den Opfern befindet."

Völlig verwirrt versuchte Wallcroft sich zu erinnern, ob eine Crew von der *Countdown*-Redaktion zum Flughafen rausgeschickt worden war. Wahrscheinlich nicht, entschied er. Er hatte angenommen, daß man in Cleveland einen Anschlag auf das Leben des Präsidenten unternehmen würde, und so saß jetzt wohl dort der größte Teil seiner Kameraleute und Reporter.

Er langte nach dem Hörer des Wandtelefons und schob die automatische Wählkarte mit der Nummer seines Büros ein. Alles, was er zu hören bekam, war ein merkwürdiges Klopfgeräusch. Er versuchte es von neuem. Während er noch auf das Ergebnis wartete, kam seine Frau in die Küche gestürzt.

„Douglas!" rief sie. „Willst du mir bitte mal erklären, was in aller Welt du hier anstellst?"

Sie nahm ihre Tochter auf den Arm, die ihr schluchzend ihre Version der Ereignisse zu berichten begann.

Wallcroft preßte die Hand auf das freie Ohr und versuchte angestrengt, das ungewöhnliche Geräusch in der Leitung zu identifizieren. Plötzlich erkannte er, daß es wie langsam ablaufende Zahlen beim Wählvorgang klang und wahrscheinlich durch eine völlige Überlastung der Leitung hervorgerufen wurde. Er hatte es vorher erst einmal im Leben gehört, und zwar an dem Tag, als Präsident Kennedy ermordet worden war.

„Du hast das Kind völlig verstört", sagte seine Frau gerade, „und was du Debby angetan hast, mag der Himmel wissen. Für den Fall, daß du es vergessen haben solltest – deine Eltern kommen heute abend zum Essen, und wenn Debby mich jetzt im Stich läßt, wirst *du* es ihnen gefälligst erklären!"

„Ach, halt den Mund!" Wallcroft drückte seiner Frau den Hörer in die Hand. „Hier – bleib dran, bis die Leitung frei wird, und ruf dann in meinem Büro an. Laß dich ja nicht abwimmeln. Ich versuche, über das Autotelefon durchzukommen."

Wenige Minuten später, nachdem sein Versuch fehlgeschlagen war, kehrte er ins Haus zurück und kleidete sich hastig an.

Ohne seiner Frau Bescheid zu sagen, daß er sich auf den Weg machen würde, rannte er wieder zum Auto, stieg ein und drehte den Zündschlüssel. Laut aufheulend machte der Lamborghini einen Satz vorwärts, einen Hagel von Kieselsteinen hinter sich hochschleudernd.

Sich verfluchend, daß er den Gang dringelassen hatte, riß Wallcroft das Steuer herum, konnte aber nicht mehr verhindern, daß der Wagen eine tiefe Spur durch das Rund der vor dem Haus stehenden Ziersträucher zog.

Als er die Lichtschranke durchfuhr, die das Tor am Ende der Auffahrt öffnete, fiel ihm – zu spät – ein, daß ungefähr um diese Zeit die angekündigte vierstündige Stromabschaltung der *King's Point*-Elektrizitätswerke beginnen mußte. Sein Fuß trat immer noch wie wild das Bremspedal, als sein Wagen schon gegen das schwere Eisengitter krachte.

Augenblicklich blähte sich mit einem Knall wie von einem Gewehrschuß der am Steuer untergebrachte Luftsack auf. Das hat ja gerade noch gefehlt! dachte Wallcroft, während er mit den wogenden Plastikmassen kämpfte.

Alles, was Wallcroft an Zeit gewonnen hatte dadurch, daß er bis hinter King's Point mit sechzig Meilen hatte fahren können, ging in dem trotz Treibstoffrationierung unglaublich dichten Verkehr ab Long Island Expressway wieder verloren. Sein Autotelefon funktionierte immer noch nicht, trotz der gestrigen Dreißig-Dollar-Reparatur, und noch befand er sich nicht in Funkreichweite zu seinem Büro im *Rockefeller Plaza*.

Als er in der Nähe des Van-Wyck-Verteilers im Stau steckenblieb, kurbelte er auf der Beifahrerseite das Fenster herunter, um den Fahrer des neben ihm stehenden Taxis zu fragen, ob er etwas Neues vom Flughafen gehört habe. Er ließ jedoch seine Absicht augenblicklich fallen, als er sah, wie die Hand des Mannes auf den Sitz neben sich zu der Schrotflinte mit abgesägtem Lauf glitt.

Vor dem Kontrollpunkt an der Queensboro Bridge, wo er mit dem Ausweis in der Hand darauf wartete, durchgelassen zu werden, trieb ihm der Wind vom East River her den Gestank von Abwässern, verfaulendem Abfall und Rauch in die Nase. Auf der Windschutzscheibe begannen sich Rußteilchen abzusetzen, die von den noch immer in Harlem schwelenden Bränden über den Fluß getragen wurden.

Er langte in das Handschuhfach, holte einen Lappen heraus und machte die Wagentür auf. Sein Fuß hatte kaum das Pflaster berührt, als ein Nationalgardist mit Automatikgewehr und Megaphon bewaffnet, ihm zubrüllte: „He, Mister, machen Sie, daß Sie wieder in Ihre Blechkiste kommen!"

Ein Lied aus einem Film, den er als Junge gesehen hatte, fiel ihm ein, mit einer Zeile über New York, die wunderschöne Stadt. Vielleicht ist sie das einmal gewesen, dachte er und blickte nachdenklich über den Fluß auf die Skyline von Manhattan, die triumphierend aus den Rauchschleiern aufstieg. Doch jetzt hatten Streiks, Bombenanschläge, Aufstände und Plünderungen diese Stadt längst in einen stinkenden, gefährlichen Dschungel verwandelt.

Diesen Morgen erst hatte er gelesen, daß schon wieder, keine fünf Minuten von seinem Büro entfernt, ein Baby von Ratten zu Tode gebissen worden war. Und die Zahl der Thyphusfälle in der City war während des Wochenendes alarmierend angestiegen.

Die Polizisten, die Wallcrofts Wagen vor der Freigabe der Schranke durchsuchten, taten dies so unbeteiligt und wortkarg wie Mechaniker eines Rennstalles, die am Start eines Grand-Prix-Rennens die Chancen des Gegners abschätzen. Als sie sich endlich davon überzeugt hatten, daß er weder illegale Waffen noch Sprengstoff oder subversive Literatur bei sich führte, verbrachten sie die nächsten fünf Minuten damit, über die Vor- und Nachteile eines Lamborghini zu diskutieren, so als sei Wallcroft Luft für sie. Nachdem sie übereinstimmend zu der Ansicht gekommen waren, daß dieser Italiener völlig überbewertet und sein Geld nicht wert sei, ließen sie ihn wieder einsteigen und winkten ihn durch.

Wallcroft fuhr an die Schranke heran, warf drei Vierteldollarstücke ein und konnte Gas geben.

Jetzt befand er sich endlich im Empfangsbereich seines Büros. Er hob das Mikrofon von der Gabel, schaltete das Funkgerät ein und meldete sich. Die Antwort kam von Russell Gorman, dem Chef vom Dienst der Tagesschicht.

Wallcroft regulierte die Lautstärke und hielt das Mikrofon an den Mund. „Russ? Hier spricht D. W." Seine Frau war der einzige Mensch, der ihn lediglich bei seinem Vornamen anredete. „Sagen Sie mal, was ist eigentlich los?"

„Das frage ich Sie! Wo stecken Sie denn?"

„Auf der Queensboro. Was gibt's Neues?"

„Bis jetzt sind wir aufs Raten angewiesen. Eben haben wir erfahren, daß Wall Street für heute dichtgemacht hat, und aus dem Flughafengelände dringt nichts nach draußen."

„Sind Leute von uns dort?"

„Es fährt gerade 'ne Crew hin. Bleiben Sie mal dran..."

Du lieber Gott! dachte Wallcroft, welchen Sinn hat es, jetzt noch jemanden rauszuschicken! Er stellte die Lautstärke höher und versuchte, etwas aus dem Lärm im Hintergrund zu verstehen. Er hörte, wie Gorman jemandem zurief: „Gehen Sie mir aus dem Weg, Mann!"

Wallcroft drückte warnend auf die Hupe, als ein Mustang versuchte, sich vor ihn zu setzen. Er gab Gas, wobei er sehr schnell hochschaltete, und schoß mit röhrendem Motor die Brückenabfahrt hinunter, mußte jedoch schon einen Augenblick später die Geschwindigkeit wieder drosseln, als sein Wagen auf einen Straßenabschnitt geriet, der in der vergangenen Nacht von Panzerketten zerfurcht worden war.

„D. W.? Da bin ich wieder. WCBS hat gerade einen kurzen Film über den Präsidenten beim Verlassen des Flughafens gesendet. Er scheint zu hinken, aber sonst sei er okay, hieß es."

„Ist das eine gute oder eine schlechte Nachricht?"

Gorman lachte. „Eben ist durchgekommen, daß die Cleveland-geschichte abgeblasen wird."

Wallcroft dachte kurz nach. „Wissen Sie was, Russ?" sagte er dann. „Verdammt, vielleicht ist heute genau der richtige Tag, um dem General zu stecken, was wir über ihn erfahren haben."

3

Es war ein scheußlicher Tag gewesen. Der Leitartikel des *Washington Evening Star* hatte den Kern der Sache nur allzu genau getroffen, als er zusammenfassend über das Staatsoberhaupt schrieb, er habe dadurch, daß er dem Tiger den Kopf in den Rachen legte, zu beweisen versucht, daß die Bestie gezähmt sei – leider jedoch mit unheilvollem Ausgang.

Der Präsident verließ seinen Schreibtisch, goß sich einen Whisky ein und nahm das Glas mit zu einem der beiden Sofas neben dem Kamin. Es war beinahe sieben Uhr, und er schaltete die vier Fernsehgeräte ein, um sich die Abendnachrichten anzusehen.

Es war, als habe er eine moderne Büchse der Pandora geöffnet. Auf Kanal 4 lief der Achtmillimeter-Film eines Amateurs – der hat sich damit inzwischen bestimmt ein Vermögen verdient! dachte der Präsident –, der gerade Seite an Seite die beiden Passagierbusse zeigte, die wie zwei unter Breitseitenfeuer liegende Linienschiffe aussahen.

Kanal 7 brachte die Aufnahme eines in Napalmflammen eingehüllten Fallschirmjägers.

Auf Kanal 26 sah man Soldaten in Strahlenschutzanzügen die Trümmer des *Lincoln Memorial* absuchen.

Kanal 9 schließlich zeigte einen lautlos den Mund bewegenden Douglas Wallcroft vor einem riesigen Foto der Freiheitsstatue, deren Kopf und hochgereckter Arm von einer Terroristenbombe schwer beschädigt worden waren.

Der Präsident wollte gerade auf Kanal 9 den Ton hochdrehen,

als Wallcroft von einer Schrifttafel mit Programmhinweisen abgelöst wurde. So schaltete er statt dessen auf Kanal 4 den Ton ein und hörte eine Stimme zu dem Flughafenfilm sagen: „... und ein Angestellter des Presseamtes des Weißen Hauses sowie fünf der schwer bewaffneten Angreifer, die alle der ‚Revolutionären Allianz' zugerechnet werden, sind während des siebenminütigen Feuergefechts ums Leben gekommen. Die Frage, die sich heute abend stellt, lautet: Wann und wie konnten die Angreifer Zugang zu dem streng bewachten Gelände ..."

Eine gute Frage! dachte der Präsident, während er den Ton von Kanal 7 hochstellte, wo gerade hinter dem Nachrichtensprecher das Foto einer von Einschüssen durchlöcherten Dollarnote eingeblendet wurde. „Als heute morgen die ersten Gerüchte über den Bombenanschlag durchsickerten", sagte der Sprecher, „ließen sintflutartig einsetzende Panikverkäufe an der New Yorker Börse die Notierungen auf ihren tiefsten Stand seit Beginn dieses Jahres abrutschen."

Auf Kanal 26 war inzwischen das Gesicht einer Nachrichtensprecherin aufgetaucht, das dem Präsidenten unbekannt war. Neugierig schaltete er den Ton um. „In Pittsburgh", sagte die Frau gerade, „haben im Hinblick auf den von der Vereinigten Stahlarbeitergewerkschaft angedrohten Streik einige Stahlwerke die Hochöfen ausgehen lassen. An der Ost- und Golfküste wurden die Hafenarbeiter aufgefordert, sich für neue Streikaktionen bereitzuhalten, während ihre Gewerkschaftsführer zu einem letzten Einigungsgespräch nach Washington flogen..."

Bedrückt schüttelte der Präsident den Kopf und stellte wieder auf Kanal 7 den Ton an, wo man soeben ein Foto von ihm eingeblendet hatte. „Laut einer heute veröffentlichten Meinungsumfrage", sagte der Sprecher, „hat der Beliebtheitsgrad des Präsidenten seinen absoluten Tiefstand erreicht. Von zehn Amerikanern halten heute acht..."

Auf einem der anderen Bildschirme war wieder der brennende Soldat zu sehen, der verzweifelt versuchte, mit bloßen Händen die Flammen auszuschlagen. Der Präsident schaltete den Ton erneut um. „Am heutigen Tag trafen die vom Gouverneur und dem Bürgermeister angeforderten Armeefallschirmjäger in dem von Aufständen geschüttelten St. Louis ein. Damit erhöht sich die Zahl der Soldaten im Stadtgebiet auf zwölftausend." Aufnahmen von Helikoptern, die Fallschirmjäger in Kampfanzügen vom Himmel regnen ließen, wurden abgelöst von brennenden Wohnhäusern, die in Wolken aus Schutt und Flammen zusammensanken. „Der Schauplatz der erbittertsten Kämpfe", fuhr die Stimme des Nachrichtensprechers fort, „ist weiterhin Chase Park, der Stadtteil mit den stärksten Rassengegensätzen."

In der Hoffnung, sich ein wenig von dieser Flut niederschmetternder Nachrichten erholen zu können, wechselte der Präsident auf Kanal 4 über, wo die Reportage einer Hochzeitsfeier begonnen hatte. „Eine achtzehnjährige Stenotypistin, die im letzten Herbst beim Anschlag auf einen Baltimorer Tanzsaal beide Arme und Beine verloren hatte, heiratete heute in . . ."

Übelkeit stieg in ihm auf. Er schaltete wieder auf Kanal 26 um. „Das vom Kongreßausschuß der Demokraten herausgegebene Wochenblatt", sagte die Sprecherin, „hat heute den Präsidenten wegen seiner – so wörtlich – ,verblüffenden Inkompetenz, mit der er der Krise der US-Wirtschaft zu begegnen versucht', heftig kritisiert. Der Kommentar fährt fort . . ."

Inzwischen war Wallcroft wieder auf dem Bildschirm erschienen, und der Präsident schaltete alle anderen Sender aus, um sich ganz auf *Countdown* zu konzentrieren.

„In der Sendung des heutigen Abends", begann Wallcroft, „wird *Countdown* versuchen, die Ereignisse aufzuzeigen, die zum heutigen Bombenanschlag auf das *Lincoln Memorial* und dem Anschlag auf das Leben des Präsidenten geführt haben; Ereignisse, die die Vereinigten Staaten vor die schwerste innere Krise seit achtzehnhunderteinundsechzig stellen, als mit den ersten Schüssen der Konföderierten auf Fort Sumter der Bürgerkrieg begann."

Der Präsident setzte sich, plötzlich hellwach, kerzengerade auf, als auf der Leinwand hinter Wallcroft ein Foto des Chefs des

Großen Generalstabes erschien. „Doch zuvor", sagte Wallcroft, „möchte ich Sie mit der sensationellsten dieses ohnehin an Nachrichten reichen Tages bekanntmachen: Wie heute abend aus höchsten Washingtoner Kreisen verlautete, soll James P. Hinshaw, Chef des Großen Generalstabes, seinen Rücktritt erwägen. Noch sind die Hintergründe, die zu dieser Entscheidung des einundfünfzigjährigen Generals geführt haben, nicht bekannt; es wird jedoch angenommen, daß die von einer bisher nicht näher benannten Regierungsstelle im Herbst letzten Jahres durchgeführte Überwachung seiner Telefonleitung sowie der einer Anzahl weiterer hoher Armee- und Luftwaffenoffiziere mit dazu beigetragen hat. Seit neunzehnhundertzweiundsiebzig ist gesetzlich vorgeschrieben, daß die Regierung nur mit gerichtlicher Erlaubnis die Leitungen von Personen anzapfen darf, die von ihr als Bedrohung der inneren Sicherheit unseres Landes...'"

Mit einem Fluch griff der Präsident nach dem Telefon, das neben dem Sofa auf einer Konsole stand, und stellte mit einem Knopfdruck die Verbindung zu seinem Pressesekretär her. „Wo in aller Welt hat dieser Wallcroft die Nachricht von Hinshaws Rücktritt her?" blaffte er.

„Wahrscheinlich von Hinshaw selbst", meinte der Sekretär. „Irgendwie kommt Wallcroft die Abhörgeschichte zu Ohren, und er gibt sie an den General weiter unter der Voraussetzung, daß *Countdown* als erste...'"

„Ich höre immerzu *abhören!*" unterbrach ihn der Präsident. „Ich habe davon bisher nichts erfahren."

„Wirklich nicht?" Sein Pressesekretär hörte sich jetzt sehr verwirrt an. „Ich war ganz sicher, daß der Justizminister..."

Der Präsident unterbrach die Verbindung und konzentrierte sich, ohne den Hörer aufzulegen, wieder auf den Bildschirm, wo Wallcroft gerade in die Kamera sprach: „General Hinshaw hat nie ein Hehl gemacht aus seinem wachsenden Unbehagen über die – seiner Meinung nach – allzu friedliebenden Bemühungen des Präsidenten im Hinblick darauf, die Krise der inneren Sicherheit zu bewältigen. So ist auch die Rede des Staatsoberhauptes bei seinem im ganzen Land ausgestrahlten Fernsehauftritt vor einem Monat als Antwort zu verstehen auf die Forderung des Generals, der Kongreß möge ermächtigt werden, offiziell zu erklären, daß die Vereinigten Staaten sich im Aufruhr befinden." An dieser Stelle wurde der entsprechende Ausschnitt aus der damaligen Aufzeichnung eingeblendet: „Damit also bei niemandem Zweifel darüber bestehen: Wir führen keinen Krieg, sondern bemühen uns nach Kräften, eine Krankheit zu heilen, eine Krankheit unserer Demokratie. Und bei der Wahl der Heilmittel hatte ich nicht, wie einige glauben machen wollen, zu entscheiden zwischen Idealismus und Realismus, sondern zwischen guter Medizin und schlechter Medizin. Ich stehe daher unbeirrbar zu meinem Entschluß, nur so weit mit Gewalt vorzugehen, als unbedingt zur Erhaltung unseres Rechtsstaates und seiner Gesetze notwendig ist. Jedes sonstige Vorgehen würde bedeuten, eben dieses Recht zu mißbrauchen, zu dessen Aufrechterhaltung und Verteidigung ich als Ihr Präsident aufgerufen bin."

Hier schaltete sich Wallcroft wieder ein: „Wie auch immer die Entscheidung des Generals bezüglich einer möglichen Präsidentschaftskandidatur ausfallen wird, bleibt doch die Tatsache bestehen, daß sein Rücktrittsgesuch und die Gründe, die dazu geführt haben, eine weitere schwere Erschütterung für die bereits schwer gebeutelte Regierung darstellen.

Wir unterbrechen jetzt unsere Sendung und melden uns nach kurzer Pause wieder mit dem für heute abend angekündigten Report ‚Anatomie einer Krise‘."

Auf dem Bildschirm erschien eine aus Regierungsmitteln geförderte Anzeige, die für Recht und Ordnung warb. Ärgerlich wandte sich der Präsident wieder dem Telefon zu und verlangte das Büro des Justizministers.

„Ist er im Hause?" fragte er. „Nun, dann finden Sie ihn. Er soll zurückrufen."

Jetzt war er wirklich wütend. Er knallte den Hörer auf die Gabel und starrte wieder auf den Bildschirm. Während die Bilder vorbeizogen, ertönten die altbekannten Schlagworte aus dem

Apparat, Worte, die den stetigen Anstieg der Fieberkurve der Nation markierten: Freiheitsmarsch, Sitzstreik der Bürgerrechtler, Kriegsgegnerdemo...

Und dann – wie hätte es auch anders sein können – kam der Film, den Abe Zapruder vor dem *Texas Book Depository* aufgenommen hatte.

Der Präsident stand auf, um sich mit der Zubereitung eines neuen Drinks abzulenken.

Als er damit fertig war, liefen gerade Bilder von bewaffneten Wachposten und Einheiten der Bürgerwehr über den Schirm, mit Einblendungen von Zeitungsanzeigen, die für tragbare Alarmanlagen und Tränengas-Kugelschreiber warben, gefolgt von Warnschildern mit Aufschriften wie: KEIN BARGELD IN DIESER FIRMA! – DIESES HAUS IST ELEKTRONISCH GESICHERT! – TELEFONVERMITTLUNG WECHSELT KEIN GELD!

„Mit zunehmender Straßenkriminalität", sagte Wallcroft, „wuchs auch die Neigung der Bürger, sich zu Bürgerwehren zusammenzuschließen. Stadtplaner begannen von ‚schutzfähigen Zonen' zu sprechen, die Medien prägten den Begriff von der 'Festung Amerika'."

Auf der Telefonkonsole leuchtete ein Lämpchen auf, und der Präsident hob den Hörer ab.

„Ich habe den Justizminister in der Leitung", sagte seine Sekretärin.

„Stellen Sie das Gespräch durch", antwortete er, „und dann möchte ich zehn Minuten lang nicht gestört werden."

Nach einer winzigen Pause war die bestürzt klingende Stimme des Ministers zu hören.

„Von wo aus rufen Sie an?" fragte der Präsident.

„Vom Bethesda Hospital. Meine Frau..."

„Schon gut, ich weiß. Haben Sie die Nachrichten gehört? Dann machen Sie sich mal schleunigst auf den Weg. Benutzen Sie den Westeingang durch den Keller. Ich möchte nicht, daß irgendwer auf die Idee kommt, dieser Hundesohn könnte uns Beine gemacht

39

haben." Er wollte gerade auflegen, als er noch mal seinen Namen hörte. „Ja? Was gibt's denn noch?" knurrte er.

„Herr Präsident", sagte der Justizminister, „ich schwöre Ihnen, daß ich von dieser Sache nichts gewußt, geschweige denn ihr zugestimmt habe. Die betreffenden Parteien wurden strengstens verwiesen…"

„Sparen Sie sich Ihre Worte für die Gerichtsverhandlung!" herrschte der Präsident ihn an. „Ich weiß, wir sind seit langem befreundet, aber wenn Sie mir hier ein zweites Watergate eingebrockt haben, dann wird es Sie den Kopf kosten!"

Er legte auf und sah wieder auf den Bildschirm, wo gerade ein Film gezeigt wurde, der während der Vorwahlsitzung zur Präsidentschaftsnominierung gedreht worden war. Ohne den Blick abzuwenden, beugte er sich vor und massierte seinen schmerzenden Knöchel. Er ertappte sich beim Gedanken an das Gespräch, das er am Morgen mit Nadelman geführt hatte. Das illegale Anzapfen der Telefonleitung eines Chefs der Vereinigten Generalstäbe war schlimm genug, doch die Tatsache, Pläne für eine Operation wie WILD CARD auch nur diskutiert zu haben, würde, wenn sie jemals an die Öffentlichkeit gelangte – dessen war er sich sicher – zu einer Tragödie von wagnerischen Ausmaßen führen.

Nun wurden Aufnahmen von ihm gezeigt, wie er auf den Stufen des Capitols den Amtseid leistete, während Wallcroft – nicht im Bild – die Reihe der Gesetzesvorlagen aufzählte, die während des ersten Jahres seiner Amtszeit durchgebracht worden waren.

„Demonstranten", fuhr die Stimme fort, als Bilder von jubelnden, fähnchenschwenkenden Menschen von solchen einer tobenden Meute abgelöst wurden, „unzufrieden mit dem, was sie Kompromißreformen nannten, nutzten jede sich bietende Gelegenheit, Unruhe zu stiften, was wiederum zu einer Eskalation der Gewalt führte, die alles in den sechziger und frühen siebziger Jahren Dagewesene überstieg. Die Besitzenden, zutiefst verstört durch die heftige Ablehnung dessen, was die Nicht-Besitzenden doch offensichtlich lange gefordert hatten, wurden schließlich selber erbittert.

Die wachsende Polarisierung innerhalb des politischen Spektrums führte schließlich zu dem, was viele seit langem befürchtet hatten: dem Zusammenschluß zu großen, para-militärischen Verbänden derjenigen, die bisher eine Unzahl von vereinzelten Kadern gewesen waren, jeder einzelne bestrebt, die eigene Ideologie gewaltsam durchzusetzen.

Sabotageakte, terroristische Gewalttaten und die Krise der Wirtschaft ließen den Graben, der Weiß von Schwarz, Links von Rechts, Alt von Jung und Arm von Reich trennt, immer weiter aufbrechen und beschleunigte das Abgleiten in Anarchie."

Der Präsident langte nach der Fernbedienung und schaltete das Gerät aus. Das letzte Bild, das zeigte, wie Tote aus den Trümmern des von Bomben zerstörten Yankee-Stadions ausgegraben wurden, schrumpften zu einem hellen Lichtpunkt zusammen und erlosch.

Er ließ den Kopf auf die Rücklehne des Sofas sinken und schloß die Augen. Etwas, das Wallcroft gesagt hatte, nur halbgehört, während er mit dem Justizminister telefonierte, hatte in ihm eine alte, dunkle Erinnerung wachgerufen: die Erinnerung an jene Nacht vor vielen Jahren, als er seinem Innersten gegenübergestanden und versagt hatte.

Wie durch ein Wunder war es ihm damals gelungen, die darauffolgende tiefe Scham zu überwinden. Und heute, so schien es ihm, stellte ihn das Schicksal erneut vor eine Entscheidung. Ob er wohl, überlegte er, vor der Herausforderung von WILD CARD zurückschrecken und, so wie damals, davonlaufen würde?

Es war kaum denkbar, entschied die eine Seite in ihm, sich jetzt zu stellen und nicht davonzulaufen. Doch wenn er davonliefe, beharrte eine noch hartnäckigere Stimme in ihm, würde es aufgrund der gleichen Schwäche geschehen, der er schon in der damaligen Krise erlegen war.

Der Gedanke war unerträglich. Er setzte sich auf, plötzlich wieder hellwach, und langte nach dem Telefon. „Verbinden Sie mich mit Dr. Nadelman!" sagte er.

4

Die Ablösung für die Wärmefront schickte ihre ersten Kundschafter am späten Nachmittag aus. Als Vorhut zog ein Spähtrupp zarter Cirruswölkchen über den Himmel, der gegen sechs Uhr Verstärkung bekam. Unterstützt durch die Temperatur in Bodennähe und hohe Luftfeuchtigkeit ballten sich schon kurz darauf drohende Wolkenmassen zusammen.

Die ersten Regentropfen fielen, als Dr. Simon Chesterton in seinem blitzenden Mercedes SSK auf den Kiesweg einbog, der zwischen hohen Bäumen zu Nadelmans Haus in Chevy Chase führte. Mit einem Knall wie von einer riesigen stählernen Peitsche zuckte ein Blitz über den Himmel. Einen Augenblick lang, der mehrere Sekunden zu währen schien, konnte Chesterton jede Einzelheit des vor ihm liegenden efeubewachsenen Gebäudes im neo-gotischen Stil ausmachen: bunte Glasfenster, Kielbögen, Türmchen, Kreuzblumen und Wasserspeier – alles war deutlich zu erkennen in dieser drei Millionen Kilowatt starken Helligkeit.

Obwohl Chesterton Nadelman seit nunmehr fast zehn Jahren kannte, war es heute das erste Mal, daß er in dessen Haus eingeladen worden war, welches man in den Kreisen der Washingtoner Wissenschaftler spöttisch „das Haus Usher" nannte. Daß er dieses Haus nun endlich kennenlernen sollte, dazu noch unter solch bühnenmäßiger Kulisse, entschädigte ihn reichlich für die späte Stunde und die Kurzfristigkeit der Einladung. Er bedauerte jetzt nur, in der Stereoanlage seines Wagens nicht das Band mit der *Götterdämmerung* eingelegt zu haben.

Simon Chesterton arbeitete als leitender Psychiater am Walter Reed Army Medical Center und war außerdem als Berater für verschiedene Bereiche der Regierung und des Gerichtswesens tätig. Achtundvierzig Jahre alt, schlank und hochgewachsen, war er die Verkörperung von Charme und Weltgewandtheit. Alles an ihm und an dem, womit er sich umgab, zeugte von erlesenem Geschmack. Sein Gesicht hatte die gleiche Blässe, Glätte und Ebenmäßigkeit wie die Gesichter der Dresdner Porzellanfiguren, die er sammelte, und er bewegte sich mit einer ungezwungenen Lässigkeit, die an Laszivität grenzte. Er sprach und kleidete sich wie ein englischer Gentleman, und wie eben dieser betrieb er seine geschäftlichen wie privaten Angelegenheiten mit Schläue und Verschwiegenheit. Als einziger Sohn eines Stahlarbeiters aus Pittsburgh unter dem Namen Alexis Dobanozow geboren, war es ihm gelungen, seinen neuen Lebensstil so vollkommen zu verinnerlichen, daß es manchmal schien, als überspiele er eher eine aristokratische denn eine proletarische Herkunft.

Er hielt vor der Treppe, die zum vorderen Eingang des Hauses führte. Jetzt goß es in Strömen. Er stellte den Kragen seines in London maßgeschneiderten Tweed-Anzuges hoch – eine Fahrt nach Chevy Chase bedeutete für Chesterton eine Fahrt aufs Land, und so hatte er sich entsprechend gekleidet – griff nach seiner Taschenlampe und öffnete die Wagentür. Sorgfältig darauf bedacht, seine handgenähten Wanderschuhe nicht zu bespritzen, eilte er die Stufen hinauf und zog an der altmodischen Türglocke. Aus den Tiefen des dunklen, weitläufigen Hauses ertönte von irgendwoher ein Rasseln wie von Ketten in einem Kerker.

Es dauerte eine Ewigkeit, bis endlich die Sprechanlage knackte und Nadelmans Stimme fragte: „Wer ist da?"

„Graf Drakula!"

„Sehr witzig!" Nadelman schien nicht die Spur amüsiert.

„Dick, um Himmels willen!" rief Chesterton, der sich vor dem Regen schutzsuchend an die Hauswand drängte. „Ich bin's, Simon. Beeilen Sie sich, sonst werde ich noch völlig durchnäßt!"

Die Tür gab ein lautes Klicken von sich und schwang nach innen auf. In der Eingangshalle war es so dunkel und roch es so modrig wie in einem Kellergewölbe. Chesterton trat langsam ein und ließ den Strahl seiner Taschenlampe kreisen. Weinlaubumrankte Spalierbögen zierten die Tapeten, die zum Teil in Streifen von den Wänden hingen, und auf großen, alten Stichen standen betrübt dreinschauende Viehherden unter mondbeglänzten Himmeln. Zu seiner Rechten zog sich ein breiter Treppenaufgang nach oben; die Balustrade krönte eine bronzene Panfigur, die als Ständer für einen Leuchter diente. Ihm gegenüber befand sich eine leinenbespannte Tür, die von zwei kunstvoll aus Hirschgeweihen gefertigten Stühlen bewacht wurde.

„Dick?" rief er mit unsicherer Stimme. Niemand antwortete.

Er wollte gerade auf die Tür zugehen, als er etwas an seinen Beinen entlangstreichen fühlte. Er richtete den Strahl seiner Lampe zu seinen Füßen hinunter. Zwei Katzen, den Rücken zum Buckel gekrümmt, starrten ihn aus gelbleuchtenden Augen an. Das war eigentlich zuviel für Chesterton – er haßte Katzen! –, doch voller Ekel mußte er auch noch erkennen, daß die Köpfe der beiden Tiere mit einer Paste ähnlich der beim Zahnarzt verwendeten Füllmasse bestrichen waren.

Plötzlich flammten in dem Leuchter Glühbirnen auf. „Ach, da sind Sie ja!" sagte Nadelman fröhlich von der Treppe herunter. In der Hand hielt er ein transistorähnliches Kästchen, wie es bei Modellflugzeugen zur Fernsteuerung verwendet wird. Er drehte an den Knöpfen vorne auf dem Apparat. Zuerst legte sich die schildpattfarbene, dann die schwarze Katze laut schnurrend auf die Seite. Wieder drehte Nadelman an den Rädchen, und augenblicklich sprangen die Katzen hoch, machten einen Satz auf einen der Stühle, rollten sich zusammen und fielen sofort in tiefen Schlaf.

„Gehirnimplantate!" erklärte er. „Die beiden sind leichter zu halten als Schäferhunde, aber genauso gefährlich, wenn ihr Aggressionszentrum voll stimuliert wird. Alpha – das ist die schwarze – hat in der letzten Woche einen, der hier ums Haus strich, beinahe das Augenlicht gekostet." Er machte kehrt und entfernte sich. „Kommen Sie rauf!" rief er, als sei es ihm nachträglich eingefallen.

Chesterton stieg die Treppe hinauf und folgte ihm über einen spärlich beleuchteten Gang voller Bücher, Trödel und alter Möbel. Schließlich gelangten sie in einen Raum, der einmal ein Ballsaal gewesen sein mochte, jetzt aber wie eine Lagerhalle aussah. Er war vollgestopft mit Möbeln – viktorianischer Stil und größtenteils beschädigt –, nicht aufgehängten Bildern, ausgestopften Vögeln und Tieren, einer Vielzahl technischer Geräte und zigtausenden von Büchern. Sie lagen überall, auf den Holzdielen, Möbeln, Kaminsimsen und Fensterbrettern.

Nadelman nahm einige Bände *Wood's Natural History* von einer Ledercouch, blies den Staub von der Sitzfläche und bedeutete Chesterton, daß dies der für ihn vorgesehene Platz sei. Dann durchquerte er das Zimmer, wühlte in einem Stapel von Papieren und Gehirnröntgenbildern und kehrte mit zwei Gläsern und einer Whiskyflasche zurück. Er füllte die Gläser und drückte Chesterton eins in die Hand. „Simon", sagte er, „es geht los mit WILD CARD!"

Vorsichtig setzte Chesterton sein Glas auf dem zwischen ihnen stehenden Tisch ab. „Was in aller Welt wollen Sie damit sagen?" fragte er.

„Der Präsident hat sein Okay gegeben!" antwortete Nadelman vergnügt. „Wir sollen WILD CARD unverzüglich anlaufen lassen."

Chesterton sah ihn eindringlich an. Er fragte sich, ob Einsamkeit und Überarbeitung ihn schließlich doch aus dem Gleichgewicht geworfen hatten.

„Hören Sie, Dick", sagte er, „wenn Sie mich in solch einer Nacht wie dieser hierhergelockt haben..."

Er leerte sein Glas und erhob sich, in der Hoffnung, daß Nadelman wieder Vernunft annehmen würde. Zu seiner Bestürzung mußte er feststellen, daß jetzt Nadelman *ihn* ansah, als sei er verrückt geworden.

Er setzte sich wieder. Nadelman schenkte nach und hielt ihm das Glas hin.

„Aber die Studiengruppe..." Chesterton stockte und schob ein Schälchen mit Salzbrezeln zur Seite, das Nadelman ihm angeboten hatte. „Unsere Arbeit war doch rein theoretisch! Eine Art akademischer Übung! Regierungsstellen beschäftigen sich schließlich ständig mit polit-militärischen Spielen! Es stand ja wohl für keinen von uns beiden jemals zur Debatte, daß wir das Projekt einmal realisieren würden, oder?" Er kicherte bei dieser absurden Vorstellung. „Und überhaupt – wo wollen Sie denn die Wissenschaftler herkriegen, die bereit wären, bei einem Unternehmen wie WILD CARD mitzumachen?"

Nadelman nahm eine Handvoll Salzgebäck aus dem Schälchen und stellte es zur Seite. „Nun", begann er mit vollem Mund, „es dürfte, um nur ein Beispiel zu nennen, auch nicht allzu große Schwierigkeiten bereitet haben, Wissenschaftler von der Notwendigkeit zu überzeugen, sich etwas zur Atombombe einfallen zu lassen." Er klaubte ein paar Krümel von seiner Wollweste. „Und wer waren wohl die prachtvollen Mitmenschen, denen wir das Nervengas verdanken und Kampfstoffe wie Milzbrand, Maltafieber, Encephalitis, Pest, Papageienkrankheit, Q-Fieber, Flecktyphus und wie sie alle heißen!" sprudelte er hervor. „Ein Schuß Soda gefällig?"

Chesterton zog ein Taschentuch heraus und wischte sich mit übertriebener Sorgfalt ein feuchtes Klümpchen Brezel ab, das auf seiner Krawatte aus cremefarbener Mohairwolle gelandet war. „Mein lieber Freund", sagte er ohne Wärme, „als die Atombombe aufkam, befand sich unser Land im Krieg!"

Nadelman beugte sich vor, zog unter einem Freßnapf ein Exemplar der *Washington Post* vom Vortag hervor und hielt sie Chesterton hin. Die Schlagzeile lautete: *Zweihundert starben durch Bombenanschlag auf Supermarkt!* „Und das hier – ist das etwa kein Krieg? Sie haben doch auch in der Studiengruppe gesessen und kennen die Fakten! Verdammt noch mal, Simon, die Geheimdienstberichte beweisen doch, daß wir am Vorabend einer Revolution stehen!"

Chesterton ließ sich nicht beeindrucken. „Dann versuchen Sie doch mal, ein Team von Wissenschaftlern für die Arbeit an solch einem bizarren Projekt wie WILD CARD zusammenzustellen." Er war noch immer damit beschäftigt, seine Krawatte zu retten. „Die werden Sie sofort in eine Anstalt stecken – nachdem sie sich kaputtgelacht haben!"

Nadelman atmete tief durch und fuhr nachsichtig fort: „Der Bursche, der sich das Napalm ausgedacht hat, ein Mann namens Fieser, hat während des Zweiten Weltkriegs zwei Jahre lang

Arbeitsgruppen in Harvard, am Massachusetts Institute of Technology und an der University of California sich mit dem Projekt beschäftigen lassen, Fledermäuse – ja, ganz richtig, Fledermäuse! – mit Miniatur-Brandbomben auszurüsten. Und die Teufelsviecher mußten doch tatsächlich erst eine Flugzeughalle in New Mexiko im Wert von zwei Millionen Dollar in Brand stecken, bevor die Leute wieder Vernunft annahmen."

Chesterton hatte sich damit abgefunden, daß seine Krawatte ruiniert war, und steckte sein Taschentuch wieder ein. „Das ist doch alles völlig irrelevant!" sagte er ärgerlich. „An einem Projekt mitzuarbeiten, wodurch Fledermäuse mit Brandbomben ausgerüstet werden sollen, setzte den Betreffenden möglicherweise dem Vorwurf der Lächerlichkeit aus, wirft aber wohl kaum irgendwelche moralischen Probleme auf! Selbst die Arbeit an der Atombombe muß, verglichen mit WILD CARD, ein Spaziergang gewesen sein. Um Himmels willen, Dick, begreifen Sie denn nicht, was für ein Unterschied da ist? Alle diese Leute arbeiteten im Rahmen der Gesetze der Vereinigten Staaten, mit Genehmigung der Vereinigten Staaten, gegen einen klar definierten Feind der Vereinigten Staaten!"

„Also gut, es wird nicht leicht sein." Nadelman schien ein wenig unsicher zu werden. „Du lieber Gott, das muß doch noch lange nicht heißen, daß es unmöglich ist!"

Chesterton schüttelte den Kopf.

Nun ja, dachte er, alles ist möglich. Das bewies schon die Tatsache, daß Nadelman offensichtlich niemand geringeren als den Präsidenten dazu gebracht hatte, ihm bei dieser monströsen *Folie à deux* zur Seite zu stehen. „Dick", sagte er, „Sie sind verrückt. Sie nehmen doch hoffentlich nicht an, ich könnte bei diesem Komplott mitmachen!"

Nadelman ging zum Angriff über: „Sie machen bereits seit dem Augenblick mit, wo Sie fünfzigtausend Dollar für Ihre Teilnahme an der Studiengruppe in Empfang nahmen! Was wir jetzt von Ihnen erwarten, ist folgendes: Sie sollen uns sagen, wer von den Wissenschaftlern, die ich auf dieser kurzen Liste hier zusammengestellt habe, psychologisch gesehen geeignet ist, an WILD CARD mitzuarbeiten."

Chesterton holte tief Luft. „Und wie um alles in der Welt soll ich das Ihrer Meinung nach herausfinden?"

„Indem Sie die Motive der in Frage kommenden Personen untersuchen. Die üblichen Dinge – Ausbildung, Familienverhältnisse, Freunde, Bankverbindungen, Kreditwürdigkeit – haben wir bereits überprüfen lassen. Und hier" – er zog einen Stoß blauer Schnellhefter unter seinem Stuhl hervor und hielt ihn Chesterton hin –, „haben wir die Leute, die unseren Anforderungen zu entsprechen scheinen." Alle Akten trugen die Aufschrift STRENG GEHEIM! NUR FÜR BESTIMMTE PERSONEN!.

Chesterton blätterte die engbeschriebenen Seiten durch. „Und was hat man den Leuten gesagt?" fragte er, ohne aufzublicken.

Nadelman füllte ihre Gläser nach. „Daß es sich um eine Arbeit an einem nicht-spezifizierten Staatssicherheits-Projekt handelt, die eine etwa acht-monatige Klausur unter strengsten Sicherheitsvorkehrungen erforderlich machen wird. Sie wissen ebenfalls, daß die Bezahlung außergewöhnlich gut ist und daß wir uns während ihrer Abwesenheit um ihre Familien kümmern werden."

Chesterton zog die Augenbrauen hoch. „Und die haben alle zugesagt? Auch die Spitzenleute?"

„Ja."

Seufzend gab Chesterton Nadelman die Schnellhefter zurück. „Die müssen verrückt sein", sagte er, „einfach völlig übergeschnappt!"

Nadelman zuckte wegwerfend die Achseln.

„Wieviel Zeit habe ich?" fragte Chesterton. „Selbst bei diesen Kopfkranken da" – er wies mit einem verächtlichen Nicken auf den Stapel blauer Hefter –, „ist es unwahrscheinlich, daß die so ohne weiteres hereinspaziert kommen und ihre Seelen vor mir ausbreiten wie Soldaten den Inhalt ihrer Tornister bei einer Gepäckinspizierung."

„Zwei Wochen."

Chesterton warf den Kopf in den Nacken und lachte laut heraus.

„Jetzt bin ich sicher, daß Sie Spaß machen! Selbst wenn ich meine sämtlichen Termine absage, ist das nicht zu schaffen!"

„Ich spaße durchaus nicht", gab Nadelman ungerührt zurück. „Und Sie müssen es schaffen. Die Masturbationsfantasien der Leute interessieren mich nicht. Ich will nur wissen, ob wir uns auf die Scheißer verlassen können oder nicht."

5

Dr. Paul McElroy, der erste Wissenschaftler auf Nadelmans Liste, würde fünfzig Minuten später als verabredet bei Chesterton eintreffen. Das war nicht weiter verwunderlich. Die vielen Straßensperren, Kontrollen, wilden Streiks und Absperrungen ganzer Stadtteile durch Polizei und Nationalgarde brachten es häufiger mit sich, daß Leute zu spät kamen. Obwohl das Militärfahrzeug, das den Forscher von Andrews aus zum Walter Reed Army Hospital bringen sollte, absolute Priorität im Straßenverkehr hatte, war ihm dennoch an der Kreuzung Sechzehnte und zehnte und Monroe Street auf Befehl einer Einheit, die dort Bomben entschärfte, die Weiterfahrt verwehrt worden. Und da der Fahrer wegen einer Straßenschlacht nicht den Weg durch Tetworth nehmen konnte, hatte er angerufen und Bescheid gesagt, daß er es jetzt von Westen her versuchen würde.

Chesterton nutzte die Zeit, um einen Bericht über die Vernehmung von Louis Chavaz auf Band zu diktieren. Chavaz war Oberbefehlshaber der *Revolutionären Allianz* und, wie man vermutete, maßgeblich an dem vor nunmehr zweiundsiebzig Stunden erfolgten Anschlag auf das Leben des Präsidenten beteiligt. Chesterton war im Verlauf des Verhörs jedoch zu der Überzeugung gelangt, daß Chavaz an dieser Verschwörung – falls es so etwas überhaupt gegeben hatte – nicht beteiligt war. Hinter den Schimpftiraden, die der Mann losgelassen hatte, verbarg sich vielmehr eine tiefe Kränkung darüber, daß er als *die* Autorität auf diesem Gebiet nicht gefragt worden war. Chesterton schloß seinen Bericht mit der Empfehlung, beim derzeitigen Stand der Untersuchung von einer Verschärfung der Verhörmethoden abzusehen, und schaltete das Diktiergerät ab.

Er sah auf seine goldene *Jaeger-Le-Coultre*-Armbanduhr; bis zum Eintreffen McElroys blieben ihm noch zehn Minuten. Er nahm sich das Dossier des Wissenschaftlers vor und blätterte noch einmal die engbeschriebenen Seiten mit der Überschrift STRENG GEHEIM! durch.

Auch wenn er jetzt Vorsitzender der Fachschaft Biochemie am M. I. T., dem Massachusetts Institute of Technology, war, seine wissenschaftliche Karriere hatte er als Physiker in Harvard begonnen. Die Doktorandenjahre waren ausgefüllt mit dem Schreiben seiner Dissertation, einer Arbeit über Tragflächen, die ihm nach ihrem Abschluß ein Stipendiatenjahr am englischen Cavendish Laboratory in Cambridge einbrachte. Dort war in ihm das Interesse erwacht, seine Kenntnisse auf das Gebiet der Biologie zu übertragen. In die Vereinigten Staaten zurückgekehrt, hatte er am M. I. T. die Stelle eines Universitätsdozenten erhalten und begonnen, auf dem Sektor der Biophysik zu arbeiten. Achtzehn Monate später war er der Einladung des Verteidigungsministeriums zur Mitarbeit an der Forschungsgruppe JASON gefolgt.

Und hier, so nahm Chesterton an, war er wohl zum ersten Mal Nadelman begegnet, und dieser hatte wahrscheinlich entscheidend dazu beigetragen, daß McElroy im Anschluß an JASON zum Berater bei der US-Raumfahrtbehörde ernannt wurde.

In der Folgezeit hatte sich McElroy mehr und mehr der biologischen Seite seiner Fachrichtung zugewandt und sich schließlich ganz auf das relativ unbekannte Gebiet der Gedächtnisforschung konzentriert. Chesterton fiel eine Abhandlung ein, in der McElroy über seine Forschungsarbeiten hinsichtlich der Speicherung von Erinnerungen auf langen Kettenmolekülen berichtet hatte, von der er, wie er sich jetzt erinnerte, trotz ihrer für seinen Geschmack allzu mechanistischen Betrachtungsweise ziemlich beeindruckt gewesen war. McElroy war hier allem Anschein nach einer großen Sache auf der Spur. Auf jeden Fall aber gehörte er zu den erfolgreichsten und brillantesten Köpfen unter den hiesigen Wissenschaftlern.

Chesterton nahm sich jetzt den Teil des Dossiers vor, der sich mit Margret Ann McElroy, geborene Cohen, beschäftigte. Die jetzt Dreißigjährige, Tochter jüdischer Eltern, war vom Radcliffe College nach dem ersten Studienjahr abgegangen und hatte in den ersten beiden Jahren ihrer Ehe mit McElroy zwei Kinder, einen Jungen und ein Mädchen, zur Welt gebracht. Das dem Bericht beigefügte Foto zeigte eine recht attraktive Frau in Jeans, Snoopy-T-Shirt und Kopftuch. Allem Anschein nach war es mit einem Teleobjektiv aufgenommen worden, während sie im Vorgarten ihres farmähnlichen Hauses in Cambridge/Massachusetts arbeitete. Im Hintergrund war ein kleiner Junge mit dem Handschuh eines Baseball-Fängers zu sehen, der neben einem Rasensprenger spielte. Das Ganze hätte ebensogut ein Standfoto aus einem Werbefilm sein können.

Chesterton konzentrierte sich wieder auf den Bericht, in dem von einer guten Ehe die Rede war. Warum in aller Welt, so fragte er sich, klammern sich die Heinis von FBI bloß an das Wort „gut", wenn sie damit doch eigentlich nur sagen wollen, daß es ihnen nicht gelungen ist festzustellen, ob einer der beiden Partner fremdgeht?

Er war gerade im Begriff, eine Aktennotiz über den Sinn von Wertmaßstäben in Sicherheitsbeurteilungen zu diktieren, als seine Sekretärin ihm das Eintreffen des Wissenschaftlers meldete.

McElroy war wesentlich größer, als Chesterton aufgrund des Fotos erwartet hätte. Sein Gesicht wirkte kraftvoll und zeigte ein breites, eckiges Kinn unter einer geraden Nase. Eine Narbe auf seiner Oberlippe, so winzig, daß Chesterton sie sicher übersehen hätte, wenn McElroy nicht so braungebrannt gewesen wäre, ließ sein Lächeln zu einem fragenden, leicht schiefen Grinsen werden.

Seiner Kleidung nach zu urteilen, wurde er nicht von der tiefsitzenden amerikanischen Furcht vor dem Alter geplagt. Anders als die meisten Männer um die Vierzig mit sitzender

Tätigkeit hätte er, ohne lächerlich zu wirken, die gleiche Kleidung tragen können, wie sie für Männer, die halb so alt waren wie er, entworfen wird. Er hatte jedoch einen grauen Anzug gewählt, dessen Schnitt nur ganz entfernt an das erinnerte, was jüngere Männer als er derzeit für modisch hielten.

Sein Händedruck war fest, ohne aufdringlich zu sein, und seine Art, sich zu geben, entspannt und offen. Chesterton bot ihm einen Sessel an und nahm ihm gegenüber Platz. Er wußte, daß es nicht gerade einfach sein würde, hinter McElroys Abwehrmechanismen zu kommen. Daß er auf dem Gebiet der Gehirnfunktionen arbeitete, hatte den Wissenschaftler sicher mit einem beträchtlichen Wissen über die Spielregeln bei der Einordnung von Persönlichkeitsstrukturen ausgerüstet.

Chesterton machte den Anfang; sein Eröffnungszug zielte darauf ab, die politische Einstellung seines Gesprächspartners aufzudecken. „Es tut mir leid für Sie, daß es ein Weg mit Hindernissen war hierherzukommen", begann er. Abgesehen von den Schwierigkeiten, auf die McElroy hier in der Stadt gestoßen war, hatte er, bedingt durch den Streik der Zivilpiloten, die damit gegen das Überhandnehmen von Flugzeugentführungen protestierten, in einer Militärmaschine nach Washington gebracht werden müssen.

McElroy zuckte die Achseln. „Ich würde nur noch mit der Air Force fliegen, wenn das ginge, ohne in die Armee eintreten zu müssen. Da wäre man wenigstens davor sicher, bei der Zuckerrohrernte in Kuba zu landen."

„Wie sieht's denn bei Ihnen in Boston aus?" fragte Chesterton. „Mir scheint, daß es Ihre Stadt nicht ganz so schwer getroffen hat wie so manche andere."

McElroy blickte ihn zweifelnd an. „Schon möglich", räumte er schließlich ein. „Auf jeden Fall weniger als Ihr Washington hier. Den unteren Teil der Stadt hat es ziemlich erwischt, aber die älteren Teile haben die Terroristen aus unerfindlichen Gründen in Ruhe gelassen. Im Gebiet von Beacon Hill, zum Beispiel, ist meines Wissens nicht ein Schuß abgegegeben worden."

„Sehr interessant!" Chesterton notierte sich im stillen, daß sein Gegenüber das Wort „Terroristen" verwendet hatte statt des neutraleren „Stadtguerillas". „Und welchen Grund könnte das Ihrer Meinung nach haben?"

„Schwer zu sagen. Ich kann einfach nicht glauben, daß es aus Respekt vor der Geschichte unserer Stadt geschieht."

Chesterton lächelte ermutigend und wartete, ob McElroy noch etwas hinzufügen würde. Seine Frage hätte so manchem als Vorwand gedient, eine zündende politische Rede zu halten. Nicht so McElroy. Er machte einen neuen Anlauf. „Wo, glauben Sie, wird das alles einmal enden?"

McElroy schüttelte bekümmert den Kopf. „Keine Ahnung. Möglicherweise in einem sinnlosen, blutigen Massaker."

Nicht schlecht für den Anfang! dachte Chesterton. Leute, die an eine politische Lösung glaubten, konnte er, selbst wenn sie regierungsfreundlich eingestellt waren, nicht gebrauchen. Die stellten sich, wenn sie einmal erkannt hatten, was von ihnen verlangt wurde, leicht als ebenso gefährlich heraus wie jemand, der vorher eine heftige Abneigung gegen Maßnahmen der Regierung an den Tag gelegt hatte. „Nun, Dr. McElroy", sagte er so bedauernd, als müsse er eine angenehme Unterhaltung abbrechen, „ich glaube, wir sollten uns jetzt besser an die Arbeit machen."

McElroy lehnte sich bequem zurück, schlug die Beine übereinander und sah ihn erwartungsvoll an.

„Sie kennen die etwas ungewöhnlichen Bedingungen, die an die zu vergebende Stelle geknüpft sind?"

McElroy nickte. „Ja, ich weiß Bescheid."

Ein ausgesprochen selbstbewußter Mann, sagte sich Chesterton. Jemand mit mehr Unsicherheit hätte an dieser Stelle die Gelegenheit ergriffen, sich nach weiteren Einzelheiten zu erkundigen. „Und Sie wissen auch, daß es bei diesem Projekt um die Erarbeitung von Verteidigungsmaßnahmen geht?"

„Ja, ich weiß Bescheid."

„Ist Ihnen aber auch klar, daß diese sogenannten Verteidigungsmaßnahmen auf die *innere* Sicherheit unseres Landes abzielen?"

Deutlicher wagte Chesterton, was das eigentliche Ziel von WILD CARD betraf, nicht zu werden.

McElroy bewegte sich unbehaglich auf seinem Sitz. „Ich glaube", begann er zögernd, „es war Edmund Burke, der einmal gesagt hat, daß es, um dem Bösen zum Sieg zu verhelfen, nur einer Sache bedürfe, und zwar guter Menschen, die die Hände in den Schoß legen."

Chesterton räusperte sich. Er war sich nicht sicher, wer von ihnen beiden verlegener war. „Verstehe", gab er zurück, als gelte es, eine ziemlich peinliche Angelegenheit, die ein Gentleman einem anderen gegenüber besser nicht erwähnt hätte, zu bereinigen. „Und wie fühlen Sie sich bei dem Gedanken, für so lange Zeit von Frau und Kindern getrennt zu sein?"

„Ich hielt es bisher nicht für sinnvoll, mir darüber Gedanken zu machen, bevor ich wußte, ob man mich nehmen würde oder nicht."

Chesterton schloß daraus, daß McElroy weniger – wahrscheinlich sogar wesentlich weniger – abhängig von seiner Frau war als sie von ihm. Die Verbindlichkeit seiner Antwort ließ auch erkennen, daß er sich durch die Abhängigkeit seiner Frau in keiner Weise eingeengt fühlte.

„Ich nehme an, Sie kennen Dr. Nadelman schon länger?"

„Seit wir zusammen an JASON gearbeitet haben."

„Seine Integrität steht für Sie sicher außer Zweifel."

McElroy runzelte die Stirn. „Aber sicher!" Das war, wie Chesterton wußte, die höfliche Art zu sagen: Warum, in drei Teufels Namen, wäre ich sonst hier! „Er ist ein ungewöhnlich fähiger Logiker", fügte er dann hinzu, sozusagen als Friedensangebot.

Dafür rechnete Chesterton ihm gleich mehrere Pluspunkte an. Daß dieser Mann berufliche Tüchtigkeit als Logiker mit dem Begriff Integrität assoziierte, trug entscheidend dazu bei, ihn als Mitarbeiter am Unternehmen WILD CARD zu qualifizieren. Dennoch wartete er eine ganze Minute, bevor er weitersprach. Er wußte, falls McElroy unbewußt irgendwelche Befürchtungen hinsichtlich Nadelmans Integrität hegte, würde er – falls er nicht einen geradezu ungeheuer geschickten Gegen-Bluff abzog – durch die Betonung weiterer guter Eigenschaften Nadelmans versuchen, solche Befürchtungen zu unterdrücken. Doch der Wissenschaftler schwieg; die Reihe war an Chesterton, und McElroy war selbstsicher genug, den nächsten Zug des Psychiaters geduldig abzuwarten.

Chesterton lehnte sich in seinem Sessel zurück, nahm die Brille ab und lächelte gewinnend. Es war eine wohlbedachte Geste, die andeuten sollte, daß jetzt eine kleine Verschnaufpause eingelegt werden würde. „Wie ich hörte, sind Sie ein ausgezeichneter Segelflieger?"

McElroy lachte. „Nun ja, ich betreibe diesen Sport ab und zu."

In dem Dossier hatte es geheißen, daß er Hunderte von Flugstunden hinter sich hatte. Vor zwei Jahren, in Kalifornien, war er bis auf fünfzehnhundert Fuß an den Welt-Höhenrekord im Segelfliegen herangekommen.

Warum dann dieser Versuch, fragte sich Chesterton, hier derart herunterzuspielen – nicht so sehr sein Können, als vielmehr die Zeit, die er für sein Hobby aufwendete?

„Es muß ein sehr aufregender Sport sein."

McElroy zuckte die Achseln, als interessiere ihn dieser Aspekt nur am Rande. „Auf jeden Fall kenne ich keinen Sport, der so viel Entspannung bietet wie dieser", erklärte er.

Chesterton witterte etwas sehr Interessantes: Das Über-Ich dieses Mannes, sagte er sich, mißbilligt eine Freizeitbeschäftigung, die aufregend ist, toleriert jedoch eine, die entspannt. Warum?

„Das halte ich für sehr wichtig – Entspannung, meine ich. Als junger Mann, als ich noch in Chicago lebte, bin ich aus diesem Grund viel gesegelt." Chesterton war zwar einmal auf Besuch in Chicago gewesen, hatte aber nie dort gewohnt, und er hatte auch erst einmal auf einem Schiff gestanden, das kleiner war als ein Linienschiff. Er hatte gelogen, um McElroys Wachsamkeit einzulullen. „Aber das ist lange her", fügte er schnell hinzu, für den Fall, daß ihm jetzt eine Frage zu der Stadt oder dem Sport gestellt würde. „Finden Sie nicht, daß Segelfliegen eine recht einsame Sache ist?"

„Nicht mehr als Segeln."

„Aber ich hatte immer wenigstens einen Freund an Bord. Sie dagegen sind völlig allein da oben."

„Unter diesem Gesichtspunkt habe ich es nie betrachtet", sagte McElroy. „Meine Frau sagt immer, dieses egoistische ..." Er brach ab, als habe er erkannt, daß er sich selbst in eine Falle manövriert hatte.

Chesterton nutzte den gewonnenen Vorteil sofort aus: „Weil Sie dadurch ihr und den Kindern weniger Zeit widmen können?"

„Vermutlich." McElroys Stimme klang flach. „Dazu kommt, daß es so verdammt teuer ist."

Aha! dachte Chesterton, da haben wir den Grund für sein Schuldgefühl. Oder doch wenigstens die Begründung, mit der er die eigentliche Ursache seines Schuldgefühls abwehrt.

McElroys Vater, ein hochdekorierter Kampfpilot der US Air Force, war in Korea gefallen. Daß sein Sohn ein motorloses, also weniger potentes, Flugzeug vorzog, war möglicherweise, wie Chesterton vermutete, der unbewußte Versuch, Angstgefühle abzublocken, die immer dann aufkamen, wenn er glaubte, mit seinem Vater konkurrieren zu müssen. Chesterton zweifelte nicht daran, daß McElroy in bezug auf Vaterfiguren eine Art respektvoller Furcht empfand. Der beste Beweis hierfür war seine fast ehrfürchtige Haltung Nadelman gegenüber. Es wäre sicher sehr interessant herauszufinden, inwieweit er unbewußt seiner Mutter, oder auch sich selbst, die Schuld am Tode seines Vaters gab.

Chesterton kam zu der Ansicht, daß McElroy ein vielversprechendes Medium für eine Befragung durch Narkoanalyse war. Durch die während der Hypnose einsetzende Regression würde er die Verhaltensmuster der Einstellung und Gefühle seines Patienten gründlicher erforschen können. Natürlich nicht alle – dafür fehlte einfach die Zeit –, doch genügend, um sich ein Bild über McElroys Eignung für WILD CARD zu machen. Er lächelte. „Nun, Doktor", sagte er beschwingt, „wenn Sie einverstanden sind, sollten wir jetzt zum Hauptpunkt unserer Tagesordnung übergehen."

Er erhob sich und führte seinen Gast zu einer schwarzen Ledercouch, die in einer Ecke des Zimmers stand. Am Kopfende lagen zwei mit einem Papiertuch bedeckte Kissen; gegenüber an der leinenbespannten Wand war ein Punktstrahler montiert. Auf einem Beistelltisch ganz in der Nähe standen zwei Tonbandgeräte, ein Lautsprecher, ein Fernbedienungsschalter und ein geheimnisvoll aussehender schwarzer Kasten.

Chesterton knipste den kleinen Wandstrahler an. „Sie kennen ja wohl das alles hier", sagte er.

McElroy beugte sich vor und betrachtete aufmerksam die Instrumente, die sich an der Vorderseite des schwarzen Kastens befanden. „Ein Autohypnose-Gerät?" fragte er.

Chesterton nickte. „Wenn man es in Verbindung mit einer geringen Dosis Natriumamytal benutzt, fällt es dem Patienten leichter, auf Fragen... nun, sagen wir einmal... eindeutigere Antworten zu geben."

McElroy schmunzelte. Er zog sein Jackett aus und krempelte den linken Hemdsärmel hoch. Chesterton brachte die Jacke zu einer Garderobe und hängte sie auf. Dann dämpfte er das Licht und trat an den Sheraton-Schrank, der hinter seinem Schreibtisch stand. Während er eine Spritze mit Natriumamytal aufzog, fragte ihn McElroy, der sich bereits auf die Couch gelegt hatte, nach Nutzen und Wirksamkeit der Narkoanalyse.

„Ihre Anwendung ist relativ begrenzt", räumte Chesterton ein. „Viele Patienten sind nicht so leicht seelisch zu beeinflussen. Wenn jedoch die innere Bereitschaft zur Hypnose besteht, dann kommt man zweifelsfrei mit dieser Methode am schnellsten zum Ziel." Er trat mit einer chromblitzenden Instrumentenschale an die Couch und nahm daneben auf einem Stuhl Platz.

„Entspannen Sie sich", sagte er leise. „Schauen Sie einfach nur in das Licht und entspannen Sie sich." Er rieb mit einem äthergetränkten Wattebausch eine Stelle an McElroys Oberarm ab, drückte zwischen Zeigefinger und Daumen ein wenig Haut zusammen und führte die Nadel ein. Anschließend legte er die Spritze wieder in die Schale, gab McElroy den Fernbedienungsschalter in die rechte Hand und drehte am schwarzen Kasten an einem der Knöpfe. Aus dem Lautsprecher drang, leise aber eindringlich, seine Stimme: „Ich bitte Sie, in das Licht zu schauen... Konzentrieren Sie sich ganz auf das Licht... Erlauben Sie Ihren Augen nicht, zu wandern..."

Die Stimme brach ab, als Chesterton den Ton abstellte. „Diese und weitere Sätze werden jetzt so lange wiederholt, bis Sie sich bereit fühlen, zur nächsten Stufe fortzuschreiten. Wenn es soweit ist, drücken Sie bitte den Knopf an dem Regler, den Sie in Ihrer Hand halten. Lassen Sie sich ruhig Zeit; es eilt überhaupt nicht."

Der Apparat gab ein leises Klicken von sich und wiederholte die Aufforderung, auf das Licht zu blicken. McElroy lauschte mehrere Minuten lang, ehe er auf den Knopf drückte. Wieder klickte der Apparat, und neue Anweisungen drangen aus dem Lautsprecher: „Sie merken, daß es Sie müde macht, auf das Licht zu schauen... sehr müde... Ihre Augen werden schwer, ganz schwer..."

Nach acht Minuten hielt Chesterton den Zeitpunkt für gekommen, die Tiefe des Trancezustandes seines Patienten zu testen. Er hielt das Tonband an und nahm McElroy sanft den Fernschalter aus den schlaffen Fingern, wobei er ihm mitteilte, daß er jetzt unfähig sei, die Augen zu öffnen. Je mehr er sich anstrengte, um so fester würden die Augen geschlossen bleiben. „Und jetzt versuchen Sie bitte, die Augen aufzuschlagen." Aber es gelang McElroy nicht, den Befehl auszuführen.

Chesterton stellte das Tonbandgerät ein, das die folgende Befragung aufnehmen sollte, faltete die Hände und beugte sich, die Ellbogen auf die Knie gestützt, vor. „Also, Paul", sagte er ruhig, „dann erinnern Sie sich doch einmal an die Zeit, als Sie sechs Jahre alt waren..."

Chesterton hatte seinen Auftrag fast erfüllt. Während der letzten zehn Tage waren zwölf der dreizehn für WILD CARD benötigten Wissenschaftler von ihm ausgewählt worden. Jetzt, am Abend des elften Tages, sagte er seiner Sekretärin gute Nacht, machte die Notlampen in seinem ansonsten verdunkelten Büro an und ließ sich an seinem Schreibtisch nieder, um eine Lösung für das Problem, was er mit Dr. Mary Anderson anfangen sollte, zu finden.

Nadelmans Einfühlungsvermögen in die Persönlichkeitsstruktur der Wissenschaftler, die in die engere Wahl gekommen waren, hatte Chestertons Erwartungen noch übertroffen. Von den drei Biochemikern zum Beispiel wäre jeder einzelne akzeptabel gewesen, und so hatte McElroy nur sein neurotisches Bedürfnis nach Anerkennung jeder einzelne akzeptabel gewesen, und so hatte McElroy nur sein neurotisches Bedürfnis nach Anerkennung gegeben.

Doch bei der letzten Gruppe von Wissenschaftlern, die er zu prüfen hatte, den Genetikern, war Chesterton auf ernste Schwierigkeiten gestoßen. Den ersten Termin hatte er mit Dr. Anderson ausgemacht, doch einen Tag, bevor sie aus Berkeley nach Washington kommen sollte, war sie durch eine Bombe, die vor ihrem Labor in der University of California in einem Auto explodiert war, verletzt worden.

Chesterton hatte sich keine übertriebenen Sorgen gemacht. Wenigstens einer, wenn nicht gar beide Genetiker, die er noch in petto hatte, würden den Anforderungen genügen. Doch entgegen allen Erwartungen hatte er den einen aus ganz normalen Sicherheitsgründen ablehnen müssen – der Mann war verheiratet und hatte es dadurch irgendwie fertiggebracht, seine Homosexualität vor den FBI-Beamten zu verbergen –, und bei der anderen Person, einer Frau, stellte sich heraus, daß sie kurz vor dem Ausbruch einer Schizophrenie stand.

Nadelman hatte daraufhin sofort die Sicherheitsüberprüfung zweier weiterer Genetiker angeordnet. Nur einen von ihnen hatte das FBI für zuverlässig erklärt, doch da hatte dieser, als Nadelman ihm seinen Vorschlag unterbreitete, abgelehnt.

Schließlich war Mary Anderson soweit wiederhergestellt gewesen, daß sie reisen konnte, und so hatte gestern das Gespräch zwischen ihr und Chesterton stattgefunden. Obwohl sie keine schweren Verletzungen davongetragen hatte – einen Bruch des linken Schlüsselbeins und Zerrungen –, war das Erlebnis ein schwerer Schock für sie gewesen. Fünf ihrer Studenten waren durch die Explosion getötet, mehrere andere verletzt worden.

Auf den ersten Blick war Mary Anderson von allen Wissenschaftlern, denen die Mitarbeit an WILD CARD angeboten worden war, die am stärksten motivierte Person, da sie die tragischen Folgen von gewalttätigem Protest nicht nur dieses Mal, sondern schon vorher einmal am eigenen Leibe erfahren hatte. Vor einem Jahr waren ihre Eltern auf der Heimfahrt von einem Kinobesuch in ihrem Auto von Heckenschützen erschossen worden.

Da Chesterton es ihres jüngsten Erlebnisses wegen für nicht angeraten hielt, sie einer Narkoanalyse zu unterziehen, waren eine ganze Reihe von Fragen offengeblieben.

Aus der Thermosflasche, die seine Sekretärin für ihn bereitgestellt hatte, goß er sich eine Tasse Kaffee ein und ging noch einmal die Fakten, soweit vorhanden, durch. Mary Anderson hatte stets die Arbeit über alles andere gestellt. Das hatte dazu geführt, daß ihr Gefühlsleben für eine so junge und attraktive Frau erstaunlich karg verlief. Bis zum Alter von vierundzwanzig Jahren hatte sie im Elternhaus gewohnt und sich dann nur deshalb eine eigene Wohnung gesucht, weil, wie sie sagte, „es einfach zu leicht war, bei den Eltern zu leben".

In ihrem Leben hatte es eine Reihe von Männern gegeben, doch anscheinend hatten alle es ihr irgendwann einmal übelgenommen, daß sie so stark auf ihre Arbeit fixiert war.

Chesterton ließ das Band zurücklaufen bis zu der Stelle, wo er sie gefragt hatte, warum sie bereit war, an WILD CARD mitzuarbeiten, und hörte sich noch einmal ihre Antwort an.

„Ich würde jetzt ja gerne sagen, daß es aus einem Gefühl von Patriotismus heraus geschieht, aber wenn ich ehrlich sein soll, muß ich sagen, daß ich mich durch diesen Antrag einfach wahnsinnig geschmeichelt fühle."

Chesterton war tief in Gedanken, als das Telefon klingelte. Der

Anrufer war Nadelman. Er stellte den Zerhacker an und trug den Apparat hinüber zu einem Sessel neben dem Fenster.

Ein Schwarm von Leuchtkugeln erhellte plötzlich den bewölkten Himmel im Süden; vom Nachtwind weitergetrieben, zog er langsam weiter und tauchte die verdunkelte Stadt unter sich in ein phosphoreszierendes Licht.

Chesterton bat Nadelman, einen Moment am Apparat zu bleiben. Hinter der vertrauten Geräuschkulisse aus weit entferntem Geknatter von Gewehrsalven war jetzt ein neues, bedrohlicher klingendes, dumpfes Dröhnen zu hören. Er hielt den Hörer wieder ans Ohr. „Sagen Sie mal", fragte er, „fängt die Armee jetzt etwa an, Brightwood mit Granatwerferfeuer zu belegen?"

„Das ist durchaus möglich", antwortete Nadelman. „Der Präsident sah sich heute vormittag, als ich bei ihm war, massivem Druck ausgesetzt, seine Zustimmung zu dieser Maßnahme zu geben. Bis dahin hoffte er wohl noch, die Schweinehunde dort aushungern zu können."

Chesterton ließ den Kopf auf die Sessellehne sinken und schloß die Augen. „Ich vermute, Sie rufen wegen Dr. Anderson an?"

„Stimmt. Außerdem auch, um Ihnen zu sagen, daß wir noch zwei Virologen hinzunehmen werden. Ich dachte an Pedlar und Zelinski."

„Was sagen Sie da?" Chesterton richtete sich kerzengerade auf. „Wenn die Westdeutschen rauskriegen, daß wir einen ehemaligen Treblinka-Arzt aus Paraguay herholen – ganz zu schweigen davon, daß er für uns arbeiten soll! –, dann hängen sie uns derart schnell ein Auslieferungsverfahren an, daß..."

„Stimmt", unterbrach ihn Nadelman. „Und das ist genau der Grund, warum Zelinski mit uns zusammenarbeiten wird, ohne Bedingungen zu stellen."

„Und Pedlar?" knurrte Chesterton.

„Nun, das bißchen Heroin ab und zu..."

„Ich höre wohl nicht richtig! Pedlar kommt auf ein zehntel Gramm pro Tag, seit er mit dem Army Chemical Corps in Vietnam war!"

„Er ist immer noch ein guter Chirurg!"

„Ich verstehe gar nichts mehr!" sagte Chesterton. „Da lehnen wir einen Cantrell wegen Homosexualität ab und lassen einen Heroinsüchtigen und einen Ex-Nazi durchgehen! Das macht die ganze Arbeit, die ich in den vergangenen zehn Tagen geleistet habe, zu einer Farce!"

„Pedlar und Zelinski sind Sonderfälle", erwiderte Nadelman, „für die ich persönlich die volle Verantwortung übernehme. Und jetzt lassen Sie uns von Dr. Anderson sprechen – warum kommen Sie mit ihr nicht weiter?"

„Darum geht es nicht!" Chesterton war tief gekränkt, daß Nadelman ihn mit Pedlar und Zelinski derart überfahren hatte. „Wenn Sie die Frau haben wollen, dann nehmen Sie sie doch! Ich bin zwar dagegen, aber sicher werden Sie sich davon in Ihrer Entscheidung nicht beeinflussen lassen!"

Nadelman ging nicht auf Chestertons Anwurf ein. „Was spricht denn gegen sie?" fragte er.

Chesterton setzte die Brille ab und rieb sich die Augen. Er spürte, daß eine Migräne im Anzug war. „Sie ist in vielem noch eine unbekannte Größe", begann er. Er hatte plötzlich nur noch den einen Wunsch, alles so schnell wie möglich hinter sich zu bringen, um nach Hause und ins Bett zu kommen. „Wie Sie wissen, konnte ich sie keiner Narkoanalyse unterziehen. Eines steht aber offensichtlich fest: daß diese völlig auf ihre Arbeit eingestellte Frau sich ständig Ziele setzt, die eigentlich zu hoch für sie sind. Die Tatsache, daß sie ihre Ziele dann trotzdem immer zu erreichen scheint, ist der Lohn – wenn man diesen Ausdruck in dem Zusammenhang gebrauchen darf –, den sie für ihre Fähigkeit, massive aggressive Kräfte zu unterdrücken, erhält."

„Ich hätte gedacht, daß das eher zu ihren Gunsten spräche", sagte Nadelman.

„In gewisser Hinsicht tut es das auch, aber bei all diesen Dingen ist es eine Frage der Abstufung. Ich mache mir so meine Gedanken, was wohl passiert, wenn sie jemals ein gestecktes Ziel *nicht* erreicht. Meine Vermutung – ich betone, daß ich hier nur spekuliere! – hierzu ist, daß solch ein Ereignis das Abgleiten in eine psychotische Depression zur Folge haben wird. Bevor sie aber dadurch, daß sie also in so einem Fall ihre Aggressionen sozusagen nach innen richtet, in diese Depression fällt, könnte sie den Menschen, mit denen sie es zu tun hat, eine Menge Schaden zufügen."

„Was genau wollen Sie damit eigentlich sagen?"

Chesterton schwieg einen Moment lang. „Daß ich mir nicht sicher bin bei ihr", sagte er schließlich. „Und weil das so ist, glaube ich, daß wir warten sollten, bis ich sie gründlicher untersucht habe."

„Möchte sie denn immer noch bei uns mitmachen?"

„Nur allzu gern."

„Das entscheidet die Angelegenheit." In Nadelmans Stimme schwang der Vorwurf mit, daß Chesterton ihn so viel Zeit gekostet hatte.

„Wir werden's mit ihr versuchen."

Chesterton wollte gerade einwenden, daß WILD CARD wohl kaum das geeignete Projekt war, um sich Experimente mit Mitarbeitern zu leisten, als er merkte, daß die Verbindung unterbrochen war. Es hatte sicher keinen Zweck, sagte er sich, darauf zu warten, daß Nadelman noch mal anrufen würde. Er löschte die Notbeleuchtung und machte sich auf den Heimweg.

6

McElroy hatte die Auffahrt fast bis zur Hälfte vom Schnee geräumt, als seine Frau in der Tür auftauchte. „Paul!" rief sie. „Telefon!"

Er hielt die Schneeschleudermaschine an und rief, ohne abzusteigen, über die Schulter zurück: „Wer ist es denn?"

„Das haben sie nicht gesagt. Du, laß die Jungs nicht an den Schneebläser!" fügte sie noch hinzu, bevor sie die Tür zumachte.

McElroy stellte den Motor ab. Er hörte seinen Sohn und den Jungen von nebenan ein lautes Wortgefecht in der Garage austragen. „Jonny!" rief er, bekam aber keine Antwort. Er wollte eben ein zweites Mal rufen, als er seine Ansicht änderte. Die Chance, daß sie sich nicht an der Maschine zu schaffen machten, war bestimmt größer, wenn sie gar nicht erst wußten, daß sie jetzt eine Weile lang unbewacht sein würde.

Er eilte ins Haus und nahm in der Diele den Hörer hoch. „McElroy", meldete er sich.

„Dr. Paul McElroy?" fragte eine Männerstimme.

„Ja, bitte?"

„Mr. Matt Whitaker möchte Sie sprechen, Sir. Wenn Sie sich bitte einen Moment gedulden wollen?"

Stirnrunzelnd versuchte McElroy, den Namen unterzubringen. Seine Frau hatte den Anruf auf dem Küchenapparat entgegengenommen, und im Hintergrund hörte er sie geschäftig in der Küche rumoren. Die Haushälterin hatte heute ihren freien Tag, und so hatte Mary den Kindern etwas Besonderes versprochen, nämlich im Haus ein Picknick zu veranstalten.

„Ich bin dran", rief er, die Hand um die Sprechmuschel gelegt. Es gab ein Klicken, als sie den Hörer auflegte, und im nächsten Moment hatte er Whitaker in der Leitung. „Dr. McElroy? Hier Whitaker, FBI Boston. Man hat mich gebeten, Sie anzurufen und Ihnen mitzuteilen, daß von unserer Seite aus keine Bedenken bestehen, Sie für das Projekt freizugeben. Ich darf mir erlauben, Ihnen zu gratulieren, Sir."

Im ersten Moment wußte McElroy nicht, was er sagen sollte. Er hatte frühestens in einer Woche mit einer Nachricht gerechnet, und dann von Nadelman, entweder schriftlich oder per Telegramm.

„Hallo?" fragte Whitaker, im Glauben, ihr Gespräch sei unterbrochen worden.

„Ich bin noch dran."

„Dr. McElroy, wäre es Ihnen recht, wenn ein Kollege und ich irgendwann im Laufe des Abends bei Ihnen reinschauten?"

„Heute abend?" McElroy senkte die Stimme. „Können wir es

nicht auf morgen verschieben, und uns dann vielleicht auf dem Campus treffen?"

„Hm..." Whitaker schien nicht sehr erbaut. „Es ist eine Zeitfrage. Falls Sie heute abend Gäste haben, könnten wir ja warten, bis sie gegangen sind."

McElroy hörte, wie seine Frau ihren Sohn zum Mittagessen ins Haus rief, und hielt sich das Ohr zu. „Das ist nicht das Problem, Mr. Whitaker", erklärte er. „Es handelt sich darum, daß... Nun, offen gesagt, ich bin noch nicht dazu gekommen, meiner Frau Bescheid zu sagen..."

„Soll das heißen, daß sie noch nichts weiß?"

„Kein Wort", erwiderte McElroy und kam sich plötzlich sehr töricht vor.

„Aber, Dr. McElroy!" Whitakers Stimme klang fast ein wenig tadelnd. „Es geht um Versicherungen, um die Installation von Sicherheitsanlagen und so weiter... Wenn wir uns um alles kümmern sollen, während sie weg sind..."

„Ich weiß, ich weiß", unterbrach McElroy ihn gereizt. „Wenn Sie sagen, es muß heute abend sein, dann muß es wohl heute abend sein, nehme ich an." Er sah auf die Uhr. „Könnten Sie dann wenigstens so spät wie möglich kommen? Sagen wir gegen halb elf?"

„Okay. Wir sind um halb elf da. Und, Dr. McElroy", fügte der FBI-Mann hinzu, „reden Sie mit ihr, bevor wir kommen."

McElroy unternahm keinen Versuch, mit seiner Frau zu sprechen, bevor sie nicht die Kinder trotz ihres Protestes ins Bett geschickt hatte.

Sie kam ins Wohnzimmer zurück und ließ sich erschöpft aufs Sofa fallen. Im selben Augenblick erscholl die Stimme ihres Sohnes, der nach einem Glas Wasser rief. Verzweifelt sah sie ihren Mann an und machte Anstalten, wieder aufzustehen.

„Wenn der Junge nicht endlich Ruhe gibt", sagte McElroy, „dann werde ich..."

„Paul!" Seine Frau sah ihn besorgt an. „Du sollst den Jungen nicht noch unsicherer machen, als er so schon ist."

„Unsicher machen, daß ich nicht lache! Wir sind doch diejenigen, die verunsichert sind. Und die Kinder wissen weiß Gott, wie sie daraus ihre Vorteile holen können!"

Seine Frau ging nicht auf seine Worte ein. „Mutti bringt dir gleich das Wasser!" rief sie.

Kopfschüttelnd stand McElroy auf und goß sich einen Kognak ein. „Möchtest du auch einen?" fragte er.

„Paul, du warst den ganzen Tag völlig in Gedanken. Ich frage mich manchmal, ob du auch nur die leiseste Ahnung hast, was es heißt, heutzutage einen Haushalt zu führen und zwei Kinder großzuziehen."

„Okay, okay." McElroy schüttete ein wenig Kognak in ein Glas und hielt es ihr hin. „Hier, trink das."

Sie nahm ihm das Glas ab, schien aber keineswegs besänftigt. „Und überhaupt, mit Jonny werde ich in letzter Zeit kaum noch fertig. Wenn wir es uns bloß leisten könnten, ihn zu dem Berater zu schicken, den sein Lehrer uns empfohlen hat..."

McElroy packte die günstige Gelegenheit beim Schopf. „Es sieht fast so aus, als könnte das schon bald möglich sein."

„O, Liebling!" Sie richtete sich lebhaft auf und sah ihn mit strahlenden Augen an. „Hast du eine Gehaltserhöhung bekommen?"

„Einen neuen Auftrag."

Ihr Gesichtsausdruck verdüsterte sich ein wenig. „Wir werden doch nicht von hier wegmüssen, oder?" fragte sie ängstlich.

Er schüttelte den Kopf. „*Ich* muß wahrscheinlich eine Zeitlang weg..."

„Du?" Gleich würde sie in Tränen ausbrechen.

Er setzte sein Glas ab und kehrte zum Sofa zurück. „Margy", sagte er sanft und faßte nach ihrer Hand, „es wird nicht für lange sein. Einen Monat, höchstens zwei."

„So lange? Ausgerechnet jetzt mußt du uns zwei Monate lang allein lassen?"

„Du brauchst keine Angst zu haben, Liebes. Es handelt sich um eine Arbeit für das Verteidigungsministerium, und zu den Vertragsabsprachen gehört, daß die Familien der Mitarbeiter rund um die Uhr Polizeischutz erhalten. Man wird bruchsichere Fensterscheiben einsetzen, im Hof durch elektronische Sensoren gesteuerte..."

„Wann mußt du fort?"

„Bald. Du, da fällt mir ein – vielleicht könnte ja deine Mutter für eine Weile kommen? Die ist doch besser als ein ganzer Mannschaftswagen voller Bullen!"

„Wie bald?" fragte sie, kein bißchen amüsiert.

Ihr Mann zuckte die Achseln. „In ein, zwei Tagen, glaube ich."

„In ein, zwei Tagen!" Sie zog ihre Hand weg. „Wie lange weißt du schon davon?" fragte sie argwöhnisch.

„Der Anruf, der kurz vor dem Mittagessen kam, war die Benachrichtigung, daß ich den Job bekommen habe."

„Und wann hast du dich darum beworben?"

„Vor ungefähr einer Woche."

„Du lügst, Paul."

„Na schön, dann eben vor zehn Tagen..."

„Und warum hast du mir bis jetzt nichts davon erzählt?"

„Es sollte eine Überraschung sein."

„Eine schöne Überraschung!" Sie putzte sich behutsam die Nase. „Und wo wirst du arbeiten?"

„Das weiß ich noch nicht – irgendwo in der Nähe von Washington, nehme ich an."

Ihr Gesicht hellte sich auf.

„Dann kannst du doch sicher an den Wochenenden nach Hause kommen?"

McElroy rutschte unbehaglich hin und her. „Das ist der einzige Haken an der Sache – es geht um maximalen Einsatz unter strengen Sicherheitsbestimmungen. Zum Vertrag gehört, daß wir so lange an einen Ort gebunden sind, bis wir mit allem, was die von uns wollen, fertig sind."

„Es ist doch nicht etwa gefährlich, oder?" fragte sie. „Paul, du hast doch nichts Unüberlegtes getan?"

Er nahm ihr Gesicht in die Hände und küßte ihre nassen

Wangen. „Das Gefährlichste, was ich dort tun werde, ist meine Morgenrasur." Er fing an, ihre Bluse aufzuknöpfen.

„Bleib bei der Sache!" sagte sie, bemüht, ernst zu bleiben.

„Ich bin bei der Sache!"

Sie schlang ihm die Arme um den Hals. „Was mache ich bloß zwei Monate lang ohne dich?"

McElroy drehte den Kopf so weit zur Seite, daß er die Standuhr auf dem Kaminsims erkennen konnte. „Hör zu, Margy", sagte er, „ich erwarte für halb elf zwei Besucher..."

Sie ließ ihre Hand nach unten wandern und fing an, seinen Gürtel aufzuschnallen. „Und wieviel Uhr ist es jetzt?"

„Kurz vor zehn", murmelte er unter Küssen.

„Na schön", flüsterte sie, „dann müssen wir uns eben ein bißchen beeilen."

Plötzlich ertönte vom Kinderzimmer her lautes Geschrei. Sie erstarrte, dann rückte sie von ihm ab und fing hastig an, ihre Bluse zuzuknöpfen. „Ach, verdammt!" rief sie und rannte aus dem Zimmer.

Ihr Mann stöhnte mißvergnügt, stand auf und schenkte sich Kognak nach.

7

Bill Barringer rückte sich den drückenden Halfterriemen zurecht und stieg aus dem schwarzen Plymouth, den er vor dem Abfertigungsgebäude geparkt hatte. Er war ein großer, sehr muskulöser Mann, der ebenso stolz auf seine Beobachtungsgabe wie auf seine körperliche Kraft und Reaktionsfähigkeit war.

Er überquerte die Straße und bahnte sich den Weg durch die Menge. Mit einem Blick sah er, daß die junge Frau, die er abholen sollte, groß, geschmackvoll gekleidet und ungewöhnlich attraktiv war. Als ehemaliger Polizeibeamter schätzte er sie auf einssiebenundsiebzig bis einsachtundsiebzig; Gewicht: sechzig bis zweiundsechzig Kilo; weitere Merkmale: schlank, braune Haare, braune Augen; Hautfarbe: weiß, ohne auffallende Bräune. Ihr cremefarbener Hosenanzug war perfekt geschnitten und, ebenso wie ihre gelbbraune Seidenbluse und die Bernsteinkette, mit ziemlicher Wahrscheinlichkeit teuer. Die zueinander passenden Gepäckstücke auf dem Karren des Dienstmannes, der neben ihr wartete, stammten, wie er erkannte, von *Gucci*.

„Dr. Anderson?" fragte er. Man hatte zwar zuerst erwogen, eine Losung zu verwenden, den Gedanken jedoch bald fallengelassen, da anzunehmen war, daß wohl kaum einer von den Wissenschaftlern sie behalten würde.

Mary Anderson nahm ihre Schildpatt-Sonnenbrille ab und nickte zögernd. Instinktiv legte Barringer die Vorlagen für die Gedächtnisskizze über ihr Gesicht und setzte, ausgehend vom Basis-Umriß I Strich 3 (breitflächig mit spitzzulaufendem Kinn), die Schablonen für die Gesichtszüge ein: große, weit auseinanderstehende Augen; hohe, markante Backenknochen; schmale, gerade Nase; breiter Mund mit voller Unterlippe.

Ihr Parfüm enthielt Sandelholz, doch ärgerlicherweise fiel ihm der Name nicht ein.

Er setzte ein, wie er hoffte, vertrauenerweckendes Lächeln auf. „Mein Name ist Barringer, Ma'am", sagte er und tippte sich an den Hutrand. „Tut mir leid, daß ich Sie nicht schon da drinnen in Empfang nehmen konnte, aber ich bin durch einen Protestmarsch in der Innenstadt aufgehalten worden. Hatten Sie einen guten Flug?"

Sie zuckte die Achseln, wie um zu sagen, daß es hätte schlimmer sein können. „Und wo werden Sie mich jetzt hinbringen, Mr. Barringer?" fragte sie so, daß der Dienstmann es nicht hören konnte.

Barringer warf einen Blick auf das UNBEWACHT-Schild über seinem Parkplatz. „Ich werde Sie einweihen, sobald wir unterwegs sind", erwiderte er. „Hier ist man verdammt schnell auf dem Plan mit dem Bombensuchtrupp."

Gefolgt vom Dienstmann führte er sie rasch über die Straße zu seinem Wagen und ließ sie auf dem Beifahrersitz Platz nehmen. Er half, ihr Gepäck im Kofferraum zu verstauen, dann setzte er sich hinters Steuer und ließ den Motor an.

„Mr. Barringer", sagte sie und sah ihn eindringlich an, „Sie haben mir meine Frage noch nicht beantwortet."

Er drückte den Blinkschalter nach unten und drehte sich auf seinem Sitz nach hinten, wartete jedoch vergeblich auf eine Lücke im langsam dahinfließenden Verkehrsstrom. Mit einem traurigen Kopfschütteln drehte er an einem Knopf auf dem Armaturenbrett. Irgendwo unter dem vorderen Kotflügel heulte eine Polizeisirene auf. Augenblicklich kam der Verkehr hinter ihnen zum Stehen. Barringer drehte den Kopf zurück und scherte in die Lücke ein. Er setzte sich aufrecht und nahm den Hörer vom Autotelefon. „Walküre an Walhalla!" meldete er. „Wagen Nummer zwölf mit abgeholter Person auf der Fahrt zum Bestimmungsort. Zeitpunkt der Durchsage" – er sah auf die Uhr –, „siebzehn Uhr dreißig. Aus und Ende."

Mary Anderson konnte sich ein Lachen nicht verkneifen. „Das, Mr. Barringer, halte ich für eine höchst unheilvolle Parole, wenn ich mir die Bemerkung erlauben darf."

Er legte lächelnd den Hörer auf, ohne etwas zu sagen.

„Und Sie haben mir immer noch nicht gesagt, wo es hingeht", fügte sie hinzu.

Er wartete mit der Antwort, bis sie auf der Zufahrtstraße waren und Tempo gewonnen hatten.

„Fort Detrick", sagte er ohne Umschweife.

Sie drehte sich zur Seite und sah ihn ungläubig an. „Fort Detrick?" wiederholte sie. „Sind Sie sicher?"

„Todsicher, Ma'am", antwortete er.

Sie wandte sich ab. Alles, was sie je über Fort Detrick gehört oder gelesen hatte, fiel ihr wieder ein. Sie wußte, daß es fünfundzwanzig Jahre lang der Armee als Forschungszentrum für biologische Kampfstoffe gedient hatte. Hier hatten Wissenschaftler zum ersten Mal das Botulin isoliert, von dem, wie man sagte, gut hundert Gramm genügten, um die gesamte Bevölkerung der USA auszulöschen. Und sie erinnerte sich an einen Mitte der sechziger Jahre veröffentlichten Bericht, der eine Liste sämtlicher von Forschern in Fort Detrick hergestellten Krankheitserreger enthielt, darunter Hasenkrankheit, Maltafieber, Q-Fieber, Milzbrand, Papageienkrankheit und die Pferdeencephalitis. Daß Fort Detrick im Jahre 1971 ein Krebsforschungszentrum geworden war, trug keineswegs dazu bei, die düsteren Bilder, die bei diesem Namen in ihr aufstiegen, freundlicher zu machen.

Für den Rest der Vierzig-Meilen-Fahrt starrte sie schweigend hinaus auf die verwüsteten, mit Abfällen übersäten Straßen der Hauptstadt und, etwas später, auf die kahle Landschaft, und sie fragte sich immer wieder, auf was in aller Welt sie sich da eingelassen hatte.

Eine bleiche Sonne versank hinter der Wolkenbank am Horizont, als sie auf den fast vier Meter hohen Drahtzaun zufuhren, der das Gelände von Fort Detrick umgab. Hell angestrahlte Warnschilder wiesen darauf hin, daß der Maschendraht unter Strom stand und daß auf dem dahinterliegenden, dürftig mit Gras und Gestrüpp bewachsenen Streifen Landes Wachhunde frei umherliefen. Weiter hinten konnte Mary Anderson unter einem Spinnennetz von Leitungsdrähten ein buntes Gemisch von unbeleuchteten Gebäuden, Leitungsmasten und Wassertürmen erkennen. Das Ganze wirkte auf sie eher wie eine verlassene Bergwerkssiedlung als wie eine Festung.

Barringer hielt vor der Glasfront eines Pförtnerhauses am Eingang zum Fort und kurbelte das Seitenfenster herunter. Ein Militärpolizist in untadeliger Uniform trat heraus und blickte in den Wagen.

„Guten Abend, Ma'am", sagte er, und sein Atem stand wie eine Wolke in der kalten Luft, „würden Sie sich bitte ausweisen?"

Sie öffnete ihre Handtasche und reichte ihm ihre Kennkarte und ihr Beglaubigungsschreiben. Der Polizist studierte beides sorgfältig, verglich ihr Gesicht mit dem Foto, und schrieb dann etwas auf ein Klemmbrett.

„Vielen Dank, Dr. Anderson", sagte er und gab ihr ihre Papiere zurück. „Willkommen in Fort Detrick. Ich wünsche Ihnen einen angenehmen Aufenthalt."

Die rot-weiß gestreifte Schranke vor ihrem Wagen ging in die Höhe, und der Beamte gab ihnen mit einem Handzeichen die Weiterfahrt frei.

Die Gebäude lagen wesentlich weiter entfernt, als sie gedacht hatte; sie brauchten mehrere Minuten, bis sie das erste erreichten, eine langgestreckte, ebenerdige Baracke mit einem Teerdach, unter dem ein großes Schild mit der Aufschrift U.S. ARMY FORT DETRICK HEADQUARTERS hing. Wie auch die übrigen Gebäude wirkte es verlassen und hätte dringend eines neuen Anstrichs bedurft. Ein paar kümmerliche Kirschbäume und Blumenkästen mit windzerzausten Geranien auf dem davorliegenden Hof trugen keineswegs dazu bei, den Eindruck von Trostlosigkeit zu mildern.

„Das hier ist unser Empfangsgebäude", sagte Barringer. Es waren seine ersten Worte, seit sie das Flughafengelände verlassen hatten.

Er stellte den Motor ab und löschte die Scheinwerfer, dann stiegen sie gemeinsam aus. Als sie die Barackentür erreichten, wurde sie ihnen auch schon von einem weiteren Militärpolizisten geöffnet.

Der Raum, in den er sie führte, sah verblüffend anders aus, als man von dem bedrückenden Äußeren des Gebäudes her hätte erwarten können. Er war warm und gedämpft beleuchtet, roch frisch gestrichen und nach neuen Möbeln und wirkte wie das Vorzimmer einer Werbeagentur auf der Madison Avenue. Ein dicker, weicher Teppich bedeckte den Boden, an den gelbbraunen Wänden hingen abstrakte Gemälde.

Hinter einem großen Schreibtisch mit Marmorplatte, der von zwei Lorbeerbäumen eingerahmt wurde, saß eine gutaussehende, makellos gepflegte junge Frau.

„Dr. Anderson!" rief sie aus, als sei eine gute Freundin überraschend zu Besuch gekommen. „Herzlich willkommen in Fort Detrick!"

Mary Anderson brachte nur ein Nicken zustande.

„Um Zeit zu sparen", sagte Barringer, „wäre es nett, wenn Sie mir jetzt die Schlüssel zu Ihren Koffern geben würden; dann könnte ich sie schon durchsuchen lassen, während Sie..."

„Warum wollen Sie mein Gepäck durchsuchen lassen?" unterbrach sie ihn.

Die Empfangsdame, ihr Lächeln noch auf dem Gesicht, kam Barringer mit der Antwort zuvor. „Nur eine Formalität", erklärte sie. „Und wenn Sie möchten, kann sie natürlich in Ihrem Beisein durchgeführt werden."

„Aber was glauben Sie denn zu finden?"

Die junge Frau lächelte geduldig. „Wie können wir das wissen, bevor wir nachgesehen haben?" fragte sie, nicht unfreundlich.

Seufzend händigte Mary Anderson Barringer ihre Schlüssel aus.

Die Empfangsdame erhob sich und nahm einen Kleiderbügel aus dem Garderobenschrank hinter ihrem Schreibtisch. „Sie werden sicher müde sein nach Ihrer langen Reise, Dr. Anderson. Doch leider müssen hier bei uns neue Mitarbeiter, bevor ihnen der Zutritt zu den Hochsicherheitszonen gestattet werden kann, ein paar Formalitäten über sich ergehen lassen. Ich hoffe, daß Sie dafür Verständnis haben." Sie machte eine Pause und streckte die Hand aus. „Wenn ich jetzt Ihre Jacke haben dürfte, wäre der Anfang gemacht!"

Die junge Frau führte sie in einen Raum, der so aussah und roch wie das Untersuchungszimmer in einer teuren Klinik. Ein älterer Mann in weißem Kittel kam auf sie zu und schüttelte Mary Anderson warm die Hand. „Lassen Sie mich Ihnen als erstes sagen, daß ich es von ganzem Herzen begrüßen würde, wenn es irgendeine Möglichkeit gäbe, diese wirklich lästigen Formalitäten zu vermeiden. Aber so wie die Dinge liegen" – er zuckte bedauernd die Achseln –, „müssen wir leider darauf bestehen."

„Was sind denn das für Formalitäten, von denen da dauernd die Rede ist?" fragte sie.

„Fingerabdrücke, Sprechprobe, Gewebsprobe – na, Sie wissen schon."

Sie sah ihn verwirrt an. „All dem mußte ich mich doch bereits unterziehen, nachdem ich für das Projekt angenommen worden war. Warum also jetzt alles noch einmal?" Sie drehte sich um in der Hoffnung, von der Empfangsdame Unterstützung zu bekommen, doch die hatte den Raum bereits verlassen.

„Wie soll ich Ihnen das am besten erklären?" sagte der Arzt, während er sie zu einem Untersuchungstisch führte. „Ich hoffe, Sie nehmen es mir nicht übel, aber wissen Sie, bei solch einem geheimen Projekt wie dem hier ist es absolut notwendig für uns, sich davon zu überzeugen – ohne daß auch nur ein Hauch von Zweifel übrigbleibt –, daß Sie diejenige sind, die Sie zu sein vorgeben. Und dieses Ziel können wir nur erreichen, indem wir die Daten aus Ihrer früheren Untersuchung mit denen vergleichen, die wir jetzt erhalten werden. Es mag weithergeholt erscheinen, doch es soll vorgekommen sein, daß jemand wie Sie von – sagen wir – interessierter Seite entführt und durch eine andere Person ersetzt worden ist. Obwohl ich nicht die leiseste Ahnung habe, welcher Art von Arbeit Sie und Ihre Kollegen sich widmen werden, bin ich mir doch sicher, daß es keinem von ihnen recht wäre, wenn solch ein – nun, nennen wir es Mißgeschick passieren würde."

Nach beendeter Untersuchung zog Mary Anderson sich wieder an und ließ sich in den Empfangsraum zurückführen. Die junge Frau hinter dem Schreibtisch lächelte ihr Stewardessenlächeln und half ihr in die Kostümjacke. Dann zog sie eine Schublade auf und entnahm ihr eine ansteckbare Ausweiskarte, ein Rufgerät und einen silbernen Aktendeckel mit dem Aufdruck FORT-DETRICK-WEGWEISER. „Ihre Schlüsselkarte wird nicht vor morgen früh fertig sein", erklärte sie, „aber Sie können das hier ja schon mal mitnehmen." Sie schob ihr ein Blatt Papier und einen Kugelschreiber hin. „Darf ich Sie bitten, mir den Empfang zu quittieren? Hier bitte." Sie wies auf eine gepunktete Linie zwischen zwei Bleistiftkreuzen. Atemlos sah sie zu, wie Mary Anderson unterschrieb, als beobachte sie ein Kunststück, das ein großes Maß an Mut und Geschick erforderte. „Vielen herzlichen Dank!" sagte sie dann.

Barringer ließ den *Playboy* sinken, in dem er gelesen hatte, und stand auf.

„Mr. Barringer wird Sie jetzt zu Ihrem Apartment bringen", sagte die junge Frau. „Im Kühlschrank steht ein kleiner Imbiß für Sie bereit. Ich fürchte, wir hinken ein wenig hinter dem Zeitplan her" – sie sah den Beamten Bestätigung heischend an –, „aber andererseits glaube ich nicht, daß es allzu schlimm ist, wenn Frau Dr. Anderson ein Momentchen später zum Empfang kommt?"

Barringer schüttelte den Kopf. „Solange ich sie rechtzeitig zum Einführungsvortrag hinbringe, geht es in Ordnung", erwiderte er.

Barringer schloß die Tür auf, die zu dem ihr zugewiesenen Apartment führte, und knipste das Licht an. Obwohl das Wohnzimmer, in das er sie führte, größer war als das in ihrer Wohnung in Los Angeles, war es fast genauso eingerichtet und dekoriert. Eine wesentlich kostspieligere Version ihres eigenen viktorianischen Chesterfield-Sofas stand vor genau dem gleichen Mies van der Rohe-Glastisch, den sie zu Hause hatte. Die Wände zeigten die gleiche Schattierung von Kornblumenblau und waren mit prachtvollen Gemälden primitiver Maler des neunzehnten Jahrhunderts, wie sie sie sammelte, geschmückt.

„Wie in aller Welt...", begann sie und wandte sich nach Barringer um, doch der Beamte war bereits mit ihrem Gepäck in einem der angrenzenden Räume verschwunden.

„Ist was, Ma'am?" fragte er.

Sie schüttelte den Kopf und ging wie betäubt zu einem in Einlegearbeit ausgeführten Schachtisch hinüber, auf dem zweiunddreißig wundervoll geschnitzte Elfenbeinfiguren standen. Allein der Tisch mußte ihrer Schätzung nach etwa dreitausend Dollar gekostet haben. Wer auch immer diese Wohnung eingerichtet hatte, kannte nicht nur alles, was sie zu Hause hatte, sondern wußte anscheinend auch ganz genau, was sie gern besitzen würde, wenn sie es sich nur leisten könnte.

Es regnete, als Barringer um halb zehn eintraf, um sie zum Einführungsvortrag abzuholen. Das Haus, in dem der Empfang der Wissenschaftler stattfand, stellte sich als schmuckloses, barakkenförmiges Gebäude heraus, das kaum dreihundert Meter von ihrem Apartment entfernt lag. Barringer parkte das Auto und führte sie unter dem Schutz eines Regenschirms die Stufen zum Eingang hinauf.

Der Saal, den sie betraten, war groß, dezent beleuchtet und ansprechend eingerichtet. Etwa ein Dutzend Männer und eine dickliche Frau in mittleren Jahren, die eine mit Glitzersteinen besetzte Brille trug, standen in der Mitte des Raumes, nippten an ihren Gläsern und unterhielten sich mit gedämpfter Stimme. Sie schienen sich unbehaglich zu fühlen und wirkten leicht verstört, wie Publikum, das auf den Beginn eines Pornofilms wartet.

Sobald sie Mary Anderson angesichtig wurden, brachen sie ihre Unterhaltungen ab und starrten sie verkrampft und ohne zu lächeln an. Vier der Männer waren ihr bekannt. Neben Simon Chesterton stand ein großer, magerer junger Mann mit Sommersprossen im Gesicht und hellen, ordentlich geschnittenen Haaren: Mark Weiner, ein Raumfahrtspezialist, der vor etwa einem Jahr durch seinen Beitrag bei der Rettung einer beschädigten Raumfähre der breiten Öffentlichkeit bekannt geworden war.

Zu seiner Rechten stand der Zytologe Dr. Daniel Johnson; mit seiner Wolljacke und dem randlosen Kneifer sah er wie ein kleinstädtischer Kurzwarenhändler aus.

Neben Johnson machte sie Dr. Philip Benedict aus, den Materialwissenschaftler vom California Institute of Technology. Seine buschigen, schwarzen Augenbrauen standen in merkwürdigem Kontrast zu seinen weißen Haaren. Er wirkte längst nicht so selbstsicher wie in der letzten Talkshow, in der sie ihn gesehen hatte.

Chesterton stellte sein Glas ab und kam auf sie zu. „Wie ich mich freue, Sie wiederzusehen!" begrüßte er sie strahlend. „Kommen Sie, ich besorge Ihnen was zu trinken, und dann werde ich Sie Ihren Kollegen vorstellen."

Ein junger Mann, der ein Tablett mit Getränken trug, tauchte an ihrer Seite auf. Mary Anderson nahm ein Glas mit Sekt und, sorgfältig darauf achtend, nichts auf den weißen Teppich zu verschütten, ließ sie sich von Chesterton zu der wartenden Gruppe führen.

„Frau Dr. Paxton, meine Herren", begann Chesterton mit einem Blick auf die Uhr über dem Eingang. „Darf ich Ihnen in aller Kürze das letzte Mitglied unseres kleinen Teams, Dr. Mary Anderson, vorstellen? Frau Anderson ist Genetikerin aus Berkeley."

Niemand machte eine Bewegung oder sagte etwas. Das angestrengte Lächeln, das Chesterton anscheinend schon längere Zeit auf seinem Gesicht festhalten mußte, ließ einen Nerv an seinem Mundwinkel zucken. „Ich darf Sie jetzt mit Dr. Paul McElroy bekannt machen, einem der Herren, mit denen Sie in den nächsten Monaten besonders eng zusammenarbeiten werden."

Sie gaben sich die Hand, und nach Weiner und Johnson stellte Chesterton sie einem sehr alten Mann mit traurigen, wäßrigen Augen vor, dessen fast kahler Schädel von Leberflecken übersät war. Chesterton mußte zweimal in einer Mischung aus Englisch und Deutsch erklären, wer sie war und woher sie kam, bevor der alte Mann nickte. Nachdem Chesterton sie darüber aufgeklärt hatte, daß Dr. Zelinski Virologe war, senkte er die Stimme und fügte hinzu: „Bedauerlicherweise ist der alte Herr in letzter Zeit ein wenig schwerhörig geworden."

Neben Zelinski stand ein Mann mit einem blassen, scharf geschnittenen Gesicht und sich lichtendem strohfarbenen Haar. Er trug eine Brille mit rötlich gefärbten Gläsern, die ihn auf eine merkwürdige Weise wie ein krankes Albinofrettchen aussehen ließen. Aus dem schlechten Sitz seines weißen Mohair- und Seidenanzuges schloß Mary, daß er kürzlich stark abgenommen haben mußte. Sein Händedruck war schwach und feucht.

„Dr. Pedlar – er ist, wie ich vielleicht hätte erklären sollen, ebenfalls Virologe – hat uns anderen gegenüber den Vorteil, daß er früher schon einmal hier gearbeitet hat." Chesterton führte sie

rasch zu einem Mann mit einem roten Vollbart. „Dr. Kavanagh –
Dr. Anderson." Kavanagh steckte seine Pfeife in die Tasche seines
sportlichen Jacketts und schüttelte Mary begeistert die Hand.

„Wie Sie vielleicht wissen", sagte Chesterton, „hat Dr. Kava-
nagh einen Lehrstuhl für Molekularbiologie am Rockefeller
Institute. Der Herr neben ihm ist Dr. Peter Kochalski, ein
Neurologe aus Cornell."

Ihre Hand wurde von einem untersetzten Mann ergriffen, dessen
Gesicht unter einem Busch schwarzer Lockenhaare wie das eines
straffällig gewordenen Cherubs aussah.

„Zuerst ein Biochemiker, dann ein Wissenschaftler für Raum-
fahrt, ein Zellforscher, zwei Virologen, ein Molekularbiologe, und
jetzt auch noch ein Neurologe?" fragte sie ungläubig.

Kochalski zuckte die Achseln. „Ich verstehe das auch nicht",
sagte er.

„Alles zu seiner Zeit", sagte Chesterton. „Gleich ist es soweit."
Er war gerade dabei, sie Philip Benedict vorzustellen, als die Tür
aufgestoßen wurde und Nadelman eilig den Saal betrat, gefolgt von
zwei Männern, von denen einer aussah wie ein ehemaliger
Football-Verteidiger, der es zum erfolgreichen Grundstücksmak-
ler gebracht hatte, und der andere wie dessen Anwalt.

Der junge Mann, der die Getränke ausgeteilt hatte, verließ den
Saal und schloß die Tür hinter sich.

„Also gut", sagte Chesterton und sah Nadelman fragend an.
„Wären wir dann soweit?"

Nadelman nickte kurz, und Chesterton setzte sich in Bewegung,
um die Herde der verständnislos dreinschauenden Wissenschaftler
auf die drei Stuhlreihen zuzutreiben, die am anderen Ende des
Raumes vor einem Tisch und einer großen Leinwand standen.
Nadelman und seine beiden Begleiter nahmen hinter dem Tisch
Platz. Chesterton überzeugte sich davon, daß alle saßen, bevor er
sich zu dem Trio an den Tisch gesellte. Er blieb jedoch stehen und
fing an, nervös mit der Goldkette zu spielen, die zwischen den
beiden Westentaschen baumelte. Dann räusperte er sich und
blickte auf den großen Mann zu seiner Linken hinunter. „Nun

möchte ich Ihnen noch Mr. Frank Napier vorstellen", sagte er, beugte sich ein wenig vor, um einen Blick von dem Mann zu Nadelmans Rechten zu erhaschen, und fuhr fort: „... sowie Mr. Henry Jerome. Mr. Napier ist der leitende Sicherheitsbeamte, und Mr. Jerome der leitende Verwaltungsbeamte unseres Projekts." Einen Moment lang flackerte auf seinem Gesicht das Lächeln wieder auf. „Wenn Sie die Genehmigung für zusätzliche Ausrüstung brauchen, sollten Sie sich an Mr. Jerome wenden. Wenn dagegen von Ihrer Ausrüstung Teile verschwinden, dann ist Frank Napier der richtige Mann für Sie."

Nadelman putzte sich geräuschvoll die Nase. Einige der Wissenschaftler bewegten sich auf ihren Stühlen. Niemand lachte.

Chesterton drückte auf einen Fernbedienungsschalter. Aus dem Vorführraum am anderen Ende des Zimmers zerschnitt ein Lichtstrahl eine kleine Rauchwolke aus Dr. Kavanaghs Pfeife und tauchte die Leinwand hinter dem Tisch in helles Licht.

Chesterton fing, wie er selbst sagte, am Anfang an. Er erläuterte das Zustandekommen der ersten Studiengruppe, ihre Zusammensetzung, die Aufgaben, die sie zu erfüllen gehabt und wie sie sie gelöst hatte. Von Zeit zu Zeit wurden Abbildungen aus ihrem Abschlußbericht – Landkarten, Fotos, Diagramme und Tabellen – auf die Leinwand geworfen. Obwohl es sich nur um eine Zusammenfassung der Erkenntnisse und Schlußfolgerungen handelte, brauchte Chesterton fast eine Stunde, um diese grundlegenden Erläuterungen abzuschließen.

Er machte eine Pause und trank einen Schluck Wasser. „Wir haben gesehen", fuhr er fort und sah sein Auditorium eindringlich an, „daß ein Konflikt bei den Menschen ein tiefes Zusammengehörigkeitsgefühl auslöst, sie Entbehrungen erdulden und Schweres ertragen läßt und in ihnen vor allem anderen die Bereitschaft weckt, sich einer gemeinsamen Ordnung zu unterwerfen.

Nach der denkbar gründlichsten Abwägung aller Ihnen soeben im Umriß dargestellten Tatbestände ist die Studiengruppe zu der einhelligen Meinung gelangt, daß die Vereinigten Staaten in solch eine Unzahl von gegensätzlichen Parteien zersplittert sind, daß die

Wiederherstellung eines sozialen Zusammenhaltes nur durch das Auftauchen eines völlig neuen, überwältigenden starken Feindes denkbar wird, eines Feindes, der für alle und jeden von uns eine ungeheure Bedrohung darstellt, unabhängig davon, welche Religion, Hautfarbe oder politische Überzeugung wir haben."

Chesterton setzte sich. Als einziger Laut war ein kaum wahrnehmbares Summen von oberhalb der Leinwand zu hören. Nur die Männer am Tisch wußten, daß es von den versteckten Filmkameras kam, die den MMGA, den mikro-momentanen Gesichtsausdruck der Wissenschaftler aufnahmen, eine Hilfe für Chesterton bei der späteren Auswertung ihrer Reaktionen auf das, was sie jetzt erfahren würden.

Nadelmans Blick wanderte über die Reihen der verwirrten Gesichter. „Meine Damen, meine Herren", ergriff er das Wort, „uns ist die Aufgabe zugefallen, sich diesen neuen, überwältigend starken Feind auszudenken und herzustellen." Er sprach langsam, mit feierlicher Stimme.

„Unsere Arbeit in den nächsten acht Monaten wird darin bestehen, den Beweis zu erbringen, daß unser Planet im allgemeinen und die Vereinigten Staaten im besonderen von einer aggressiven, technisch überlegenen Zivilisation aus dem Weltraum bedroht werden." Ohne das einsetzende Geflüster zu beachten, fuhr er im gleichen wohlabgewogenen Tonfall fort:

„Wir werden ein Raumschiff konstruieren, es bemannen, es mit einer Ladung nicht-tödlicher Krankheitserreger versehen, es nach Los Angeles schaffen und es so aussehen lassen, als sei es auf einem Erkundungsflug abgestürzt.

Um die allumfassende Bedrohung glaubhaft zu machen, wird es nötig sein, ein Minimum von zehntausend Menschen der Wirkung des Pathogens auszusetzen."

8

„Dr. Benedict, es dürfte Ihnen bekannt sein, daß es nicht meine Art ist, Witze zu machen!" sagte Nadelman, sobald er sich in dem Aufruhr, den seine Worte hervorgerufen hatten, verständlich machen konnte. „Und ich habe auch keineswegs, wie Dr. Weiner meint, den Verstand verloren!"

„Nun, dann war's ein anderer", sagte der große Mann, der neben Mary Anderson saß. Obwohl er bereits graue Haare hatte, war er sehr schlank und wirkte körperlich völlig auf der Höhe. „Man wird uns für den Rest unseres Lebens hinter Gitter bringen, wenn wir auch nur anfangen, an solch einem Projekt zu arbeiten! Wer, zum Teufel, hat so etwas überhaupt genehmigt?"

Nadelman wartete teilnahmslos, bis sich die neuerliche, durch diese Bemerkung hervorgerufene Aufregung gelegt hatte. „Die Antwort auf Colonel Lawrences Frage lautet: der Präsident der Vereinigten Staaten."

Einige der Anwesenden lachten spöttisch, und eine Stimme rief: „Den Witz kennen wir schon!"

Nadelman lächelte. „Allerdings, Dr. Conrad", sagte er, „nur daß es diesmal kein Witz ist, sondern die Wahrheit."

„Sie sprachen von einem nicht-tödlichen Pathogen...", begann McElroy.

Nadelman nickte.

„Von einem Krankheitserreger, der für eine kurze Zeitspanne handlungsunfähig macht, jedoch nicht tötet."

„Aber damit verlangen Sie etwas Unmögliches", fuhr McElroy fort und drehte sich Unterstützung heischend nach Pedlar um. Der Virologe äußerte sich jedoch nicht.

„Ich glaube, ich verstehe, worauf Dr. McElroy hinaus will", sagte Nadelman, dankbar dafür, daß jemand eine sachliche Frage aufgeworfen hatte. „Ich möchte keineswegs den Eindruck erwecken, als sei es auszuschließen, daß ein von uns hergestellter Krankheitserreger, der zum Beispiel die Bronchien und Lungen angreift, nicht in Ausnahmefällen auch fatale Folgen haben könnte, und zwar bei Menschen, die unter Krankheiten dieser Organe leiden.

Daher wird es zu einer von Frau Dr. Paxtons ersten Aufgaben gehören, eine Statistik aufzustellen, aus der sich sämtliche Krankheiten entnehmen lassen, die in dem vorgesehenen Absturzgebiet auftreten, sowie die Zahl der Personen, die jeweils zu diesem Zeitpunkt davon betroffen sein könnten. Dann ist es an Dr. Pedlar und Dr. Zelinski, die Suche nach dem neuen Krankheitserreger auf diejenigen Krankheiten zu konzentrieren, in denen das Risiko einer zum Tod führenden Verschlimmerung der bestehenden Symptome am geringsten ist."

Ein untersetzter junger Mann mit dem glatten, offenen Gesicht eines Schuljungen unter dichtem braunen Haar stand auf. „Und w-wenn auch nur ein M-Mensch", stammelte er, „durch dieses P-Pathogen sterben muß, werden wir alle im b-besten Fall wegen vorsätzlichem M-Mord angeklagt, w-wenn das jemals rauskommt!"

„Vielleicht hat Dr. Nadelman das Rechtsmittel der Begnadigung gleich mit einkalkuliert?"

Nadelman ignorierte Kochalskis Zwischenruf und das darauf folgende Gelächter. „Dr. Darrow", sagte er, „die Gefahren, denen Sie sich hier aussetzen müssen, sind unvergleichlich geringer als die eines jeden Soldaten, der seine Pflicht im Kampf gegen die Aufständischen erfüllt, doch die Belohnung, die auf sie wartet, ist unvergleichlich höher."

„Nun, ich für mein Teil verzichte darauf", sagte Weiner und bahnte sich zwischen den anderen einen Weg auf den Ausgang zu.

Nadelman beachtete ihn nicht. „Ich habe auch nicht einen Moment lang angenommen", sagte er mit sanfter Stimme, „ich könnte jemanden zwingen, etwas gegen seinen Willen zu tun. Eines aber kann und werde ich tun: ihn daran hindern, dieses Gelände hier zu verlassen."

Weiner blieb zögernd stehen.

„Ich verstehe Ihre Befürchtungen vollkommen", fuhr Nadelman freundlich fort. „Auch wenn ich nicht beabsichtige, jetzt auf diesen Aspekt näher einzugehen, möchte ich Ihnen doch eines sagen: Hier sind Sie sicherer als an jedem anderen Ort in den Vereinigten Staaten." Merklich kühler fügte er hinzu: „Und keinesfalls – ich betone: auf gar keinen Fall! – wird es dahin kommen, daß Sie sich plötzlich in ein watergateähnliches Fiasko verwickelt sehen."

Lammfromm trottete Weiner zu seinem Stuhl zurück. Nadelman putzte seine Brillengläser und wartete, bis völlige Stille eingetreten war.

„Mag sein, daß Fort Detrick nicht so ansprechend wie Woods Hole oder Cold Spring Harbor ist, aber es hat zwei große Vorteile: Die technische Ausstattung, mit der Sie hier arbeiten können, gehört zum Besten, was man mit Geld kaufen kann – und Ihrem Denk- und Forschungsvermögen sind keine Grenzen gesetzt."

Das war, wie Chesterton wußte, der Augenblick der Wahrheit. Gespannt beobachtete er die Reaktionen. McElroy war der erste, dessen Interesse zu erwachen schien, dann folgten Darrow, Kochalski und Kavanagh. Weiner beugte sich vor und stützte die Ellbogen auf den vor ihm stehenden Stuhl, Pedlar faltete die Hände im Nacken. Ein paar von den übrigen Anwesenden lehnten sich zurück und verschränkten die Arme vor der Brust.

Nadelman hatte gewonnen: Sie hatten angebissen.

„Okay", sagte er schließlich, „dann können wir ja anfangen. Eine Sache möchte ich von vornherein klarstellen: Das Gebilde, das wir hier konstruieren wollen, wird zwar von den Medien unweigerlich als ‚Fliegende Untertasse' bezeichnet werden, doch wir hätten nicht den geringsten Nutzen davon, uns näher mit der Geschichte dieses Phänomens zu befassen, so belastet wie es ist durch eine Unzahl der widersprüchlichsten Faktoren. Ist das klar?"

Nadelman drückte auf die Fernsteuerung für den Dia-Projektor, und eine Gleichung mit der Überschrift *Greenbank-Wahrschein-lichkeitsformel (nach Drake und von Hörner)* erschien auf der Leinwand.

„Den ehemaligen NASA-Leuten unter ihnen werden einige der

astronomischen Daten bekannt sein; ich bitte um Nachsicht, wenn ich im folgenden kurz darauf eingehe.

Wir bewohnen einen Planeten im Solarsystem eines durchschnittlichen Sterns der Spektralklasse G2 – der Sonne –, das, zusammen mit rund hundert Milliarden weiterer Sterne, unsere Galaxis oder Milchstraße ausmacht. Da es noch mindestens eine Milliarde weitere Galaxien gibt, grenzt die Annahme, wir auf unserem Stern könnten als einzige eine technisch hochentwickelte Zivilisation haben, wie die *Greenbank*-Formel ja auch aufzeigt, ans Lächerliche."

Nadelman fuhr fort, die Formel im einzelnen zu erläutern, wobei er die Geschwindigkeit, mit der sich neue Sterne bildeten, die unterschiedlichen Verhältnisse, unter denen auf Planeten intelligente Lebensformen entstehen können, und das Lebensalter der verschiedenen Sternarten aufführte.

„Bei diesem letzten Punkt wird es kritisch", fuhr er fort. „Alle Sterne haben eine relativ stabile Periode in ihrem Daseins-Zyklus, die die Hauptsequenz genannt wird. Unsere Sonne zum Beispiel trat vor etwa viereinhalb Milliarden Jahren in ihre Hauptsequenz ein, und wir hatten eine große Zeitspanne, um uns in einem Prozeß von Mutationen und natürlicher Auswahl zu einer intelligenten Spezies zu entwickeln.

Es läßt sich vernünftigerweise annehmen, daß eine Beschleunigung der Evolutionsgeschwindigkeit zu sogar noch höher entwickelten Lebensformen führen könnte. So würde möglicherweise eine wärmere Umwelt als die unsere Stoffwechselprozesse beschleunigen, mehr Mutationen bewirken und ungeeignete Lebensformen schneller eliminieren. Verglichen mit solcherart entstehenden Spezies würden wir Menschen wie intellektuelle Ameisen erscheinen.

Doch bei diesen heißeren Sternen in der Spektralklasse F gibt es einen Haken." Auf der Leinwand erschien das Hertzsprung-Russel-Diagramm der unterschiedlichen Arten von Sternen. „Wie Sie sehen können, verlassen F-Sterne ihre Hauptsequenz früher als andere, wie zum Beispiel die Sonne. Hier arbeiten also zwei Dinge gegeneinander: die Möglichkeit einer beschleunigten Entwicklung intelligenten Lebens und eine kürzere Zeitspanne, bis solch ein Stern zu ungeheuren Ausmaßen angeschwollen ist und seine ihn umgebenden Planeten zum Verglühen bringt.

Andere Sternsysteme – der Spektralklasse G oder K – könnten ebenfalls intelligentes Leben hervorbringen, doch da sie Zeit haben, wäre die Wahrscheinlichkeit größer, daß ihre Raumflüge nur der Forschung und Erkundung dienten. In der F-Klasse jedoch werden Interstellar-Flüge weniger aus wissenschaftlicher Neugier unternommen; hier geht es ums Überleben, darum, eine neue Heimat zu finden oder unterzugehen. Mithin müßten wir mit einem aggressiven Kolonialisierungsprogramm rechnen, welches mit einem Erkundungsflug eingeleitet würde . . ."

Nadelman lief vor der Leinwand auf und ab. Der Lichtstrahl des Projektors ließ seine stählerne Brilleneinfassung aufblitzen. „So weit, so gut", fuhr er fort. „Damit kommen wir zum schwierigsten Teil – der Herstellung eines Raumschiffes und seiner Besatzung. Lassen Sie uns mit der biochemischen Seite anfangen. Wie Ihnen sicher bekannt ist, sind mehrere ernstzunehmende Wissenschaftler der Meinung, daß unsere auf Kohlenstoff basierende Biochemie in anderer Umgebung ein totgeborenes Kind wäre. So könnte zum Beispiel unter Niedrigtemperatur-, nicht-wäßrigen und hochultravioletten Fließbedingungen Silizium besser geeignet sein. Flüssiges Ammoniak und F_2O sind als Ersatz für Wasser vorgeschlagen worden. Ich zweifle nicht daran, daß auf diesen alternativen Biochemien beruhende Lebensformen existieren könnten, doch was unser Projekt betrifft, sollten wir sie besser vergessen!

Kohlenstoff, Wasserstoff, Sauerstoff und Stickstoff gehören zu den Elementen, die im Kosmos am häufigsten vorkommen. Eine auf anderen Elementen beruhende Biochemie, würde ich sagen, wäre eher die Ausnahme als die Regel. Leben, das auf Kohlenstoff aufbaut, vereint Flexibilität, Stabilität und Überlebensfaktoren in einem Ausmaß, das alle anderen Möglichkeiten übertrifft."

Er machte eine Pause und goß sich ein Glas Wasser ein. Zu Chestertons Erleichterung verhielten sich die Zuhörer ruhig. Bei der Besprechung des Einführungsvortrages mit Nadelman hatte er betont, wie wichtig es sei, möglichst schnell und mit möglichst zwingenden Argumenten von der Darlegung der Zielsetzung ihres Projektes zu einer Analyse der wissenschaftlichen Probleme zu kommen. „Geben Sie dem Verstand der Leute etwas zu tun", hatte er geraten. „Und versuchen Sie, wenn irgend möglich, den Eindruck zu vermitteln, als befänden wir uns bei einer militärischen Lagebesprechung anstatt in einem akademischen Seminar."

„Doch diese grundlegende elementare Ausstattung", fuhr Nadelman fort, „ist fähig zu einer Vielzahl von differenzierten Möglichkeiten der Anordnung von Elementen. Werfen Sie nur mal einen Blick auf die Verschiedenartigkeiten bei den Lebewesen auf unserem Planeten. Wir Menschen haben zwei Augen mit begrenzter peripherischer Sehkraft, die Schlange reagiert auf Röntgenstrahlen, die Fledermaus verwendet eine Art Radar, und so weiter.

Der Schlüssel also, der allen Lebensformen zugrundeliegende verbindende Faktor, ist die Tatsache, daß sie hochorganisiert sind. Selbst die einfachste Bakterienart bringt es fertig, auf einem Raum von einem Tausendstel Millimeter eine genetische Botschaft zu speichern, die ein mehrbändiges Lexikon füllen würde.

Was ich von Ihnen also erwarte, ist die Erschaffung einer hochorganisierten, hyperintelligenten, auf Kohlenstoff basierenden Lebensform. Ich bin zuversichtlich, daß dies zu bewältigen ist, vorausgesetzt, Sie lassen sich nicht durch die Vorstellung von kleinen grünen Männchen in eine Sackgasse treiben!" Er kniff die Augen zusammen und sah auf die Leinwand, wo jetzt eine Reihe von Namen zu lesen waren. „Für diese Aufgabe zeichnet das Team der Molekular-Biologen verantwortlich, zu dem unter der Leitung von Dr. McElroy die Herren Johnson, Kavanagh und Kochalski sowie Frau Dr. Anderson gehören."

Nach einer kleinen Pause sprach er weiter: „Lassen Sie uns nun zur Hardware kommen. Dr. Benedict, Sie sollen zusammen mit Dr. Weiner, Dr. Conrad und Dr. Darrow ein Raumschiff für eine außerirdische Besatzung konstruieren. Doch lassen Sie mich als erstes den Begriff ‚Raumschiff' dadurch genauer definieren, daß ich das vorhin Gesagte vervollständige. Ich habe bereits vorgeschlagen, sich unter den Außerirdischen solche Lebewesen vorzustellen, die von einem Planeten im Sonnensystem einer todgeweihten F-Spektralklasse stammen. Sind wir uns soweit einig? Der Planet ähnelt in einigen Punkten unserer Erde. Seine Bewohner senden ein interstellares Mutterschiff aus, das mindestens eine Erkundungsfähre und die entsprechende Crew mit sich führt. Das Mutterschiff dringt in unsere Atmosphäre ein und schickt das Erkundungsfahrzeug aus, das dann über Los Angeles durch Antriebsverlust abstürzt und explodiert.

Frage: Was passiert an diesem Punkt mit dem Mutterschiff?" Nadelman zuckte mit den Achseln. „Wir wissen es nicht. Vielleicht hat es eine weitere Fähre an Bord und beabsichtigt, diese im Folgeeinsatz auszusenden. Vielleicht setzt es seine Reise zu anderen Planeten fort und ‚streut' seine Passagiere in der Galaxis aus. Der wichtige Grundgedanke ist der, *daß* ein Mutterschiff existiert. Sie halten sich einen Haufen Probleme vom Hals, wenn Sie davon ausgehen, daß der Großteil der technischen und sonstigen Ausrüstung für solch eine Expedition an Bord des Mutterschiffes verbleibt. Ich brauche von Ihnen also nur ein mittelgroßes Gefährt, das für eine begrenzte Mission bestimmt ist.

Dr. Weiner, Sie und Dr. Darrow haben bei der NASA gearbeitet. Ich ebenfalls. Wir wissen, was für eine Vielzahl von Material auf die Abschußrampen kommt. Und genau diese Materialien müssen wir bei unserem Projekt vermeiden. Wenn auch nur der leiseste Verdacht aufkommen kann, daß dieses Raumschiff von unserer Erde stammt, dann haben wir das Spiel verloren. Nun", fuhr er schnell fort, „das heißt jetzt nicht, daß Sie bei Null anfangen müssen. Was die Besatzung angeht, so glaube ich, daß es eine ganze Reihe von Techniken und Requisiten gibt, die Sie ganz legitim verwenden können. Ich werde sie als kosmisches Primärgut bezeichnen. Wir wissen aus dem Spektrum weit entfernter Sterne, daß zum Beispiel die chemischen Elemente überall in den Galaxien vorkommen. Jede höher entwickelte Zivilisation hätte demnach Zugang zu den gleichen Stoffen. Also wären die Elemente *ein* kosmisches Primärgut, elektromagnetische Strahlen ein anderes.

Und damit komme ich folgerichtig zum Problem der Maßeinheit. Eine der Grundregeln, die ich aufstellen möchte, ist die, daß Sie ein völlig neues System werden verwenden müssen. Wie Sie alle wissen, ist ein Meter der vierzigmillionste Teil eines Erdmeridians. Für unser Unternehmen können Sie das also vergessen! Sie sollten irgendein anderes kosmisches Gut zur Grundlage der neuen Maßeinheit machen – zum Beispiel die Wellenlänge der radioaktiven Strahlung des neutralen Wasserstoffs.

Dr. Pedlar und Dr. Zelinski werden sich auf die Herstellung eines geeigneten Pathogens konzentrieren. Wie zu erwarten, sind die Arbeitsmöglichkeiten hier außergewöhnlich gut. Die Krebsleute hatten kaum Verwendung für die Aerosol-Testkammern, doch sie befinden sich in einwandfreiem Zustand. In der Tat, Dr. Pedlar, ich glaube, Sie werden feststellen, daß einiges verbessert worden ist, seit Sie zuletzt hier gearbeitet haben!" Nadelman wandte sich wieder der Leinwand zu und rief eine neue graphische Darstellung ab.

„Wie das Mittel letztlich aussieht, das Sie sich ausdenken werden, liegt ganz bei Ihnen", sagte er. „Aus dieser Aufstellung hier können Sie jedoch ersehen, daß ich Wert darauf lege, folgende Bedingungen erfüllt zu sehen: Es muß handlungsunfähig machen, ohne zu töten, es muß in der Luft schweben können, es muß sich in einer breiten Palette physikalischer Parameter stabil verhalten, es muß seine Wirkung verlieren, nachdem es drei Stunden lang der Luft ausgesetzt war, und es darf keinerlei Ähnlichkeit mit einem Mittel haben, das der Medizin bereits bekannt ist.

Frau Dr. Paxton, Sie stehen allen Mitgliedern unseres Teams beratend zur Seite, wenn es um Computerfragen geht.

Das Gebiet, das für den Absturz des Raumschiffes und die darauffolgende Explosion vorgesehen ist, grenzt an Hawthorne und Gardena." Auf der Leinwand erschien ein im großen Maßstab gezeichneter Stadtplan von Los Angeles. „Wir haben mehrere Häuser, die als mögliche Absturzstelle in Frage kommen könnten", fuhr Nadelman fort. „Die endgültige Entscheidung unterliegt Ihrer Verantwortung, Colonel Lawrence.

Ihre Aufgabe ist es auch, die fertiggestellte Raumfähre samt Besatzung nach Los Angeles zu transportieren und sie an Ort und Stelle zu installieren. Sie werden dabei unterstützt werden durch einen Arbeitstrupp von drei Männern, die ähnliche Fähigkeiten wie Sie besitzen. Leider konnten die Herren an unserem heutigen Treffen nicht teilnehmen. Wie Sie sehen, werden Sie in den kommenden Monaten in engem Kontakt mit Dr. Benedict und seinem Team stehen.

Zwei weitere Punkte sind noch offen. Erstens: Ich erwarte natürlich nicht von Ihnen, daß Sie hier allzuviel tun, was wir mit großer Arbeit bezeichnen würden. Wir haben daher eine komplette Hilfstruppe zu Ihrer Unterstützung zusammengestellt, die Ihnen sämtliche Routinetätigkeiten abnehmen wird – Analyse von Aminosäuren, Gewebekulturen und so weiter. Also alles, was Sie delegieren können, ohne daß Verdacht aufkommt. Lassen Sie mich diesen Punkt unterstreichen: Diese Leute kennen weder Ihr Projekt, noch werden sie es kennenlernen. Einerseits geben sie Ihnen indirekte Unterstützung durch größere Transparenz der Informationen aufgrund des gemeinsamen Labors, andererseits dienen sie Ihnen als Deckung, indem sie an einem Programm arbeiten, das die wirkungsvollsten Mittel zur Maximierung natürlicher Ressourcen in weltweitem Maßstab erforschen soll. Ein Teil ihrer Arbeit wird die Züchtung hybrider Nahrungsmittel beinhalten, ein anderer konzentriert sich auf die Produktion von Alternativen im Bereich der Materialwissenschaften. Das ist auch die Information, die an die Öffentlichkeit gegeben wird. Dazu kommt jedoch noch die Erforschung neuer Techniken zur Maximierung menschlichen Potentials, also zum Beispiel die Korrektur genetischer Abnormitäten. Ihre Hilfstruppe weiß, wie heikel solche Forschungsprogramme sind, und wird daher keineswegs überrascht sein festzustellen, daß *unser* Arbeitsgebiet strengsten Sicherheitsbestimmungen unterliegt.

Der zweite Punkt betrifft den Zeitplan. Wie Sie auf der

89

Leinwand sehen können, habe ich eine Analyse aller anfallenden Arbeiten erstellt, die auf eine Projektdauer von insgesamt dreiunddreißig Wochen hinausläuft. Zu dieser Zahl gelangten wir, indem wir den Grad der durch die Studiengruppe festgestellten Dringlichkeit gegen Ihre ihrer Natur nach zeitaufwendigen Arbeiten abwogen. Ich weiß, daß Sie wahrscheinlich viel mehr Zeit zur Verfügung haben möchten, doch ist dies leider nicht möglich. Sie werden einfach mit voller Kraft voraus arbeiten müssen.

Der simulierte Absturz wird am oder um den dritten Dezember stattfinden. Sie, Colonel, werden sechs Wochen vor diesem Datum mit den Arbeiten vor Ort beginnen. Jeder von Ihnen erhält einen Zeitplan mit den Höchstzeitterminen, und wir werden regelmäßig Treffen abhalten, auf denen wir die erzielten Fortschritte abstekken." Über die Fernbedienung schaltete Nadelman den Vorführapparat aus und die Raumbeleuchtung ein. „Ich schätze, das wär's in groben Zügen. Ich danke Ihnen für Ihre Aufmerksamkeit. Sollten Sie Fragen haben, werde ich Sie gern beantworten."

McElroy meldete sich als erster zu Wort. „Ich hätte gern von Ihnen die Zusicherung, daß unser Projekt sofort abgebrochen wird, wenn sich die Lage bessert."

„Die kann ich Ihnen leichten Herzens geben", sagte Nadelman. „Der Präsident ist gewillt, parallel zu WILD CARD ein Programm abzuwickeln, das die Krise mit konventionellen Mitteln bewältigen soll, um den endgültigen Schritt vermeiden zu können."

Die nächste Frage kam von Kochalski: „Warum wurde Los Angeles als Absturzstelle ausgewählt?"

„Aus zwei Gründen. Einmal wollten wir ethnische Benachteiligungen innerhalb des von diesem Pathogen betroffenen Bevölkerungsteiles vermeiden. Wir können es uns nicht leisten, daß es in dem Zentrum zwischen der Explosion und der Erkenntnis, daß es sich um den Angriff einer Zivilisation aus dem Weltraum handelt, neue Rassenunruhen aufflammen; dies könnte leicht passieren, wenn wir nicht ein gemischtes Gebiet wie Los Angeles ausgewählt hätten. Der zweite Grund ist das Klima. Dafür, daß wir den Träger des Pathogens soweit wie irgend möglich unter Kontrolle halten müssen, brauchen wir ein stabiles Klima mit möglichst wenig Luftbewegung. Los Angeles mit seiner Temperaturumkehr paßt haargenau." Er betrachtete aufmerksam Kochalskis Gesicht, als erwarte er eine weitere Frage, dann sagte er: „Haben Sie vielleicht an Ihre Freunde, die Littmans, gedacht?"

Kochalski war offensichtlich völlig überrumpelt. „Nun . . . Ja, das habe ich."

Nadelman lächelte. „Dann kann ich Sie beruhigen. Nicht einer von Ihnen allen hat Freunde oder Verwandte, die innerhalb oder in der Nähe des Gebietes wohnen, das dem Pathogen ausgesetzt wird . . . Ja, bitte, Dr. Kavanagh?"

„Ich könnte mir vorstellen", begann der Biologe vorsichtig, „daß man bei der anschließenden Untersuchung äußerst mißtrauisch sein wird, wenn sich keine Augenzeugen für unseren geheimnisvollen Absturz finden lassen. Ein Raumschiff, das vom Himmel fällt, muß doch wohl deutlich gesehen worden sein?"

„Ich könnte Ihnen eine ganze Reihe von Fakten aufzählen, um diesen Punkt zu beantworten", erwiderte Nadelman. „Zum Beispiel, daß die Explosion mitten in der Nacht stattfinden wird, wenn kein Mensch auf der Straße ist; außerdem hat die Fähre keine Lichter. Ich könnte weiterhin anführen, daß sie Radarkontrollen entkommt, indem sie absichtlich durch den Lautlosigkeitskegel hindurchfliegen wird, bis sie tief genug ist, um sich unbeobachtet fortbewegen zu können." Er winkte ungeduldig ab. „Und außerdem steht laut einer Ufologie-Studie eines fest: Sobald auch nur ein Wort davon durchsickert, daß irgendwo ein Raumschiff abgestürzt sein soll, werden sich in den Polizeistationen und Zeitungsredaktionen die Berichte von Leuten häufen, die beschwören können, eben dieses Raumschiff über Texas, Idaho, Arizona oder wo Sie wollen gesehen zu haben."

Lawrence stand als nächster auf. „Ich möchte hinsichtlich der Sicherheitsvorkehrungen zwei Punkte geklärt haben", sagte er. „Ich kenne mich auf diesem Gebiet ein wenig aus, und ich zweifle nicht daran, daß Ihre bisher ergriffenen Maßnahmen beeindruckend sind. Doch bei einem Projekt wie dem unseren muß *alles* absolut wasserdicht sein." Er machte eine Pause, dann fragte er, jedes Wort genau überlegend: „Wie wollen Sie uns eigentlich am Reden hindern, wenn alles vorbei ist?"

„Ich glaube, das betrifft Sie, Frank", sagte Nadelman.

Frank Napier nickte ernst und stand auf. Er stellte einen Fuß auf die Sitzfläche seines Stuhles und beugte sich vor, die Hände ineinandergelegt und einen Ellbogen auf das Knie gestützt. „Lassen Sie mich Ihnen zuerst etwas Allgemeines zum Thema Sicherheit sagen", begann er. Er sprach langsam, mit einem südlichen Akzent, und seine Stimme klang, als kaue er auf einem Strohhalm. „Es ist ja wohl klar, daß, wenn auch nur die leiseste Andeutung über unser Unternehmen nach draußen dringt – egal, ob es letztlich durchgeführt wird oder nicht – unser Leben keinen Pfifferling mehr wert ist. Darum müssen wir Sie alle bitten, Einschränkungen Ihrer persönlichen Freiheit zu dulden, die unter anderen Umständen undenkbar wären.

Es gibt keine Telefongespräche von oder nach draußen. Niemand darf vor Abschluß des Projektes das Fort verlassen, mit Ausnahme der Crew, die in der Abschlußphase des Unternehmens für Los Angeles verantwortlich ist. Sollte jemand an einem Begräbnis teilnehmen müssen" – Napier zuckte mit den Achseln, als sei die Wahrscheinlichkeit eines solches Falles gleich Null –, „so kann ausnahmsweise Ausgang gewährt werden. Allerdings würde die betreffende Person dann rund um die Uhr von Sicherheitsbeamten begleitet werden. Ihrem Handbuch zur Orientierungshilfe" – er hielt einen der silberfarbenen Hefter in die Höhe –, „können Sie entnehmen, daß alle ausgehende Post zensiert werden wird. Sie selbst sind postalisch unter der auf Seite zehn genannten Schließfach-Nummer zu erreichen. In sämtlichen Labors und Aufenthaltsräumen sind zu Ihrem Schutz Überwachungsanlagen installiert.

Was passiert, wenn einer von uns ausscheiden möchte?" Napier klopfte sich eine Zigarette aus der zerknüllten Packung, die vor ihm lag. „Die Antwort darauf lautet: Das geht nicht. Da zu sein, wo wir jetzt sind, bedeutet, daß wir so lange hierbleiben müssen, wie es dauert, ob es uns paßt oder nicht." Er steckte sich die Zigarette an. „Wie behalten wir Sie im Auge, wenn alles vorüber ist? Nun, das war eine harte Nuß, aber ich glaube, wir haben den Zauberschlüssel gefunden. Über jedes Mitglied unseres Teams – einschließlich Dr. Nadelman und meiner Wenigkeit – ist ein gefälschter Psychiatrie-Bericht angelegt worden, der nachweist, daß es im Zeitraum von April bis Dezember dieses Jahres in einer bestimmten Heilanstalt untergebracht war." Er unterbrach seine Rede und klaubte sich einen Tabakkrümel von der Unterlippe. „Sollte also einer von uns später einmal die Lust verspüren, zum Beispiel ein Buch zu schreiben über unser Projekt, und zwar im Lauf der nächsten fünf Jahre, dann würde solch ein Unterfangen als symptomatisch für einen erneuten Ausbruch derjenigen Krankheit erscheinen, wegen der die entsprechende Person seinerzeit den längeren Aufenthalt in einer psychiatrischen Klinik benötigte." Es klang, als zitiere er die letzten Zeilen aus dem abschließenden Paragraphen eines offiziellen Berichtes. „Wer würde wohl einem gesunden Menschen, Mann oder Frau, solch eine Geschichte abnehmen", fügte er lächelnd hinzu, „geschweige denn einem Verrückten?"

Es war zu Beginn des Briefings klar herausgearbeitet worden, daß die Gruppe der Wissenschaftler, um effektiv arbeiten zu können, frei von Furcht vor Enthüllungen sein müsse. Chesterton hatte gehofft, mit Hilfe der erfundenen Fallgeschichten diese Absicherung zu erreichen, aber nun fragte er sich doch voller Sorge, ob er nicht vielleicht zu weit gegangen sei.

Anscheinend war dies nicht der Fall, denn von jetzt an wurden verstärkt wissenschaftlich orientierte Fragen gestellt. McElroy stand auf und fragte, warum die Raumfähre überhaupt bemannt sein müsse. Man könne doch auch Roboter nehmen, schlug er vor.

Nadelman schüttelte den Kopf. „Nein", sagte er bestimmt, „das genügt auf keinen Fall. Sinn und Zweck unseres Vorhabens ist doch der, solch ein komplexes System von miteinander verknüpften Einzelheiten aufzubauen, die so offensichtliche Beweise sind, daß die Untersuchungsbehörden geradezu gezwungen sind, daraus zu schließen, daß das Fahrzeug nicht-irdischen Ursprungs ist. Ergo muß es außerirdisch sein. Ein unbemanntes Raumschiff paßt einfach nicht zu dem Bild einer aggressiven Kolonialisierung. Wir denken uns hier ein Puzzle aus – alle Teile müssen zusammenpassen. Und was Roboter betrifft, besitzen sie mittlerweile viel zu viele menschliche Merkmale." Nadelman lächelte selbstgefällig über diesen Widerspruch.

Dann kam Benedict mit einer Frage zum Material, die sich bald unter den Mitgliedern seines Teams zu einer Diskussion über die jeweiligen Vorzüge von Beryllium und Titan als Ausgangselemente für Legierungen entwickelte.

Es war halb zwölf, als Nadelman die Versammlung schließlich für beendet erklärte. Zu diesem Zeitpunkt hatte der rauchgeschwängerte Raum eine völlig veränderte Atmosphäre angenommen. Stühle waren zu kleinen Gruppen zusammengestellt worden, die Aschenbecher quollen über, und der Fußboden war übersät mit vollgekritzelten Zetteln.

Frank Napier wartete, bis der letzte den Raum verlassen hatte, dann ging er umher und sammelte alles Papier und alle Bierdeckel in einen Sack. Er begab sich in den Sicherheitstrakt, warf den Sack in den Ofen und betrat den Überwachungsraum. Der Sicherheitsbeamte von der Nachtschicht, der auf einer Bank an der Wand saß, hörte Radio, während er die Reihen der Bildschirme beobachtete. Napier wartete schweigend, bis auch das letzte rote Licht aufflammte, ein Zeichen dafür, daß sämtliche Wissenschaftler ihre Unterkunft aufgesucht hatten. Erst dann begab er sich zur Ruhe.

9

Sobald Paul McElroy wieder in seinen Räumen im Wohnblock war, ging er zu Bett. Doch so sehr er sich auch bemühte, Schlaf zu finden, die Gedanken an Nadelmans Vortrag ließen ihn nicht zur Ruhe kommen.

Er schüttelte die Kissen auf und versuchte es noch einmal, indem er die Erinnerungsbilder aufsteigen ließ, die er am meisten liebte, und endlich versank er ganz in diesen Fantasien: die Sonnenwärme eines Sommernachmittags unter der Plexiglashaube seines Segelflugzeuges; das Geräusch des Windes, der den schlanken Flugkörper entlangströmte; der schwache Duft von Gummi und Leder. Über ihm zogen die dicken, weißen Wolken dahin, kühl und voller Nässe, und warteten darauf, ihn einzuhüllen; unter ihm, von ihren Schatten gesprenkelt, das flache Buschland, braunverbrannt wie seine Hände vor ihm auf dem Steuerknüppel. Er stellte sich vor, wie er auf das Instrumentenbrett schaute mit dem Geschwindigkeits- und Neigungsmesser, dem Höhenmesser und Variometer. Was die mattschwarzen Zifferblätter ihm sagten, klang gut: Ein langer, jungfräulicher Nachmittag lag vor ihm, kühl und leer wie ein schneebedecktes Feld.

Als er aus tiefem, traumlosem Schlaf erwachte, war es sechs Uhr. Er zog den blauen, weißgepunkteten Morgenmantel an, den seine Frau ihm zu Weihnachten geschenkt hatte, trat ans Fenster und zog die Jalousien hoch. Eine dünne Schicht rosafarbener Schäfchenwölkchen kündigte eine längere Schönwetterperiode an.

Zehn Minuten lang verrichtete er vor dem offenen Fenster seine Morgengymnastik, dann duschte er und untersuchte anschließend erst mal Aussehen und Inhalt seiner kleinen, kombüseartigen Küche. Er machte sich einen Kaffee und nahm ihn zusammen mit einer Schüssel Weizenkeime mit ins Wohnzimmer. Dieser Raum hatte ihm von dem Augenblick an, da er ihn gestern zum ersten Mal betreten hatte, gefallen, aber erst jetzt wurde ihm richtig klar, warum. Er war so klar und funktionell wie ein Segelflugzeug – ganz anders als das Durcheinander in den verschiedenen Wohnebenen seines Hauses mit den schweren Chintz-Vorhängen, den nachgemachten antiken Möbelstücken und Kunststoff-Blumentapeten.

Er schaltete den Fernseher ein und setzte sich mit dem Frühstückstablett auf den Knien in einen der beiden Fernsehsessel aus schwarzem Leder und Rosenholz, die genau seinem Geschmack entsprachen, den seine Frau jedoch nie geteilt hätte.

Das Bild, das auf dem Fernsehschirm erschien, zeigte ein großes, von braunem, brodelndem Wasser überflutetes Gebiet, in dem die Spitzen der Telegrafenmasten anzeigten, wo einmal die Straßen gewesen waren. Während er frühstückte, erfuhr er, daß es Saboteuren – bei denen es sich, wie man annahm, um Mitglieder der American People's Liberation Party handelte – irgendwie gelungen war, in das schwerbewachte Gebiet des *Grand Coulee*-Dammes einzudringen und eine Bresche hineinzusprengen. Der Ansager sprach von „einem Schaden, der sich schätzungsweise auf dreihundert Millionen Dollar beläuft, und einer Zahl von Todesopfern, die, wie aus einigen Quellen verlautet, auf fünfzehnhundert ansteigen kann".

Er schaltete den Fernseher aus und schlug sein Orientierungs-Handbuch unter dem Stichwort *Postdienst* auf. Rasch las er den betreffenden Abschnitt durch, nahm sich einen Kugelschreiber und Papier und begann zu schreiben.

Den fertigen Brief faltete er, ohne ihn noch einmal durchzulesen, und steckte ihn in einen Umschlag, auf den er Namen und Adresse seiner Frau schrieb, und legte diesen in eine Briefmappe, deren Pappdeckel die Aufschrift trug: POSTZENSUR-ABTEILUNG. BITTE UMSCHLÄGE NICHT VERSCHLIESSEN.

Bevor er sich auf den Weg machte, klemmte er seinen Ausweis an den Rockaufschlag, steckte sein Rufgerät und die Schlüsselkarte ein und studierte einige Minuten lang den Lageplan des Forts in seinem Orientierungs-Handbuch.

Der Weg bis zum Labor für Molekularbiologie betrug noch nicht einmal eine Meile, und McElroy beschloß, lieber zu Fuß zu gehen als eines der kleinen, elektrisch betriebenen Autos zu benutzen, die vor dem Wohnblock geparkt standen. Er bog in die Boyles Street ein und kam am Stall und den Futtertrögen vorbei, dann am Korral und an der sogenannten Tierfarm, einem Miniaturdorf mit kleinen Gebäuden für Tierversuche.

Hier lag auf der anderen Straßenseite das zweistöckige Leroy D. Fothergill-Labor, in dem Pedlar und Zelinski arbeiten würden. Wie sich herausstellte, befand sich das Molekularbiologie-Labor, ein langgestrecktes, flaches Gebäude, gleich um die Ecke an der Chandler Street. Der graue Kasten an der Wand neben der Stahltür im Foyer erinnerte ihn an einen Münzwaschautomaten. An dem Kasten hing ein Plakat mit der Überschrift: SICHERHEITSVOR-KEHRUNGEN:

Das Personal wird vor Betreten der Hochsicherheits-Trakte mittels Stimmproben überprüft, las er. Stecken Sie Ihre Schlussel-karte in den dafür vorgesehenen Schlitz. Wenn das rote Lämpchen aufleuchtet, nennen Sie bitte laut und deutlich Namen, Abteilung und Aufgabenbereich, und zwar in dieser Reihenfolge. Wenn Sie zu den zutrittberechtigten Personen gehören, wird das rote Lämpchen erlöschen und ein grünes aufleuchten, woraufhin sich die Tür automatisch öffnet. Tastmonitoren verhindern, daß Unbefugte unter dem Schutz einer zutrittberechtigten Person die Schranke passieren können.

McElroys Büro wirkte gepflegt, hell und geräumig; es gab einen Konferenztisch mit sechs Stühlen, eine Couch und einen Schreibtisch. Er sah seine Vermutung bestätigt, daß man bei der Möblierung und sonstigen Ausstattung mit viel Geschmack vorgegangen war und keine Kosten gescheut hatte. Die Bücherregale über dem Schreibtisch enthielten eine große Auswahl der neuesten biochemischen Fachtexte und wissenschaftlichen Zeitschriften, darunter *Science, Nature, Virology* und das *Journal of Molecular Biology*. Rasch überflog er Luces und Stassiks neueste Veröffentlichungen über Gedächtnismuster, um sich zu vergewissern, daß sie ihm nicht zuvorgekommen waren; dann machte er es sich bequem und studierte die Laborbeschreibung, die auf seinem Schreibtisch lag. Er war zwar gewöhnt, mit dem Besten, was mit Hilfe von Stiftungszuschüssen an Ausrüstung gekauft werden konnte, zu arbeiten, aber noch nie hatte er Zugang gehabt zu solch einer Menge von analytischen und preparativen Apparaturen wie hier. Allem Anschein nach hatte WILD CARD eine mehr als angemessene Mitgift erhalten. Er legte die Broschüre weg und machte sich auf den Weg, um die Laboratorien zu erforschen.

Er durchquerte eine kleine fensterlose Kammer, in der sich ein

Spezialwaschbecken zum Spülen der Augen bei Notfällen sowie eine Dusche mit Zugvorrichtung befanden, und gelangte in den ersten Laborraum. Hier sah es entschieden anders aus als in dem freundlichen Durcheinander seines Labors am M.I.T. Hier standen keine halbvollen Schachteln mit sterilen Tüchern auf der Ultrazentrifuge herum, gab es keine mit Fettstift auf die blitzende Emailletür des großen Kühlschrankes gekritzelten Nachrichten, stapelten sich keine Warenkataloge an den Brutkästen. Ordentliche Reihen von Flaschen mit Nährlösungen und Reagenzgläsern säumten die Regale, und hinter den Glastüren eines Schrankes lagen sauber gestapelt Packungen mit Wegwerfhandschuhen und Mikropipetten. In Gedanken stellte McElroy sich vor, wie die Anwesenheit von fünf geschäftigen Wissenschaftlern diesen Raum verändern würde. Forscher haben selten Zeit, sich in ihrem Labor mit Kleinigkeiten abzugeben; es war wichtig, daß das Ganze funktionierte, und zwar so gut wie möglich. Er setzte seinen Rundgang mit der Untersuchung der weiteren Räumlichkeiten fort und kehrte zwanzig Minuten später in sein Büro zurück, um dort auf sein Team zu warten.

Kavanagh, Johnson und Kochalski trafen drei Minuten später ein.

Während sie auf Mary Anderson warteten, machte McElroy, stolz wie ein Vater, der seine Kinder vorführt, mit ihnen einen Rundgang durch die Laboratorien. Ihre Reaktion auf die Räumlichkeiten faßte Kochalski sehr genau mit den Worten zusammen, das hier sei „Weihnachten, wie ein Biologe es sich erträumt".

Mary Anderson kam um zehn vor neun dazu. Blaß und schuldbewußt erklärte sie, daß sie fast die ganze Nacht wachgelegen habe und erst kurz bevor es Zeit zum Aufstehen war, in einen tiefen Schlaf gefallen sei.

Während sie zu McElroys Büro zurückschlenderten, unterhielten sie sich über ihren Eindruck von Fort Detrick und ihre Reaktionen auf den Einführungsvortrag vom vergangenen Abend. „Ich finde, wir sollten Nadelman auf den Straßen von Los Angeles aussetzen", sagte Kochalski. „Wenn ich diesem häßlichen Kerl nachts allein begegnete, würde ich mir vor Angst in die Hosen machen."

McElroy wies sie lachend in sein Büro. „Das einzige, was die hier vergessen haben", sagte er und zeigte auf die Bücherregale, „ist eine Auswahl von Science Fiction-Magazinen."

„Möglicherweise werden wir davon noch einiges abonnieren müssen", meinte Kochalski. „Ich habe so eine Ahnung, als könnte das nützlicher für uns sein als eine ganze Wagenladung voller Exemplare von *Journal of Molecular Biology*."

McElroy nahm seine Armbanduhr ab und baute sie vor sich auf. „So", sagte er, „wo sollen wir um Gottes willen bloß anfangen?"

„Ja, wo?" seufzte Mary Anderson.

Kochalski rieb sich kräftig die Hände. „Wissen Sie", begann er, „der beste Science Fiction-Film, den ich jemals gesehen habe – und ich spreche aus langer, einschlägiger Erfahrung in Autokinos! –, handelte von diesen Sklavenameisen, die . . ."

„Kein guter Ansatzpunkt!" erklärte McElroy entschieden. „Damit kämen wir allzuschnell zu labortechnischen Einzelheiten." Er unterbrach sich, um das Tonbandgerät einzuschalten. „Als erstes müssen wir das gestrige Konzept vertiefen, bevor wir überhaupt anfangen können, uns an den Entwurf für unsere Außerirdischen zu machen. Bis jetzt wissen wir nur, daß wir auf eine Form von Leben abzielen, die hyperintelligent ist – oder doch wenigstens diesen Anschein erweckt – und biochemisch auf Kohlenstoff basiert. Ich unterstelle, daß wir diese Abgrenzung aus praktischen Gründen akzeptieren müssen.

Also gut.

Was wäre dann also als Ansatzpunkt für unsere Arbeit unsere Definition des Begriffs ‚Leben'? Lassen sich aus den auf der Erde vorkommenden Lebensformen irgendwelche Faktoren herauskristallisieren, von denen sich vernünftigerweise annehmen ließe, daß sie auch bei einer außerirdischen Spezies vorkommen?"

Kochalski wirkte unschlüssig. „Ich wollte eigentlich den biologisch verstandenen Begriff *Organisation* als den Hauptfaktor vorschlagen, aber schließlich könnte man dem entgegenhalten, daß sehr wohl auch ein Salzkristall organisiert ist..."

„Symmetrisch strukturiert, wäre vielleicht genauer", sagte Kavanagh. „Organisation beinhaltet eine dynamische Situation, die Fähigkeit zu einer Wechselwirkung mit der Umwelt. Übrigens..." Er hielt seine Pfeife hoch: „Hat jemand was dagegen, wenn ich rauche?"

Niemand hatte etwas dagegen.

„Ich würde Leben definieren", sagte Johnson bedächtig, „als ein System mit der grundlegenden Fähigkeit, sich selbst zu erhalten, zu entwickeln und zu reparieren."

„Und was ist mit der Fähigkeit zu Vermehrung, Wachstum und Verdauung?" fragte Kavanagh.

„Strenggenommen nur bei Lebensformen relevant, die auf der Erde vorkommen, soweit wir wissen", antwortete Johnson und sah blinzelnd durch den Rauch aus Kavanaghs Pfeife. Er lächelte. „Und es wäre nicht sehr wissenschaftlich, ausgehend von einem spezifischen Fall zu verallgemeinern. Und außerdem, was meinen Sie überhaupt mit Vermehrung? Angenommen, es gäbe einen Computer, der ein genaues Gegenstück seiner selbst herstellen kann – wäre das Vermehrung?"

„Wenn ich Dr. Kavanagh richtig verstehe", warf McElroy ein, „meint er damit, daß das System eine bestimmte Methode besitzen muß, mit der es Informationen von einer Generation an die nächste weitergeben und sie in chemische Strukturen übersetzen kann, wozu beispielsweise wir Menschen DNA, RNA und Protein haben. Kann es das nicht, verliert es seine Identität und mutiert zu einer nicht-lebensfähigen Form."

Kavanagh schenkte sich ein Glas Wasser aus einer der auf dem Tisch stehenden Karaffen ein. „Das alles wird noch viel komplizierter", sagte er, „wenn die Forderung nach Intelligenz dazukommt."

Mc Elroy schüttelte den Kopf. „Nicht unbedingt. Lassen Sie uns schrittweise vorgehen, ausgehend von den Lebensvoraussetzungen unseres Forschungsprojektes, und dann sehen, wie weit wir damit kommen." Er blickte in die Runde. „Gäbe es zum Beispiel einen Weg, unsere auf Kohlenstoff basierende Biochemie zu verwenden und die grundlegenden Bausteine dergestalt umzugruppieren, daß wir ein ähnliches *System,* jedoch eine andere Lebensform bekommen? Verstehen Sie mich bitte nicht falsch", fügte er rasch hinzu, „ich will keineswegs vorschlagen, etwas völlig Neues aus Ur-Suppe und UV-Licht zusammenzubrauen. Lassen Sie uns auf der Molekular-Ebene bleiben."

„Wir sind Aminosäuren gewöhnt, die Lichtwellen nach links rotieren lassen." Kavanagh kratzte mit dem abgebrannten Ende eines Streichholzes seine Pfeife aus. „Wie wär's, wenn wir nach einem Organismus forschten, dessen Aminosäuren das Licht nach *rechts* rotieren..."

„Zu riskant", sagte Johnson. „Und davon abgesehen, die Laborarbeit, die mit der Ausführung dieser Idee verbunden ist, kann mir gestohlen bleiben!"

„Ja, es wäre bestimmt zum Verrücktwerden", gab Kavanagh zu. „Also – wie wär's dann mit der Synthese einer neuen Art von spiralförmigen Polymeren als Ersatz für DNA? Ein neues Informationsmolekül!"

McElroy legte den Bleistift hin, mit dem er gespielt hatte, und lehnte sich zurück. „Wenn wir damit anfangen, sitzen wir in fünfzig Jahren noch hier!"

„Ich bin dafür, daß wir bis zur Zellebene weitergehen", schlug Johnson vor. „Vielleicht Bastardierung?"

Kochalski riß ein Blatt von dem Block, der vor ihm auf dem Tisch lag, und faltete es einmal und ein zweites Mal zusammen. „Nicht schlecht, diese Richtung einzuschlagen", sagte er und sah zu Johnson hinüber.

„Welche Methode?"

Johnson fing an, seinen Kneifer zu polieren. „Ich dachte an eine Zellfusion mit Lysollezithin oder unaktiviertem Sendai-Virus als Zwischenkörper. Wir könnten zwei Linien von Säugetierzellen nehmen – sagen wir mal vom Menschen und der Fledermaus, und..."

„Wer hier einen *Batman* anregt", unterbrach ihn McElroy und sah Kochalski an, „der bekommt's mit mir zu tun!"

Der Neurologe wirkte verletzt. „Als ob das meine Absicht war! Aber es wäre doch ein netter Gag – Radar statt Augen." Er riß die Ecken von dem zusammengefalteten Blatt Papier und setzte hinzu: „Natürlich wäre der andere Weg zur Bastardierung der, eine menschliche Zelle durch einen Übertragungsvirus mutieren zu lassen."

McElroy nickte. „Das würde uns bestimmt weiterbringen. Wir könnten einem Virus eine Reihe von Genen aufpacken und ihn in eine Zelle schicken. Diejenigen von den uns bekannten Genen, die wir nicht haben wollen, könnte man mittels Laser operativ entfernen..."

„Und dann die mutierte Zelle in ein ausgehöhltes Ei verpflanzen!" fuhr Kochalski fort. „Und siehe da – ein Klon!" Er zog den sauber gefalteten Papierstreifen zu einer Kette kleiner Männchen auseinander.

„Das Dumme ist nur, daß die Arbeiten auf diesem Gebiet mehr oder weniger zum Stillstand gekommen sind, nachdem die N.A.S. jeder Art von Genmanipulation Einhalt gebot", sagte Kavanagh.

„Ist das von uns aus gesehen nicht ein Vorteil?" fragte McElroy. „Ich meine, Tatsache ist doch, daß – wenigstens bis heute – niemand Erfolg hatte bei dem Versuch, einen Mensch-Tier-Bastard zu züchten."

„Gott sei Dank!" sagte Mary Anderson, langte neben sich zu Boden und holte eine Packung Aspirin aus ihrer Handtasche.

McElroy nahm ein Glas, füllte es halbvoll mit Wasser und reichte es ihr. „Fühlen Sie sich nicht wohl?" fragte er.

Sie steckte sich eine Tablette in den Mund und schluckte sie mit etwas Wasser hinunter. „Es sind nur Kopfschmerzen. Was glauben Sie – ob es wohl nebenan unter all diesen blitzenden Apparaturen auch etwas so Profanes wie einen Kaffeeautomaten gibt?"

McElroy schaltete das Tonbandgerät aus. „Also das ist eine wirklich gescheite Frage! Und wie möchten Sie Ihren Kaffee bitte, falls es welchen gibt?" Er blickte fragend in die Runde.

Ein wenig später kehrte er mit einem Tablett zurück, auf dem sich fünf Becher mit Kaffee und ein Berliner für Kochalski befanden. „Der Automat steht in einer Nische gleich hinter dem Eingang", sagte er und verteilte die Becher. Dann arbeiteten sie weiter.

Um zwanzig nach eins machten die fünf Wissenschaftler Mittagspause und begaben sich mit Kochalski als Führer – er hatte als einziger daran gedacht, ein Exemplar des Orientierungshandbuches mitzubringen – über die Chandler Street zum Freizeitzentrum.

Zehn Minuten lang schlenderten sie durch den Lesesaal, die Lounge, verschiedene Spielzimmer, eine Sauna und das Schwimmbad, und suchten dann das Restaurant auf, wo sie feststellen mußten, daß sie die ersten waren.

Ebenso wie in den anderen Räumen des Gebäudes schien man auch hier völlig ohne Personal auszukommen. Die nördliche Wand des fensterlosen Raumes hatte man mittels Rauchglasscheiben in Sitznischen eingeteilt. In jeder Nische standen ein runder, weißer Eßtisch und sechs Stühle. Eingelassen in der Wand war ein Ausgabeschalter, darunter befand sich eine Reihe von Knöpfen mit der Aufschrift SERVICE, den Buchstaben A, B und C sowie den Zahlen von eins bis neun.

Sie nahmen an dem weitesten vom Eingang entfernten Tisch Platz und studierten die glänzend weiße Menükarte, die jeder neben seinem Gedeck auf einer blauen Papierserviette vorgefunden hatte. Aufgeführt waren sechs Vorspeisen und drei Hauptgerichte. Unter jeder Bezeichnung war die Kalorienzahl angegeben. Außerdem gab es eine Auswahl von sechs verschiedenen Gemüsen und sieben Salaten. In einer rotgedruckten Fußnote wurde darum gebeten, „Menükarten und Servietten, die für Notizen verwendet wurden, vor Verlassen des Restaurants in den dafür vorgesehenen Reißwolf zu werfen".

Während Kochalski darauf wartete, daß die anderen ihre Wahl trafen, steckte er sich aus der Vase, die in der Mitte des runden

Tisches stand, eine weiße Chrysantheme ins Knopfloch. Dann nahm er ihre Bestellungen auf und drückte entsprechend der Bedienungsanleitung, die oben auf der Speisekarte stand, auf den Knopf Nummer 2, dann auf A, und gab den Code für Vichy-Suppe ein. Eine ähnliche Prozedur folgte für die Bestellung von zwei gerösteten Garnelen in Knoblauchbutter und einer *Avocado Vinaigrette*, zweimal Kalbsschnitzel gefüllt mit Alaskakrabben, einmal Porterhouse-Steak – medium – und zweimal Schnapper- fisch mit Mandeln.

Kavanagh kam gerade mit einigen Bierflaschen auf einem Tablett an, als in dem SERVICE-Knopf ein Lämpchen anzeigte, daß ihr Essen da war. Mary Anderson, die am nächsten saß, öffnete die Tür zum Speiseaufzug und teilte die Gerichte aus.

Als sie ihre Vorspeisen gegessen hatten, stellte sie die leeren Teller auf die Regale des Aufzuges und schickte ihn wieder in die Küche hinunter.

Zwei Minuten später waren ihre Hauptgerichte da, gerade als sich das Restaurant mit den übrigen Mitarbeitern von WILD CARD zu füllen begann.

Paul McElroy stand vom Konferenztisch auf, trat hinter Kochalski und legte ihm anerkennend die Hand auf die Schulter. „Ein guter Gedanke, Pete, wirklich. Aber, wie Mary ganz richtig sagt, nicht durchführbar."

Er schlenderte an seinen Platz zurück und nahm seine Armband- uhr auf. Es war Viertel nach Sechs. Jetzt waren sie seit neun Stunden an der Arbeit.

„Und wie fühlen Sie alle sich so?" fragte er.

Mary Anderson schloß die Augen und preßte die Fingerspitzen an die Schläfen. „Müde", sagte sie. „Wenn Sie nichts dagegen haben, Paul, wäre es mir lieb, bald Schluß zu machen."

„Aber sicher", sagte McElroy. „Und wie sieht es bei den übrigen mit dem Durchhaltevermögen aus?"

Kochalski rieb sich mit einem Taschentuch Hände und Nacken ab und blickte die anderen Männer fragend an. „Wenn uns jemand etwas Alkoholisches vorbeibringen könnte", meinte er, „dann könnte ich noch ein Weilchen weitermachen."

„Ich glaube kaum, daß man das tun wird", erwiderte McElroy. „Wir müssen dran denken, uns morgen selbst etwas mitzubringen."

Mary Anderson hob ihre Handtasche vom Fußboden auf. „Soll ich versuchen, etwas für Sie aufzutreiben? Vielleicht dort, wo wir zu Mittag gegessen haben?"

Bevor jemand ihr Angebot annehmen konnte, kam McElroy den anderen zuvor. „Kommt nicht in Frage!" sagte er und öffnete die Tür. „Ich wünsche Ihnen, daß Sie heute nacht besser schlafen." Er grinste sie an.

Sie schüttelte den Kopf und lächelte traurig zurück. „Ich war heute wohl zu müde, fürchte ich, um irgendwie von Nutzen gewesen zu sein."

McElroy begleitete sie ein Stück den Korridor hinunter und kam dann mit vier eisgekühlten Colaflaschen zurück. „Damit werden wir auskommen müssen, bis wir was Stärkeres hier haben."

Er schob den Wust von gefalteten Papierfiguren auseinander, um Kochalskis Getränk abstellen zu können. „Wann haben Sie denn angefangen, an so etwas Spaß zu finden?" fragte er und hielt einen perfekt gefalteten Dom in die Höhe.

„Als ich mit dem Rauchen aufhörte, glaube ich. So haben meine Hände wenigstens was zu tun." Schweigend nippte er an seinem Getränk. Plötzlich leuchtete sein Gesicht auf. „Paul", sagte er, „mal angenommen, wir verhindern das Wachstum einer Oberhaut und ersetzen sie durch eine anorganische Membrane?"

McElroy schüttelte heftig den Kopf und griff nach Johnsons Mentholzigaretten. „Und was wäre mit dem Herz? Der Lunge? Dem Skelett?" Er benutzte eines von Kavanaghs Streichhölzern, um die Zigarette anzuzünden. „Nein, ich bin überzeugt, daß es ein Fehler wäre, in Gedanken von einem kompletten Arbeitsmodell auszugehen; damit liefern Sie viel zu viele Informationen. Mein Gott, schließlich verlangt keiner von uns, ein Wesen zu züchten, das auf den Straßen von Los Angeles herumlaufen kann!" Er ließ ein trockenes Lachen hören. „So, wie ich es sehe, wird von uns nichts weiter erwartet als ein verdammt gutes Zauberkunststück!" Er sah sich der Reihe nach die verdutzten Gesichter an. „Begreifen Sie denn nicht? Wir müssen es bloß so *aussehen* lassen, als hätten wir die Jungfrau zersägt – tatsächlich zu zersägen brauchen wir sie nicht!"

Er besah sich seine Zigarette mit dem Ausdruck tiefen Widerwillens. „Ich verstehe einfach nicht, wie man so etwas rauchen kann", sagte er und ließ sie in den Rest in seiner Colaflasche fallen. Fragend beugte er sich vor. „Sagen Sie mir – was unterscheidet den Menschen von allen anderen Formen des Lebens?"

„Ein großes Gehirn", antwortete Kavanagh.

McElroy sah die anderen Männer an.

„Intelligenz?" schlug Kochalski vor.

Johnson hüstelte. „Meinen Sie vielleicht die Fähigkeit zu abstraktem Denken? Eine komplexe Sprache? Planen zu können?"

„Ich nehme an, daß wir alle wissen, was Pete andeuten will", wandte McElroy ungeduldig ein. „Und Intelligenz" – er sah Kavanagh an –, „hängt nicht allein von der Größe des Gehirns ab. Wenn dem so wäre, hätten die Wale ein Moratorium über die Jagd auf Menschen verfaßt! Selbst wenn Sie das Verhältnis von Gehirngewicht zu Körpergewicht nehmen, kommt der Mensch schlechter weg als Mäuse. Nein, der Trick beim Menschen ist eine hochentwickelte Gehirnrinde. Ein großes Gehirn, gekoppelt mit einem unglaublich verzweigten Nervensystem.

Wir zerbrechen uns hier den Kopf über Stoffwechselorgane, das Skelett und vieles mehr. Alles unnötig. Sparen wir es uns." Er schob Kavanagh die Streichholzschachtel wieder zu. „Meine Herren, meiner Meinung nach ist das einzige, was nach der Explosion übrigbleiben muß, Gehirnzellengewebe, dazu eine Art schützende Hülle und ein System für die Lebensfunktionen. Voilà – der ideale Astronaut!"

„Genau!" sagte Kochalski. „Wir könnten ihn, in Anlehnung an das lateinische Wort für ‚Gehirn', ‚Cerebroid' nennen."

106

„Okay", sagte McElroy und rollte die Hemdsärmel hinunter.

„Nun mal langsam!" Kavanagh sah verwirrt aus. „Sie rennen mir ja davon!"

„Ich glaube, daß er folgendes vorschlägt", sagte Kochalski und sah McElroy eindringlich an, „wir verwenden die Technik der Zelltransplantation, über die wir vorhin gesprochen haben, um einen Klon aus Mutanten mit abnorm großen, hochentwickelten Gehirnhälften herzustellen. Dann entnehmen wu ihm das Gehirn und setzen es in mechanische Körper ein. Richtig?"

McElroy schüttelte den Kopf. „Nicht ganz. Ich glaube, wir können noch weiter gehen. Ich sehe nicht, welchen Nutzen es haben sollte, diese Lebewesen erst fertig herzustellen, um dann die Gehirnhälften zu sezieren. Es wird viel effektiver sein, die Gehirnteile viel früher zu entnehmen, im Stadium der Nervenstrangentwicklung. Das versorgt uns mit unserem Ausgangsmaterial: einer Masse unreifer Gehirnzellen, die wir auf einer dreidimensionalen Matrix kultivieren können."

Kavanagh kratzte sich am Kopf. „Damit sich das alles auch lohnt", sagte er, „muß man später das Gewebe als Gehirnzellen identifizieren können. Da die Cerebroiden zusammen mit dem Raumschiff in die Luft gehen, müssen wir einen Weg finden, wie wir sie zum Beispiel vor dem Verkohlen bewahren."

„Das ist was für Benedict", schlug Johnson vor. „Wenn er einen Kühltank in das Raumschiff einbaute, würde dieser bei der Explosion aufbrechen, das Gewebe mit flüssigem Stickstoff besprühen, schlagartig gefrieren lassen und somit perfekte Gewebsproben für die Untersucher liefern."

„Der springende Punkt", sagte McElroy, „ist dabei ja, daß die nur Gehirnzellen in den Trümmern finden. Und das wird ihnen wirklich was zum Nachdenken geben!" Er erhob sich und nahm sein Jackett von der Stuhllehne. „Aber wir haben da immer noch ein verteufeltes Problem: Bevor wir uns an die Laborarbeit machen können, müssen wir uns noch einen zufriedenstellenden Beweis für die Untersuchungskommission ausdenken, daß unsere Cerebroiden nicht von Menschenhand hergestellt sind."

10

Mary Anderson, Kavanagh und Kochalski waren gleich nach der Arbeit in den Gemeinschaftsraum gegangen. Die sanft beleuchtete Lounge war bei ihrem Eintreffen leer gewesen, und etwa eine halbe Stunde lang hatten sie dagesessen, Kaffee getrunken und die Ereignisse des Tages diskutiert. Um halb zwölf dann, gerade als sie aufbrechen wollten, war McElroy eingetroffen. Kavanagh und Kochalski entschuldigten sich damit, sehr müde zu sein, und so hatte Mary angeboten, noch ein wenig zu bleiben und Paul McElroy Gesellschaft zu leisten.

„Wie geht's denn so?" fragte sie, sobald sie allein waren. Sie nahm die Kaffeetasse in beide Hände und sah ihn aufmerksam an, während sie an dem dampfend heißen Getränk nippte.

„Schrecklich!" antwortete er und riß die Packung Camel auf, die er zusammen mit dem Kaffee vom Automaten mitgebracht hatte.

Er bot ihr eine Zigarette an, doch sie schüttelte den Kopf. „Rauchen Sie eigentlich immer so viel, Paul?" fragte sie sanft. Er zuckte die Achseln, als sei dies sein geringstes Problem. Waren wirklich erst vierzehn Tage vergangen, fragte sie sich, seit sie alle hier zum ersten Mal zusammengekommen waren? Ihr schienen es eher vierzehn Monate zu sein. Die Ungeheuerlichkeit der Aufgabe, der sie sich zu stellen hatten, ihre Isolierung von dem Zuarbeiter-Team, ganz zu schweigen von der Welt außerhalb des Lagers, und das schreckliche Risiko, das jeder von ihnen einging, hatten ein Zusammengehörigkeitsgefühl geschaffen, das unter normalen Umständen undenkbar gewesen wäre. Es gab weder Cliquen noch Rivalitäten, nur eine Art tiefen Sendungsbewußtseins und eine völlige Hingabe an den Auftrag, den sie zu erfüllen hatten.

Während des Einführungsvortrages war ihnen unter anderem auch ein Film über ein Experiment gezeigt worden, das Konrad Lorenz am Max Planck Institut durchgeführt hatte: An einem Draht war ein ausgestopfter Habicht über einer Gänseherde durch die Luft gezogen worden. In dem Moment, in dem er auftauchte, hatten die Gänse ihre ansonsten streng eingehaltene soziale Rangordnung und ihre eifersüchtig gehüteten Territorien aufgegeben und, die Flügel schützend über die Küken gebreitet, sich zu einem dichten Schwarm zusammengefunden, geeint durch die sie alle bedrohende Gefahr.

Und Mary fragte sich zum wiederholten Male, ob sich ihre Kollegen wohl dessen bewußt waren, daß sie nun selbst ebenfalls Teilnehmer eines Experimentes waren, welches – wenn auch mit vielen Verführungen – die These bewies, auf der WILD CARD aufbaute.

„Möchten Sie davon erzählen?" fragte sie.

Paul McElroy sah sie verwundert an. „Davon, daß ich zuviel rauche?"

„Nein, Sie Schlaukopf! Davon, was Nadelman das ‚Unlösbare Rätsel' nennt. Das ist es doch, was Ihnen zu schaffen macht, nicht wahr?"

„Darüber läßt sich nichts erzählen – darum dreht sich ja alles."

Sie langte nach der Zigarettenschachtel und nahm sich eine heraus.

„Jetzt hatte ich es endlich kapiert, daß Sie nicht rauchen", sagte er, während er ihr Feuer gab, „und da fangen Sie plötzlich an!"

Sie stieß den Rauch gegen die Decke und lachte. „Nur in kritischen Zeiten."

Überrascht sah Paul sie an. „Und ich dachte, ich sei der einzige, der in einer Krise steckt. Was ist denn Ihr Problem?"

Mary zuckte mit den Schultern. „Es ist nur, daß wir am Ende dieser Woche an dem Punkt angelangt sein werden, wo wir nicht mehr weiterkommen..."

„Falls ich Ihnen bis dahin nicht das unlösbare Rätsel liefere." Paul starrte in seine Tasse und fing an, wie besessen den Kaffee umzurühren. Er wirkte müde und erschöpft. Die Sonnenbräune, die er beim Eintreffen in Fort Detrick gehabt hatte, war verschwunden, und obwohl sie wußte, daß es nicht stimmte, schien es ihr doch so, als durchzögen jetzt mehr graue Haare als vorher seine braunen Schläfen. Wieder stieg das Gefühl von unwilligem Zorn in ihr auf, das sie zum erstenmal gespürt hatte, als sie erfuhr, was von ihnen erwartet wurde, nur war es diesmal zu ihrer Überraschung vermischt mit einer Art von mütterlichem Empfinden. Im geheimen fragte sie sich, inwieweit dieses Gefühl wohl mit der Tatsache zu tun hatte, daß die Cerebroiden aus Zellen herangezüchtet werden sollten, die vor zwei Tagen aus ihrem und Pauls Körper entnommen worden waren.

„Paul", sagte sie ruhig, „dieses unlösbare Rätsel, das Sie sich ausdenken sollen – das ist doch Unsinn! Und Sie wissen es auch, nicht wahr? Es kann einfach nicht anders sein! Wie wollen Sie einen Weg finden, um zu *beweisen*" – sie sprach das Wort mit tiefer Verachtung aus –, „daß die Cerebroiden nicht von Menschenhand stammen, wenn sie doch Menschenwerk sind? So, wie es in dem Lied heißt: ‚Nur Gott kann einen Baum erschaffen.' Und der liebe Gott gehört nicht zu unserem Team, höchstens der Teufel..."

„Danke für den Trost!" sagte er lustlos. „Was schlagen Sie also vor?"

„Nun..." Sie sprach nicht weiter, weil sie merkte, daß sie schneller als ihr lieb war in einer Sackgasse landen würde. „Ich finde, Sie sollten zu Nadelman gehen und ihm sagen, die Idee als solche sei zwar großartig, nur leider nicht realisierbar. Wir seien zwar alle bereit, irgendwie zu helfen, glaubten aber, daß wir unsere Zeit nützlicher verbringen könnten, wenn wir uns zum Beispiel freiwillig als Ambulanzfahrer melden oder etwas in der Art tun."

„Aber der Ganke *ist* zu realisieren!" protestierte er. „Sie und Pete wissen bereits, wie die Zellen zu kultivieren sind, Kavanagh und Johnson haben den größten Teil der Probleme betreffend der Matrix und der Wachstumskammern gelöst, und die Typen um Phil haben ein vollständiges mathematisches Modell der mechanischen Teile der Cerebroiden und dieses verdammten Raumschiffs erarbeitet! Zwar sollen unsere Hexenmeister, die Virologen, noch Probleme mit dem Pathogen haben, aber die werden die Nuß schon noch knacken!"

„Meinen Sie?" Er hatte sie keineswegs von ihrer Überzeugung abgebracht, daß ihr Projekt früher oder später abgebrochen werden müsse. „Sie haben doch von uns allen den besten Überblick über den Zeitplan von WILD CARD. Jeder Teil des Ganzen muß die Hürde des unlösbaren Rätsels nehmen, bevor das Ziel erreicht werden kann. Und das ist nicht zu schaffen, weil es kein unlösbares Rätsel gibt und niemals geben wird."

„Das glaube ich einfach nicht."

„Sie wollen es nicht glauben", entgegnete sie nicht unfreundlich. „Merken Sie das denn nicht? Sie alle sonnen sich viel zu sehr in Ihrem..."

„Mich sonnen?" unterbrach Paul sie und drückte seine Zigarette mit unnötiger Heftigkeit aus. „Sie scherzen wohl! Ich habe das bedeutendste Forschungsprogramm meiner Karriere, an dem ich seit fünf Jahren arbeite, unterbrochen, um hierherzukommen!"

Mary nippte an ihrem Kaffee. „Erzählen Sie mir davon", bat sie. „Es hat etwas mit Gedächtnisforschung zu tun, nicht wahr? Oder sollte ich besser nicht fragen?"

„Ich habe nichts dagegen, Ihnen davon zu berichten", sagte Paul, „solange Sie nichts dagegen haben, daß ich nicht allzusehr ins Detail gehe. Wissen Sie etwas über die Arbeit von Thompson und McConnell?"

Stirnrunzelnd versuchte Mary sich zu erinnern. „Waren das nicht die beiden, die Plattwürmern beigebracht haben, sich jedesmal, wenn Licht auf sie fiel, zusammenzurollen?"

„Ja, aber das ging noch weiter. Wenn die Würmer ihre Lektion gelernt hatten, wurden sie zerkleinert und an ungeschulte Würmer verfüttert..."

„...welche dann die gleiche Reaktion auf Lichteinwirkung zeigten, wie sie von der ursprünglichen Gruppe gelernt worden war", fuhr Mary fort. „Das schien darauf schließen zu lassen, daß Erinnerung – in einer Art Morsecode – auf besonderen Molekülen gespeichert werden könnte, nicht wahr?"

Paul nickte. „Eigentlich waren es Georges Ungars Arbeiten, die mich wirklich weiterbrachten. Um es kurz zu machen: Ich habe festgestellt, oder glaube es doch wenigstens, daß ich es habe, welche Verbindung besteht zwischen Lernerfahrung und der chemischen Struktur der Proteine, die sie speichert! Ich kann sogar vollständige Sequenzen künstlich herstellen! Wenn ich diese dann in Ihr Gehirn einspritzen würde, könnte ich den gesamten Lernprozeß sozusagen kurzschließen und Ihnen das Wissen über etwas vermitteln, das nie eine reale Erfahrung für Sie gewesen ist."

Mary sah ihn verstört an. „Mein Gott", sagte sie, „ich hätte nie gedacht, daß Sie so weit sind!"

„Noch sechs Monate klinische Tests, und ich kann es beweisen", sagte Paul und sah auf die Uhr.

„Wollen wir gehen?" sagte Mary und stand auf.

„Nein, bleiben Sie doch noch ein wenig. Es ist noch nicht einmal Mitternacht. Die Nacht ist noch jung!"

Sie gab sich geschlagen und setzte sich wieder hin. Dann wartete sie, bis er frischen Kaffee geholt hatte und nahm die Zigarette, die er ihr anbot, bevor er sich selbst bediente. Sie beugte sich vor, während er das Rädchen seines Feuerzeuges klicken ließ. „Wenn Sie schon so einen Satz wie *Die Nacht ist noch jung* zitieren, dann hätten Sie auch beide Zigaretten gleichzeitig anzünden und mir dann eine davon geben können."

„Wie bitte?"

„Das hat in einem alten Film Paul Henried für Bette Davis gemacht", erklärte sie. „Es gehört zu den großen romantischen Klischees, genau wie *Die Nacht ist noch jung.*"

„Du lieber Gott, jemand in Ihrem Alter sollte eher etwas aus *Easy Rider* zitieren, statt aus einem Film mit Bette Davis!"

Mary lächelte. „Ich bin ein begeisterter Besucher von Spätvorstellungen alter Filme."

„Was hat eine so entzückende junge Dame wie Sie..."

„... an solch einem Ort wie hier zu suchen?" Mary prostete ihm mit ihrer Kaffeetasse zu. „Er hat ein Auge auf Sie geworfen, Kleines!" sagte sie mit Humphrey-Bogart-Stimme.

„Ich wollte eigentlich sagen: Was hat eine so entzückende junge Dame wie Sie in Spätvorstellungen zu suchen? Oder haben Sie etwa auf beide Fragen die gleiche Antwort?"

„Gut möglich", entgegnete sie und war plötzlich ganz damit

beschäftigt, die Zigarettenstummel im Aschenbecher zu säuberlichen Reihen zu ordnen.

„Bestimmt hat Ihre Antwort eine Menge mit den blaugrünen Algen zu tun", sagte er freundlich.

Sie lächelte. Blaugrüne Algen waren die ersten Lebewesen auf Erden, die sich geschlechtlich vermehrten. „Ich glaube, daß mein Hierherkommen für mich eine Art Ersatzhandlung für den Eintritt in die Fremdenlegion war. Obwohl es nicht gerade eine unglückliche Liebesaffäre war, vor der ich weglief – wohl eher vor mir selber, wenn überhaupt. Was soll's, das ist alles schrecklich langweilig. Erzählen Sie mir von sich. Sie sind verheiratet, nicht wahr?"

Er nickte.

„Kinder?"

„Eins von jeder Sorte. Jonny ist acht, Kathy zehn."

„Was macht Ihre Frau – arbeitet sie?"

„Wenn Sie uns jetzt zuhören könnte, müßte ich gut aufpassen, wie ich diese Frage beantworte. Sie wollte Englischlehrerin werden, als sie in Radcliffe studierte; Sie werden's kaum für möglich halten, aber wir haben uns bei einer Tanzveranstaltung anläßlich eines Bootsrennens der beiden Universitäten Harvard und Yale kennengelernt. Aber sie gab es auf, als wir heirateten."

„Den Wunsch, Englisch zu unterrichten, oder das Tanzen?"

„Beides."

„Ich verstehe." Es tat ihr plötzlich leid, daß sie ihn aufgezogen hatte. „Haben Sie ein Foto von Ihren Kindern?"

„Sehe ich aus wie einer, der Bilder von seiner Familie mit sich rumschleppt?"

„Die meisten Ehemänner tun das. Es sind fast immer Farbfotos, und sie stecken in der Brieftasche gleich neben den Kreditkarten."

Er nickte ernst, als habe er eine wichtige Entdeckung gemacht. „Das erklärt alles", sagte er.

„Was erklärt das?"

„Die blaugrüne Alge, vor der Sie weggerannt sind, war verheiratet."

Sie lachte, sagte aber nichts.

„Möchten Sie darüber sprechen?" fragte er. „Ich bin ein guter Zuhörer."

„Das glaube ich Ihnen, aber seien Sie mir nicht böse, wenn ich besser ein andermal darauf zurückkomme. Im Augenblick möchte ich lieber etwas von Ihnen erfahren. Was ist mit der Segelfliegerei? Das hört sich ziemlich aufregend an."

„Wer hat Ihnen denn davon erzählt?"

„Pete, neulich."

„Wir haben ein Abkommen getroffen: Sobald wir hier wegkönnen, wird er mir das Surfen beibringen und ich ihm das Segelfliegen."

„Ich habe gar nicht gewußt, daß Sie am Surfen interessiert sind", sagte sie. „Das ist doch meine ganze Leidenschaft seit – nein, seit wie lange sage ich nicht, aber jedenfalls schon seit langem. He, das finde ich einfach toll!"

„Na, dann können Sie es mir ja beibringen. Das macht bestimmt mehr Spaß, als Kochalski zum Lehrer zu haben."

„Glauben Sie, daß Ihre Frau damit einverstanden wäre?" fragte sie lachend.

Paul schien unbesorgt. „Wenigstens kann sie sich dann nicht mehr darüber beklagen, daß ich mein ganzes Geld für die Segelfliegerei ausgebe."

„Tut mir leid", sagte sie, bestürzt darüber, daß sie ihn dazu gebracht hatte, solch ein Geständnis zu machen.

„Keine Angst. Ich habe nicht vor, jetzt die Meine-Frau-versteht-mich-nicht-Show abzuziehen."

„Es ist bestimmt schon schrecklich spät", sagte sie und schob seine Manschette zurück, um einen Blick auf die Armbanduhr zu werfen. „Mein Gott, geht die Uhr wirklich richtig?"

Sie standen auf.

„Ich hoffe doch, daß Sie nicht vorhaben, jetzt noch einmal an die Arbeit zu gehen", sagte sie auf dem Weg zur Tür.

„Ich wollte eigentlich noch ein wenig am Golf-Automaten spielen. Ich habe so das Gefühl, als säße da noch irgendwas in meinem Hinterkopf, und als könnte eine halbe Stunde mit einem Zweier-Eisen das Richtige sein, um die Geburtswehen einzuleiten. Aber vorher werde ich Sie noch zu Ihrer Wohnung bringen."

Sie hakte sich bei ihm ein. „Sie sollten nicht mehr allzu lange aufbleiben. Und da wir uns hier an einem der letzten Orte in Amerika befinden, wo nicht das geringste Risiko besteht, überfallen zu werden, kann ich sehr gut alleine nach Hause finden – aber ich danke Ihnen trotzdem für ihr Angebot."

11

McElroy versuchte, das vierte Loch auf dem Golfplatz des Oahu Country Club, Hawaii, zu treffen, und zwar, etwas optimistisch, mit einem Zweier-Eisen. Seine Neigung, den Ball mit Linksdrall zu schlagen, hatte er gut unter Kontrolle, wenn nicht sogar ganz ausgemerzt, und der Schlag kam besser als am Vortag auf dem West Course in Wentworth.

Als die Flugbahn des Balles auf der Leinwand des computerge-steuerten Simulators des Fort Detrick-Freizeitzentrums erschien und dann von einem Panorama der Golfanlage abgelöst wurde, drückte McElroy seine Zigarette auf dem Kunstrasen zwischen der Leinwand und dem Erdhügel, von dem aus der Ball geschlagen wird, aus und überlegte sich seinen nächsten Schlag, eine Steiglage.

Er hatte bereits weit ausgeholt, als ihm ein merkwürdiger Gedanke durch den Kopf schoß. Er senkte den Schläger und starrte auf den Bildschirm. Während eines gemeinsamen Urlaubs mit seiner Frau auf Hawaii hatte er viele Male auf dem Oahu-Golfplatz gespielt, und es gab keinen Zweifel, daß es sich bei dem Bild vor ihm um eben diesen Platz handelte. Und dennoch, sagte er sich, war es kein Bild von der Golfanlage, auf der er das letzte Mal gespielt hatte, sondern eins von der jenes Vormittags, *an dem das Foto gemacht worden war!* Also ein bestimmter Augenblick im Leben des Golfplatzes, festgehalten mit der Kamera und in zukünftige Zeiten transportiert. Aber man konnte es auch anders-herum sehen: Dadurch, daß er in diesem Augenblick auf dem Simulator spielte, machte er in der Tat eine *Reise zurück in die Zeit...*

Die Zeit! McElroy stand wie vom Donner gerührt, als aus den Tiefen seines Bewußtseins die Lösung, die sich ihm so lange entzogen hatte, aufstieg.

„Radiokarbonmethode!" rief McElroy aus. „Es ist so einfach; ich könnte mir in den Hintern beißen, daß ich nicht eher darauf gekommen bin! Indem wir unseren Cerebroiden einen ungewöhn-lich niedrigen Kohlenstoff-14-Gehalt geben, lassen wir sie künst-lich altern und erwecken dadurch den Eindruck, als dauere ihr Interstellar-Flug bereits tausend Jahre. Das ist des Pudels Kern – das unlösbare Rätsel! Selbst wenn die Untersuchungskommission auf den Gedanken käme, es mit einer Raumkapsel zu tun zu haben, die zu einem russischen oder chinesischen Experiment gehört, das in die Hose gegangen ist: Wie wollen sie die Tatsache erklären, daß sie dann im zehnten Jahrhundert hätte abgeschossen worden sein müssen? Mann, damals war ja noch nicht einmal das Schießpulver erfunden!"

Benedict holte ein Röhrchen mit Koffeintabletten aus der Tasche seines Bademantels und schluckte zwei davon mit etwas schwarzem Kaffee hinunter. „Ich weiß zwar, daß ich morgens um halb fünf nicht gerade zu Glanzleistungen fähig bin, aber wie wollen wir um Himmels willen eine Radiokarbondatierung in unser Projekt einbauen? Wir sind doch hier nicht auf einer archäologischen Ausgrabung!"

„Wie Sie wissen", sagte McElroy, „war Libby der erste, der sie in den frühen vierziger Jahren zur Datierung organischer Rückstände verwendete."

Kochalski wandte sich gähnend an Benedict. „Alle belebte Materie enthält eine bestimmte Menge von Kohlenstoff 14", sagte er und rieb sich die Augen. „Und die bleibt während der gesamten Lebensdauer des Organismus konstant. Wenn er jedoch stirbt..."

„... oder nicht mehr länger am Leben gehalten wird", fügte McElroy hinzu ...

„... kann kein weiteres Karbon 14 mehr aufgenommen werden, und die vorhandene Menge beginnt zu zerfallen."

„Es ist so eine Art Atomuhr", fuhr McElroy fort. „Zum Beispiel wäre nach fünftausendfünfhundertundachtundsechzig Jahren, plus oder minus dreißig, die Hälfte des Karbon 14 zerfallen, und die Anzahl der von einem Geigerzähler registrierten radioaktiven Impulse nur noch halb so groß wie die, die ein lebender Organismus ausstrahlt." Er sah zu Benedict hinüber. „Mann, ich sage Ihnen, es ist narrensicher!"

Nadelman stand auf, zog die Vorhänge zur Seite und schaltete dann überall im Zimmer die Lampen aus. Außer McElroy war er der einzige, der seine Tageskleidung trug. „Was mir daran gefällt", sagte er, „ist die Tatsache, daß es ziemlich sicher das letzte ist, was die bei der Untersuchung rausfinden werden, ganz einfach deshalb, weil es ihnen nicht eher in den Sinn kommen wird, daran zu denken. Und so wird es dann auch von dieser Entdeckung, wie von so vielen anderen in der Wissenschaft, mal wieder heißen: reine Glückssache!"

Er blickte in dem vollen Versammlungsraum in die Runde. „Als erstes müssen wir uns mit der Frage beschäftigen, ob und welche Auswirkungen Pauls Einfall mit dem Karbon 14 auf bereits in Gang gesetzte Arbeiten haben wird. Bitte, Dr. Weiner!"

Beim Klang seines Namens sah der Raumfahrtspezialist vom Filmstreifen hoch, den er sich gerade angesehen hatte, und räusperte sich. „Sieht für mich alles Eins A aus", sagte er. „Unser Plan sah bereits elektromagnetische Deflektoren vor, um die Auswirkungen kosmischer Strahleneinschläge auf die Mann-schaftsquartiere so gering wie möglich zu halten. Was Sie aber nicht außer acht lassen dürfen", fügte er an McElroy gewandt hinzu, „ist die Tatsache, daß ein Bombardement während des – in Anführungszeichen – Fluges unseres Raumschiffes den Effekt haben würde, das Alter der Mannschaft zu verringern. Können Sie mir folgen?"

McElroy nickte. „Sie wollen damit sagen: Wenn bei der Untersuchung durch entsprechende Tests das Alter auf, sagen wir einmal, fünfzehnhundert Jahre datiert wird, dann bedeutet dies für die Experten ein Mindestalter!"

„Richtig. Allerdings werden wir uns so schnell wie möglich entscheiden müssen, auf welches Alter wir uns festlegen. Ich muß das zum Beispiel wissen, bevor ich überzeugende Spuren von Strahlenschäden auf den Rumpf anbringen kann." Er schwang die Beine über die Sessellehne und wandte sich wieder an Nadelman. „Ich habe noch eine Frage, auch wenn dafür unser Countdown vielleicht schon ein bißchen zu weit fortgeschritten ist: Wo zum Teufel soll dieser Erkundungsflug eigentlich herkommen?"

„Völlig belanglos", antwortete Nadelman wegwerfend. „Der Beginn des Raumfluges könnte nur bestimmt werden, indem man die Fluggeschwindigkeit mit der zurückgelegten Entfernung in Beziehung setzt, und das sind zwei Faktoren, die das Untersuchungsteam keine Möglichkeit hat festzustellen. Ich schlage vor, daß wir gleich die Zahl nehmen, die Dr. McElroy erwähnte – fünfzehnhundert Jahre. Das hieße, daß die Mannschaft ihre Reise kurz nach dem Tod von Attila dem Hunnenkönig antrat."

„Ich m-möchte Paul fragen, w-wie er es m-machen will, den K-Karbon 14-Gehalt im Gewebe der C-Cerebroiden niedriger zu machen", stammelte Darrow.

„Einfach, indem wir die entsprechende Menge in ihre Nahrung geben. Wie heißt es doch so schön? Man ist, was man ißt!"

„Aber w-wie machen Sie das p-praktisch?"

„Theoretisch ist es ganz leicht. Isotopen haben unterschiedliche Nullpunkt-Energien, und wir können das ganze Karbon 14 aus den einzelnen Teilen der Nahrung herauslösen. Wenn wir dabei bleiben, daß unsere Mannschaft fünfzehnhundert Jahre alt sein soll, muß die Menge an Karbon 14, die wir wieder hinzufügen, eine um eine bestimmte Prozentzahl verringerte Radioaktivität ausstrahlen als lebendes Gewebe."

„Sechzehn Komma sieben Prozent", sagte Charlotte Paxton.

McElroy lächelte. „Ist Ihre Frage damit beantwortet?"

„Ich wünschte, es wäre so leicht, wie es sich bei Ihnen anhört", sagte Mary Anderson nachdenklich. „Ist Ihnen klar, daß wir diese Prozedur bei sämtlichen isotopischen Elementen in der Nährlösung anwenden müssen – nur für den Fall, daß bei der Untersuchung alle Elemente und nicht nur der Kohlenstoff überprüft werden?"

McElroy beugte sich vor und warf einen Blick auf den Zeitplan, den Nadelman mitgebracht hatte. „Nun, Sie haben Zeit bis zur Woche zwei", sagte er und lächelte ihr zu, „bevor die Proportionen signifikant werden."

„Na fein!" sagte sie, aber ihre Stimme drückte keine Begeisterung aus. Sie verstand Pauls Erregung, da sie als Wissenschaftlerin die Freude kannte, die die Lösung eines schwierigen, hartnäckigen Problems mitsichbringt. Aber, fragte sie sich, wie konnte bloß jemand, der so brillant war wie er, derart blind sein für die Erkenntnis, daß WILD CARD so gefährlich – und ebenso sinnlos - wie Russisches Roulett war? Es schien festzustehen, daß die übrigen Wissenschaftler, mochten sie auch noch so scharfsinnige Denker sein, sich hatten völlig gefangenehmen lassen von diesem Tollspiel. Selbst Paul würde sie wohl nie mehr umstimmen können. Ihr Entschluß stand fest. Sie selbst würde etwas unternehmen und Nadelman überzeugen müssen.

„Könnte ich Sie für ein paar Minuten sprechen, Dr. Nadelman?" fragte sie daher später beim Hinausgehen.

Nadelman nickte und blieb abwartend stehen.

„Mir wäre es lieber unter vier Augen." Sie hatte zu ihrer Bestürzung festgestellt, daß auch Charlotte Paxton und Benedict zurückgeblieben waren, um ein paar Worte mit Nadelman zu wechseln.

„Ist es dringend?" fragte er.

„Mir wäre es lieb, wenn es möglichst bald sein könnte", bat sie.

Er seufzte, als sei dies eine Bitte zuviel, und warf einen Blick auf seine Uhr. „Okay", meinte er schließlich, nicht gerade begeistert, „dann kommen Sie doch am besten in einer Viertelstunde bei mir im Büro vorbei."

Es war kurz vor neun, als Mary sich selbst in das wohnlich eingerichtete Vorzimmer von Nadelmans Büro Einlaß verschaffte. Ursprünglich für eine Sekretärin vorgesehen, wurde es jetzt nur als Empfangszimmer benutzt, weil er es für sicherer hielt, seine Aktennotizen und Berichte selbst zu tippen. Wenn Mitarbeiter kamen und die rote Lampe über der Tür zu seinem Büro brennen sahen, pflegten sie Platz zu nehmen und in Zeitschriften zu blättern oder sich zu unterhalten, bis sie von ihm hereingebeten wurden.

Auch heute brannte das rote Licht; die Tür zu seinem Büro stand jedoch einen Spalt breit offen. Sie konnte Nadelmans Spiegelbild in einem der leicht geöffneten Fenster erkennen. Er stand dort in Hemdsärmeln und sah hinaus auf die Kirschbäume, die jetzt voller fast reifer Früchte hingen, den roten Telefonhörer ans Ohr gepreßt.

Sie hüstelte, um ihn wissen zu lassen, daß sie da war, doch er machte kein Zeichen, ob er es gehört hatte. Sie hustete noch einmal, ein wenig lauter, aber noch immer drehte er sich nicht um. Sie kam sich ein wenig dumm vor und wollte gerade wieder gehen, um auf dem Flur zu warten, bis es genau neun Uhr war, als sie ihn mit gereizter Stimme sagen hörte: „Aber, Dr. Pedlar, Sie haben meine Frage immer noch nicht beantwortet. Hat etwas davon Einfluß darauf, was Sie in *Wirklichkeit* machen – nicht darauf, was die anderen glauben, daß Sie machen?"

Mary lächelte in sich hinein. Man machte sich schon allgemein lustig über Pedlars Geschwätzigkeit und darüber, daß er damit Nadelman viel ungehaltener machte als andere. Sie war bereits halb durch die Tür, als Nadelman weiterredete. „Okay, okay, das reicht zu diesem Thema. Und was gedenken Sie zu tun, um die zytolytische Eigenschaften des Virus zu potenzieren? Wenn WILD CARD Erfolg haben soll, ist es genauso wichtig, *wie* die Leute sterben, nicht nur, wie viele sterben."

Mary blieb wie angewurzelt stehen.

Das bedeutete also, daß es um einen Virus ging, der tötete, und der, nachdem er getötet hatte, eine schnelle Auflösung der Zellen bewirkte. Sollte damit tatsächlich das Raumschiff in der bewußten

Nacht beladen werden? Die Frage wurde ihr schon im nächsten Augenblick beantwortet.

„Das interessiert mich nicht, Dr. Pedlar. Lassen Sie mich wiederholen: Die Vernichtung in dem gesamten Gebiet muß *absolut* sein."

Sie würde Nadelman später sagen, daß es doch nicht nötig gewesen sei, mit ihm zu sprechen. Sie trat hinaus auf den Flur und zog leise die Tür hinter sich zu.

12

Kurz nach ihrem Eintreffen in den Räumen der Molekularbiologie am Morgen des zehnten April gingen Kochalski und Johnson – angetan mit sterilen Kitteln, Handschuhen und Masken – durch die UV-Strahlen-Schranke und die Luftschleuse in den keimfreien Raum und machten sich an die Arbeit. Während Kochalski die Arbeitsflächen aus rostfreiem Stahl mit Alkohol säuberte, warf Johnson durch einen in der Wand eingelassenen Beobachtungskasten einen prüfenden Blick auf die Kulturen in der Wärmekammer nebenan. Die Temperatur in diesem Raum wurde ständig auf 37° C – also Körpertemperatur und daher ideal für das Wachstum der Zellen – gehalten. Hier war das Ausgangsmaterial für die Cerebroiden während der letzten Tage aufgezogen worden.

Mary Anderson hatte die Mutterzellen dadurch erhalten, daß sie sich selbst und Paul McElroy an der Innenseite der Wangen ein wenig Mundschleimhaut abgeschabt hatte. Der Abstrich war dann feinstverteilt in einer Flüssigkeit aufgeschwemmt und auf eine Reihe von Petrischalen verteilt worden, die alle eine Nährlösung enthielten. Auf diese Weise hatte das Team männliche und weibliche Zellen erhalten, ohne auf zu leicht zu identifizierende Labor-Zellreihen zurückgreifen zu müssen.

In regelmäßigen Abständen waren die wachsenden Zellschichten mit Trypsin versetzt und in ein frisches Medium okuliert worden. Dies wurde mehrmals wiederholt, um mit Sicherheit Krankeitseffekte der Zellen auszuschließen. Im Anschluß daran hatte Johnson die reinsten Subkulturen ausgewählt, und zwar einen Zellstrang, der von Paul McElroy stammte, und einen von Mary Anderson.

Jetzt begaben sich Kochalski und Johnson an die nächste Phase des Programms. Unter Verwendung eines komplexen optischen Systems, das einen Laser-Mikrostrahl produzierte, bestrahlte Kochalski ein Bündel von sechs unbefruchteten Ova und zerstörte damit ihre Zellkerne. Johnson holte jetzt die Kulturen aus der Wärmekammer, saugte bei beiden Zellsträngen aus je drei Zellen die Zellkerne heraus, wobei er für jeden eine Mikropipette benutzte, und pflanzte sie in die leeren Zellen der Gastova ein. Es war ein viel Geschick erforderndes interzellares Trickspiel. Die Ova reagierten, als seien sie ganz normal befruchtet worden, und begannen mit der Teilung zur Keimblase, der Blastula, aus der sich gegebenenfalls der Fötus entwickelt. Nur zwei der sechs Blastulae würden für die folgenden Stufen des Experiments benötigt werden; die restlichen dienten als Sicherheitsreserve.

Vier Tage später begann das Klonen. Jeweils eine Zelle aus der erfolgreichsten Blastula des Anderson- und des McElroy-Stranges wurden auf separate Kulturschalen übertragen. Der Vorgang glich dem Schneiden von Stecklingen bei Pflanzen. Jede der beiden Zellen besaß sämtliche genetischen Informationen, die für das Heranwachsen zu einem ausgereiften Organismus benötigt werden. Neun Tage lang wurde jeweils eine neue Kultur aus einem neuen Paar Zellen angelegt. Das Ergebnis waren zwei Klone, die beide aus zehn genetisch identischen Embryos bestanden. Das letzte Paar war zehn Tage jünger als das erste.

Am neunten Mai hatte das älteste Embryo-Paar, jetzt etwa fünf Millimeter lang, das Stadium der Nervenstrangentwicklung erreicht, und unter einem Seziermikroskop waren bereits die Gehirnhemisphären sichtbar. Mit Hilfe von ferngesteuerten

Instrumenten entnahmen McElroy und Kochalski die Hemisphären und lösten das Nervengewebe in einer Aufschwemmung auf. Die Reste der Embryos wurden weggeworfen. Diese Prozedur wurde bei jedem Paar, das den gleichen Reifezustand erreichte, wiederholt.

Es war die Zeit der größten Arbeitsbelastung für das Team. Nach jedem Seziervorgang wurden die beiden Zell-Aufschwemmungen – eine von einem Embryo der McElroy-Linie und eine von einem Anderson-Strang – zusammen mit einem inaktivierten Virus kultiviert. Die beiden Zellen vereinigten sich durch eine „Hochzeit in der Petrischale", wie Kochalski es nannte.

Für McElroy war diese Zellfusion ein wichtiges Teilstück des Konzepts außerirdischer Abstammung. Die vereinigten Neuroblasts waren genetische Mosaike männlicher und weiblicher Stränge und würden sich zu riesigen Gehirnzellen entwickeln, die eine ungewöhnliche Anzahl von Chromosomen enthielten, nämlich wesentlich mehr als die normale menschliche Zahl von sechsundvierzig. Paradoxerweise würden diese Riesenzellen mit ihrer abnormen Chromosomenzahl, obwohl sie keine Chance hatten, sich zu einem lebensfähigen Menschen zu entwickeln, dennoch gedeihen, wenn sie in einer Kultur großgezogen würden.

Als es auf Ende Mai zuging, waren die vereinigten Zellen bereits in dreidimensionale Matrixen eingepflanzt worden. Während der folgenden sechs Monate würden sie in Brutkästen aufgezogen und einer unablässigen, intensiven Behandlung mit Nährstoffen, Wachstumsfaktoren für die Nerven und elektrischer Stimulierung ausgesetzt werden. Am Ende des Programms würde sich die Anzahl der Zellen millionenfach vermehrt haben. Dann waren die Cerebroiden ausgereift.

13

Paul McElroy traf eine Viertelstunde früher als verabredet bei Mary Anderson ein. Obwohl sie sich mittlerweile recht gut kennengelernt hatten, war dies aus unerfindlichen Gründen das erste Mal, daß einer den anderen in seiner Wohnung besuchte.

Durch die Tür drangen gedämpfte Klänge von Kammermusik. Paul drückte auf die Klingel. Gerade als er sich zu fragen begann, ob Mary ihn gehört hatte, wurde ihm geöffnet. Sie trug einen kurzen, weißen Bademantel und hatte offensichtlich noch unter der Dusche gestanden.

„Tut mir leid", sagte er. „Möchten Sie, daß ich etwas später wiederkomme?"

„Ach, Unsinn!" Sie lächelte. „Kommen Sie nur herein." Sie trat zur Seite, und als er an ihr vorbei in das Wohnzimmer ging, roch er den Duft von frischgewaschenem, noch nassem Haar, Frottétüchern und Talcumpuder.

Er sah sich in dem behaglichen, einladenden Raum um und nickte ihr anerkennend zu. Sie hielt den Kopf zur Seite geneigt und rubbelte sich die Haare trocken.

„Was gibt's Neues?" fragte sie.

„Dick muß heute abend ins Weiße Haus, vermutlich, um dem Präsidenten Bericht über unsere Fortschritte zu erstatten. Eigentlich hätte er erst jetzt losfahren sollen, aber das Wetteramt hatte eine Sturmwarnung ausgegeben. Da haben wir unsere Besprechung abgebrochen, damit er noch vor Eintreffen der Unwetterfront abfliegen konnte."

„Ich dachte, er führe immer mit dem Auto?"

„Haben Sie denn nicht gehört, daß Washington dicht ist? Die letzten Schätzungen belaufen sich auf dreihunderttausend Demonstranten."

Sie stieß einen Pfiff aus. „Wenn es schon einen Wetterumschlag geben muß, dann konnte er ja wohl kaum zu einem besseren Zeitpunkt kommen." Sie wies auf ein weißes Schränkchen, auf dem eine Vase mit einem dicken Strauß Margeriten stand. „Da

d. innen finden Sie was zum Trinken", sagte sie. „Bedienen Sie sich."

Während sie ins Schlafzimmer zurückging, um sich anzuziehen, inspizierte Paul die Flaschen in dem Schrank.

„Was möchten Sie trinken?" rief er ihr durch die Tür, die sie offengelassen hatte, zu.

„Was sagen Sie?"

Er stellte den Kassettenrekorder leiser und wiederholte die Frage.

„Am liebsten...", sie zögerte einen Moment, „... einen Cinzano Bianco. Eiswürfel – und Zitrone, wenn Sie mögen – finden Sie in der Küche." Als McElroy wieder ins Wohnzimmer kam, rief sie: „Und wann wird er wiederkommen?"

„Wer?"

„Dick."

„Übermorgen." Er goß Cinzano in zwei halb mit Eis gefüllte Wassergläser. „Er muß morgen nachmittag wegen des Stadtsanierungsbeschlusses vor einem Unterausschuß der Wohnungsbehörde erscheinen. Ich glaube, er erwartet Ärger; die Lobby der Wissenschaftsgegner hat anscheinend zur Zeit verdammtes Oberwasser."

„Mag sein, daß es zynisch klingt, was ich jetzt sage, aber es fällt mir in letzter Zeit immer schwerer, Interesse aufzubringen für das Pro und Kontra einer auf Kernkraft basierenden Elektrizitätsversorgung. Wir sollten lieber über wichtigere Dinge nachdenken."

„Als da wären?"

„Nun, für den Anfang könnte man doch zum Beispiel den Gedanken erwägen, alle weiteren Forschungsarbeiten zu stoppen."

Paul lachte amüsiert auf. „Ich habe Ihren Drink fertig", rief er. „Soll ich Ihnen das Glas reinbringen?"

„Schon gut, ich bin gleich fertig. Sie glauben wohl, daß ich scherze, nicht wahr?"

„Ich weiß, man ist in letzter Zeit nicht gut auf die Wissenschaft zu sprechen", sagte er. „Zufällig kommt aber ein Großteil der

Einwände gerade von solchen Leuten, die schon nicht mehr am Leben wären, wenn es die Wissenschaft nicht gäbe. Aber was würden Sie denn als Alternative vorschlagen?"

Er ging mit den Gläsern zu dem Chesterfield-Sofa und setzte sich.

„Wir könnten damit beginnen, unser besessenes Streben nach Fortschritt aufzugeben. Wir könnten zur Abwechslung auch mal versuchen, ein paar Schritte rückwärts zu machen – obwohl es mir für den Moment schon genügte, wenn wir die Dinge eine Zeitlang in Ruhe ließen. Verdammt, die Menschen müssen sich anscheinend immer und überall einmischen!"

„Hm?"

„Und bevor Sie jetzt irgendwas sagen..."

„Ich sage doch gar nichts!"

„Ich rede nicht einer Rückkehr ins Mittelalter das Wort, ganz im Gegenteil. Ich spreche von der Verinnerlichung tieferer, über die Grenzen des Alltags hinausreichender Werte – nicht von der Auferlegung eines repressiven Dogmas."

„Dogmen haben die dumme Angewohnheit, sich in etwas nicht konkret Faßbares zu verflüchtigen. Aber okay, wenn Sie also von der Verinnerlichung eines tieferen – wie war das noch? – die Grenzen des Alltags..."

Sie unterbrach ihn lachend. „Seien Sie nicht so verdammt selbstgefällig."

„Was stellen Sie sich denn genau gesagt vor? Einen genetischen Eingriff?"

„Um Himmels willen, nein!" Ihre Stimme klang heftig. „Ich spreche von Erziehung. Davon, den Menschen beizubringen, daß man mit Zusammenarbeit oft mehr erreicht als durch Wettbewerb."

„Welch ein schöner Gedanke!" sagte er. „Ich wünschte, ich könnte auch noch an den Weihnachtsmann glauben! Ich kann mir einfach nicht mehr einreden, daß wir dem tiefsitzenden Zerstörungsdrang des Menschen – ja, sehen wir der Tatsache ins Auge, das ist es, wovon wir reden! – jemals auf andere Weise beikommen könnten als durch Genmanipulation. Auch dann nicht, wenn wir so weit gehen, wie Skinner vorgeschlagen hat."

„Skinner ist doch der letzte Spinner!"

„Ja, lassen wir ihn heute besser aus dem Spiel." Paul erinnerte sich daran, in welche Sackgasse sie geraten waren, als sie das letzte Mal über den umstrittenen Verhaltensforscher diskutiert hatten.

„Wer sollte darüber entscheiden", fuhr er fort, „und auf welche Weise, welches Forschungsprogramm erlaubt werden könnte und welches nicht? Du lieber Gott, die müßten ja allwissend sein!"

„Das würden sie nicht tun."

„*Was* würden sie nicht tun?"

„Zu entscheiden versuchen. Weil sie das gar nicht könnten."

„In die Richtung gingen auch meine Gedanken." Paul schwieg einen Moment lang. „Ich verstehe – wenigstens glaube ich zu verstehen", fügte er zweifelnd hinzu.

„Es ist ganz einfach! Da gäbe es überhaupt nichts zu entscheiden."

„Schlagen Sie etwa vor, *alles* zum Stillstand zu bringen?"

„In etwa, ja."

„Sie wären dann also die erste, die wieder zwei Hölzer aneinanderreibt, wenn sie Licht oder Wärme braucht? Oder die Antibiotika ablehnt, wenn sie Lungenentzündung bekommt?"

„Jetzt reden Sie einfach dummes Zeug."

„Ich?"

„Sie wissen, daß es so ist. Ich rede davon, daß der Mensch *zivilisierter* wird – im besten Sinne des Wortes! –, und nicht wieder zum Affen! Unser vorrangiges Ziel sollte sein, mit der Technologie, die wir haben, zu leben und nicht nach immer mehr zu streben. Weil wir nämlich, wie der Zauberlehrling, einfach nicht fähig sind, damit umzugehen."

Die Kassette war zu Ende, und ein paar Minuten lang war nur die sanfte Bewegung der Gardinen in der abendlichen Brise zu hören und von nebenan, aus dem Schlafzimmer, das Geräusch von Dosen, die auf- und wieder zugeschraubt wurden. Er erhob sich und schlenderte zu den Bücherregalen hinüber, die den größten

Teil der Wand zwischen Küche und Schlafzimmertür einnahmen. Überrascht stellte er fest, daß es viel mehr Bücher über Philosophie als über Genetik gab – Autoren wie Dewey, Hume, Kierkegaard, Pascal, Russell und Sartre. Er blätterte gerade in einer besonders schönen und wertvollen Ausgabe von Rousseaus „Gesellschaftsvertrag", als er Mary ins Zimmer kommen hörte. Sie war noch dabei, einen Bernsteinohrring festzumachen, dann nahm sie sich ihr Glas.

„Wenn ich das gewußt hätte", sagte er und hielt das Buch hoch, „dann hätte ich vorgeschlagen, Sie zum philosophischen Berater dieses Camps hier zu machen!"

Sie lachte. „Das wäre ein großer Fehler gewesen. Ich tappe noch genauso im dunkeln wie eh und je. Es ist wie mit einem medizinischen Handbuch: Ständig scheint man irgendwelche Symptome zu haben, auch wenn man nie an einer dieser Krankheiten leidet."

Sie ging zum Kassettenrekorder hinüber. „Es ist doch wirklich komisch", sagte sie, „da kenne ich Sie jetzt schon so lange und weiß noch gar nicht, welche Musik Sie mögen."

„Es sind doch erst zehn Wochen."

„Kommt mir aber viel länger vor."

„Vielen Dank!"

Sie legte die Hand auf den Mund, als sie merkte, was sie gesagt hatte, und fing an zu lachen.

„Sie wissen, daß ich es nicht so gemeint habe. Ich habe halt bloß die Vorstellung, als würde ich Sie schrecklich gut kennen. Nur stelle ich dann immer wieder fest, wieviel es noch gibt, was ich nicht weiß."

Beide waren sich bewußt, daß ihre Unterhaltung, wenn sie nicht achtgaben, zu einem Thema führen würde, das sie – wenigstens im Moment – zu vermeiden wünschten: Pauls Ehe. Ein sofortiger Rückzug war also vonnöten, und beide unternahmen ihn zu gleicher Zeit.

„Zum Beispiel, welche Musik ich mag?" fragte Paul.

„Zum Beispiel, welche Musik Sie mögen", kam es wie ein Echo

von Mary. Mit dem Zeigefinger stupste sie auf die Eisstücke in ihrem Glas.

Es war beiden klar, was passiert war; lächelnd sahen sie sich an. „Was darf es dann also sein?" fragte sie ruhig.

„Mir würde am meisten gefallen, was Ihnen am meisten gefällt." Sie runzelte die Stirn. „Das ist schwer zu entscheiden. Da gibt es sehr vieles." Sie sah die Reihen der Kassetten entlang und entschied sich schließlich für Albinonis *Adagio* für Orgel und Violinen.

Die reiche, unendlich traurige Musik verschmolz mit den Strahlen der untergehenden Sonne, die das Zimmer allmählich in ein rötliches Licht tauchte. „Ich glaube, wir kümmern uns jetzt mal ums Abendessen", sagte sie.

Er folgte ihr in die Küche.

„Hier gibt's elektronische Spielereien, die für ein mittleres Restaurant ausreichen würden", sagte sie, „aber glauben Sie, ich könnte zum Beispiel einen Holzkochlöffel finden oder ein paar Topflappen?" Sie schüttelte traurig den Kopf. „Nun, was soll's, wenn so ziemlich das einzige, was der Verpflegungsoffizier verkauft, tiefgefrorene Fernsehmenüs sind! Ich hoffe, Sie mögen Omeletts."

„Eine großartige Idee!" sagte er und ließ es so klingen, als meine er es auch.

„Oh, da ist auch noch Wein im Kühlschrank. Ich kenne mich allerdings nicht so aus damit..."

McElroy zog den Korken aus der Flasche *Pinot Chardonnay*, goß ein wenig in ein Glas und probierte aufmerksam. „Wirklich ausgezeichnet", verkündete er, „fast wie ein *Pouilly-Fuissé*."

Er füllte ein zweites Glas und reichte es ihr.

„Nun, vielleicht ein wenig zu schwer für den heutigen Geschmack", sagte sie nach einem Schluck mit sanftem Spott.

Paul zündete sich eine Zigarette an; während sie sich unterhielten, stellte er fest, war es dunkel geworden. Sie machten Kaffee und nahmen ihn zusammen mit Kognak und Gläsern zur Couch. Mary schaltete das Fernsehgerät ein, um die Abendnachrichten zu sehen. Sie streifte die Schuhe ab und kauerte sich vor ihn auf den Teppich.

Das Bild, das einen Augenblick später auf dem Bildschirm erschien, stand in krassem Gegensatz zu dem sanft beleuchteten Raum und der Stille des Abends.

„Noch immer", sagte der Nachrichtensprecher, „halten in der Innenstadt Philadelphias die heftigen Kämpfe zwischen schwer bewaffneten Mitgliedern der ‚Revolutionären Allianz' und Nationalgardisten an..." Mary streckte den Arm aus und schaltete auf einen anderen Sender um. Die Stimme, die jetzt zu hören war, unterschied sich kaum von der vorangehenden: „Der ehemalige Vorsitzende der Vereinigten Generalstäbe, James P. Hinshaw, vertrat heute in San Clemente, Kalifornien, die Ansicht, die Vereinigten Staaten stünden vor dem, wie er es nannte, ‚blutigen Gespenst des Bürgerkrieges'. In seiner Rede vor dem..." Wieder drückte Mary auf den Umschalter. „Hunderte von Soldaten und Polizisten stürmten heute das New Yorker Pan Am Gebäude, um die Heckenschützen zu überwältigen, die seit Montag morgen den städtischen Grand Central Terminal lahmgelegt hatten."

„Schalten Sie ab", sagte Paul.

„Ich will nur noch probieren, ob wir erfahren können, was heute in Washington los war", entgegnete sie und suchte den nächsten Sender.

Das Bild, das dort erschien, zeigte Hunderte von jungen, völlig durchnäßten Frauen und Männern, die sich schutzsuchend vor sintflutartigen Regengüssen unter kaum noch zu entziffernde, zerfetzte Spruchbänder geflüchtet hatten. Auf einem der Tücher konnte man gerade noch die Worte ausmachen: DEMOKRATIE MEINT, WAS ES SAGT: VOLKSHERRSCHAFT. „Heute nachmittag", sagte der Sprecher, „wurde mit dem äußerst selten eingesetzten Mittel des künstlich eingeleiteten Regens der Gewalt von schätzungsweise dreihunderttausend Demonstranten Widerstand geleistet.

Kurz zuvor waren vom Militärflughafen Andrews aus Flugzeuge gestartet, um die Wolkenmassen über unserer Hauptstadt mit

Silberjodid-Kristallen zu beschießen. Das militärische Regenmachen, das zum ersten Mal in Vietnam angewandt wurde, um die Versorgungslinien über die schwer zu bewachenden Grenzen unpassierbar zu machen, hat sich als wirkungsvolles Mittel erwiesen, um..."

„Gott sei Dank!" sagte sie und schaltete das Gerät ab.

Sie lehnte sich bequem gegen die Couch und stützte einen Ellbogen auf Pauls Knie.

„Glauben Sie wirklich, daß das, was Sie und ich hier drinnen tun, irgendeinen Einfluß auf das haben könnte, was da draußen vor sich geht?" fragte sie mit einem Nicken in Richtung auf den Fernseher. „Hier in Detrick kommt einem alles so unwirklich vor. Es ist fast so, als lebten wir im Zentrum des Zyklons – irgendwie zu ruhig, zu still. Ich meine damit folgendes: So raffiniert der Gedanke von WILD CARD auch sein mag, wenn wir ihn jemals in dem Sturm, der um uns tobt, erproben müssen, wird er zu winzigen Stücken zerfetzt und mit den übrigen Trümmern hinweggefegt werden."

Paul fuhr ihr sanft mit der Hand über den Nacken. „Das klingt so, als sollten wir die ganze Sache abblasen."

Sie wandte den Kopf zur Seite und rieb ihr Gesicht an seinem Handrücken. „Wunschdenken, nehme ich an", sagte sie.

Paul lachte. „Ich würde WILD CARD eher vergleichen mit einem Kinnhaken, den man einem Ertrinkenden gibt – weil er sonst, wenn er nicht beruhigt wird, seinen Lebensretter mit sich hinunterziehen wird. Und wenn das sein Um-sich-Schlagen lange genug verhindert, um ihn retten zu können..."

Mary zuckte schweigend die Achseln.

„Sie müssen mir sagen, wann ich gehen soll."

„Noch nicht."

Er beugte sich vor und küßte sie zärtlich auf den Mund.

„Ich habe mich schon immer gefragt, wann Sie das wohl tun würden", flüsterte sie. Sie schlang ihm die Arme um den Hals, drängte sich ihm mit geöffneten Lippen entgegen und zog ihn sanft neben sich auf den Boden hinunter.

„Ich weiß, es klingt komisch", sagte Mary, „aber ich glaube, ich wußte von dem Moment an, als ich dich das erste Mal sah, daß ich mich in dich verlieben würde."

„Wie kannst du das bloß gewußt haben?" fragte Paul mit sanftem Spott.

Mary fuhr ihm mit den Fingerspitzen über die Lippen und sah ihn eindringlich an. „Das frage ich mich auch die ganze Zeit. Du siehst gut aus, bist klug und nett – aber ich habe doch früher schon Männer gekannt, die das alles auch waren, und bei denen habe ich mich nicht wie ein Backfisch benommen."

„Auch nicht, als du noch ein Backfisch warst?"

„Gerade da nicht!" sagte sie lachend. „Ich war schrecklich wohlerzogen – du kannst dir kaum vorstellen, wie sehr! – und solch ein Benehmen wäre völlig unter meiner Würde gewesen."

„Aha!"

„Und was soll das bitte heißen?"

Paul zuckte die Achseln, als traue er sich nicht weiterzusprechen.

„Du irrst dich. Meine Gefühle für dich haben nicht das geringste mit einer verlorenen Jugend zu tun – falls du das sagen wolltest. Und überhaupt – was ist mit deinen Gefühlen für mich? Oder wirst du jetzt das sechste Gebot zitieren?"

Paul grinste ein wenig und hielt ihr die Faust unters Kinn. „Bitte laß das. Es ist einfach so, daß ich es nicht weiß", sagte er so ernst, daß sie einen Moment lang unsicher war, ob er sie neckte oder nicht.

„Vielleicht", fuhr er fort, „sollte ich einmal die Symptome beschreiben?"

„Bitte sehr, der Herr!" sagte sie und tat so, als blickte sie ihn über den Rand ihrer Brillengläser an.

„Nun, wissen Sie, es ist folgendermaßen", begann er, „seit ich Sie kenne, fühle ich diesen merkwürdigen Drang, Sie anzustarren."

„Und was ist da so merkwürdig dran?" fragte sie, als sei sie zutiefst beleidigt.

„Das allein vielleicht noch nicht, aber seit neuestem kommt ein

ständiges und fast überwältigendes Verlangen hinzu, Sie anzu-
fassen."

„Ein *fast* überwältigendes Verlangen?" Sie küßte ihn. „Ich
wünschte, du hättest ihm eher nachgegeben", flüsterte sie.

„Und dann sind da noch die Träume."

„Tja, ganz recht!" Sie tat wieder so, als sei sie ein strenger, aber
plötzlich ein wenig aus der Fassung gebrachter Arzt. „Vielleicht
sollten wir die Träume im Augenblick beiseitelassen ... Wie ist es
um Ihren Appetit bestellt?"

„Es ist eher ein Heißhunger!"

„Diesen Appetit meinte ich nicht, junger Mann! Ein wenig mehr
Ernst, wenn ich bitten darf!" Sie tat, als müßte sie gründlich
nachdenken. „Ich fürchte, es wird ein ziemlicher Schock für sie
sein, aber die Symptome, die Sie beschreiben, lassen darauf
schließen, daß Sie an einer ernsten sozialen Krankheit leiden."

„Einer *sozialen* Krankheit?"

„Ich fürchte, ja. Einer, die mit Ihren Herzfunktionen zu tun hat.
Natürlich können wir erst ganz sicher sein, wenn wir Sie körperlich
gründlich untersucht und Proben entnommen haben."

„Und wie ist die Prognose?"

„Ausgezeichnet! Es besteht – wie ich hoffe! – kaum Aussicht auf
Heilung."

„Wollen Sie damit sagen, daß es kein Mittel gegen meine
Krankheit gibt?"

Sie schüttelte bedauernd den Kopf. „Wir können zwar die
Symptome ein wenig lindern, doch ich muß Sie warnen: Das
Fortschreiten der Krankheit wird dadurch höchstwahrscheinlich
nur beschleunigt."

„Na schön", sagte McElroy lachend, „da bleibt mir wohl nichts
andres übrig, als wenigstens diese Chance zu nutzen. Wann können
wir mit der Behandlung anfangen?"

Wortlos nahm Mary seine Hand und führte ihn ins Schlafzimmer.

Er lag schon im Bett, als sie nackt aus dem Badezimmer kam.

„Und ich dachte, nur der Patient zieht sich aus", sagte er.

„Paul, bist du wach?"

„Ich glaube nicht", murmelte er.

Ihre Brüste senkten sich auf seinen Oberkörper, als sie sich auf einen Ellbogen aufstützte. „Sag mal, Liebling", fragte sie, „was, glaubst du, machen eigentlich die anderen Männer hier in bezug auf ihr Geschlechtsleben? Die können es doch nicht alle mit Charlotte Paxton treiben!"

„Ich denke nicht, daß irgendeiner von ihnen schon so verzweifelt ist", sagte er. „Obwohl sie, wenn ich's mir recht überlege, in letzter Zeit anfing, verdammt attraktiv auszusehen."

Mary kniff fest zu. „Ich hasse dich!" sagte sie und versuchte, ernst zu bleiben.

Paul vergalt es ihr mit einem Klaps auf den Hintern.

„Autsch!" rief sie. „Das tut weh!"

„Erzähl mir was von dir und Doug Lawrence. Ich habe so den Eindruck, als wäre da vor einer Weile etwas zwischen euch beiden gewesen."

„Das hat er auch geglaubt, bis ich ihm die Illusion nahm."

„Und wie viele von den anderen Kerlen haben's bei dir versucht?"

„Das möchtest du wohl gerne wissen!" Sie begann, mit den Härchen auf seiner Brust zu spielen. „Und überhaupt, du hast mir meine Frage noch nicht beantwortet."

„Welche Frage denn?"

„Du hörst nicht zu", sagte sie. „Was haben die anderen Männer hier für ihr Sexualleben?"

„Lebensgroße, aufblasbare Gummipuppen."

„Ich glaube, die Verbindung ist schlecht", sagte sie schläfrig. „Es klang eben, als sagtest du etwas von lebensgroßen Gummipuppen."

„Ganz richtig."

„Du machst Witze!"

Plötzlich war sie hellwach.

„Okay, dann mach ich eben Witze." Sobald sie wieder beruhigt war, fuhr er fort: „Meine ist blond. Ich sage dir, die Typen, die das

Unternehmen hier aufgezogen haben, haben wirklich an alles gedacht."

Mary richtete sich kerzengerade auf.

„Und die Antwort auf die nächste Frage", fügte er schnell hinzu, „lautet ‚nein'. Ich habe die Packung noch nicht einmal aufgemacht."

14

Als Nadelman nach drei in Washington verbrachten Tagen am Abend des zehnten August gegen halb acht Uhr wieder in Fort Detrick eintraf, hatte er den Präsidenten über den neuesten Stand von WILD CARD unterrichtet, mit dem Innenminister die Lage auf den sibirischen Erdöl- und Erdgasfeldern beraten, mit dem Ausschuß für Lebenskosten über Fleischersatzstoffe aus Protein gesprochen und vor dem House Armed Services Committee zum *ChiCom*-Patrouillenfahrzeug Stellung genommen und war bei der Arbeitsniederlegung der Atomkraftwerksarbeiter als Vermittler aufgetreten – und das alles auf dem Höhepunkt eines der heißesten Sommer seit Menschengedenken. Solch ein Arbeitspensum hätte manch einen anderen zur frühzeitigen Pensionierung gezwungen. Nadelman aber war erst richtig aufgelebt.

Nach einem kurzen Halt vor dem Verwaltungsgebäude, wo er seine Post sowie die Korrekturfahnen seines letzten Buches und einen Stoß von Berichten über den Fortgang des Projekts abholte, ließ er sich von Barringer zum Wohnblock fahren. Er überließ es dem Beamten, sich um das Gepäck zu kümmern, und eilte sofort ins Haus. Kaum hatte er die dreifach gesicherte Tür zu seinem Apartment aufgeschlossen und die Wohnung betreten, begann er schon, sich auszukleiden. Gefolgt von seinen beiden laut schreienden Katzen, ging er geradewegs unter die Dusche.

Einen Augenblick später traf Barringer ein und ließ die Koffer einfach hinter der Tür zu Boden fallen. Obwohl er davon gehört hatte, daß Nadelman keiner Putzkraft erlaubte, seine Wohnung zu betreten, traf ihn das Ausmaß der Verschmutzung doch ziemlich unerwartet. Es war noch zu erkennen, daß der Raum einmal elegant und voller Grünpflanzen gewesen war, doch jetzt roch es wie in einem Zoo, und er war vollgestopft mit Büchern, Papieren und wissenschaftlichen Geräten. Außer einer waren sämtliche Pflanzen verwelkt und eingegangen. Angewidert machte Barringer kehrt und warf die Tür hinter sich zu. Ein Schwarm von Fliegen flog von der Katzentoilette hoch und blieb einen Moment lang in der Luft schweben, bevor er sich wieder niederließ.

Zehn Minuten später kam Nadelman nackt aus dem Badezimmer gepatscht, Wasserspuren auf dem Parkettfußboden hinterlassend. Er machte eine Stelle auf seinem antiken Schreibtisch aus Walnußholz frei und zog so lange im ganzen Zimmer Schubladen auf und zu, bis er einen Löffel und zwei Dosen mit Erbsen und Schweinefleisch gefunden hatte. Eine der Dosen öffnete er für die halbverhungerten Katzen, über die andere machte er sich selber her.

Er kehrte an seinen Schreibtisch zurück, öffnete seinen Diplomatenkoffer und holte die Berichte heraus, die er vorhin abgeholt hatte. Zuoberst lag einer von Pedlar. Rasch las er ihn durch und nahm dann einen Füllhalter zur Hand. Als die Tinte nicht fließen wollte, durchstöberte er so lange die Schreibtischschubladen, bis er einen zweiten gefunden hatte, doch auch dieser war ausgetrocknet. Fluchend ging er zu der Stelle, wo er sein Jackett hatte fallen lassen, und holte einen vergoldeten *Sheaffer* aus der Innentasche. Bevor er sich wieder an den Bericht begab, machte er einen Abstecher in die Küche und öffnete den Kühlschrank. Vor zwei Monaten, im Juni, war irgend etwas mit dem Abtaumechanismus kaputtgegangen, und in dem Schrank sah es jetzt aus wie in einer Eishöhle. Unter Schwierigkeiten schaffte er es, einen Karton mit Eiscrem loszubrechen, mit dem er an seinen Schreibtisch zurückkehrte. Er setzte sich und fing an, Pedlars Bericht durchzublättern, bis er zu dem Abschnitt mit der Überschrift *Partikelgröße im Aerosol* kam. Er kritzelte an den Rand: *Geht in Ordnung, so lange sie nicht noch kleiner werden. Wir wollen die Leute sowohl auf der Straße als auch in Hochhauswohnungen erreichen.* Er stempelte den Bericht mit SOFORT NACH DEM LESEN VERBRENNEN, zeichnete ihn ab und schob ihn zur Seite.

Der nächste Bericht stammte von Henry Jerome. Nadelman schlug ihn auf und begann ihn ohne allzu großes Interesse zu lesen: *Erfreulicherweise hatten wir keine Schwierigkeiten damit, von dem Zuarbeiter-Team über das Tarn-Projekt Hilfe zu bekommen.*

Nadelman aß den Rest Eiscreme auf, bevor er weiterlas: *Ich fühle mich jedoch verpflichtet, Sie darauf aufmerksam zu machen, daß sich unter bestimmten Mitarbeitern eine gewisse Laxheit ausbreitet, was das Abzeichnen bei Entnahmen aus den Vorräten betrifft. Eine genaue Angabe der Mengen ist unerläßlich, wenn...* Er stempelte den Bericht, ohne ihn zu Ende zu lesen, und legte ihn zur Seite. Was erwartet Jerome eigentlich? fragte er sich. Schließlich haben wir es hier mit Wissenschaftlern und nicht mit Quartiermeistern zu tun.

Er nahm sich McElroys Bericht vor. Die Cerebroiden, die jetzt über vier Monate alt waren, entwickelten sich zufriedenstellend – Zellvermehrung, Verteilungskoeffizient über die Matrix und metabolische Parameter entsprachen sämtlich den Fälligkeitsdaten. Nadelman stempelte den Bericht und kritzelte *Ausgezeichnet!* auf das Deckblatt.

Als ihn plötzlich fröstelte, trottete er ins Schlafzimmer, um sich einen Morgenmantel anzuziehen. Auf seinem riesigen Hinterteil zeichnete sich das Muster des Korbstuhles ab, auf dem er gesessen hatte. Er ließ eine Kassette in den Rekorder gleiten. Es war eine Aufnahme, die ein Biologe, der auf dem Gebiet der Akkustik arbeitete, von Buckelwalen gemacht hatte. Nadelman, der völlig unmusikalisch war, konnte sich nie satthören an dem schaurigen und doch so merkwürdig melodiösen Tschilpen und Stöhnen dieser Kreaturen.

Mehrere Minuten lang stand er vor der Musiktruhe und starrte auf den darüber an die Wand gepinnten Zeitplan von WILD CARD. Die Halbzeit hatten sie bereits überschritten, und alles war besser gelaufen als selbst er es erwartet hatte. Nun war es eher die Situation außerhalb des Forts, die ihn zu beunruhigen begann – nicht die Bombenanschläge und Aufstände, sondern das Ausmaß der wirtschaftlichen Krise, der sich die Nation jetzt gegenübersah. Da schufte ich mich halbtot, dachte er erbittert, um das sinkende Schiff zu retten, und diese Scheißkerle vom Internationalen Währungsfond schießen immer mehr Löcher in den Damm!

Der nächste Bericht, den er sich vornahm, kam von Benedict. Dem Deckblatt war ein Kärtchen angeheftet, auf dem zu lesen stand: *Dr. Philip Benedict bittet Dr. Richard Nadelman um die Ehre, an der Vorführung teilzunehmen, die am elften August um 9.30 Uhr morgens im Flugtestgebäude stattfinden soll. Zwanglose Kleidung. U. A. w. g.*

„Arroganter Affe!" murmelte er.

15

Dr. Philip Benedict, sechsundvierzig Jahre alt, galt allgemein als einer der führenden Materialwissenschaftler des Landes. Bekannt geworden war er in den frühen siebziger Jahren, als die Ökologieforschung noch in den Anfängen steckte; seine neuen Erkenntnisse auf dem Gebiet biologisch abbaubarer Stoffe, gekoppelt mit einer äußerst erfolgreichen Öffentlichkeitsarbeit, die sein hauptberuflich für ihn tätiger Pressesekretär leistete, hatten ihm damals über Nacht Ruhm und Anerkennung gebracht.

Bald war er ein vertrauter Anblick auf eleganten Dinner-Parties, hielt Vorträge in randvollen College-Sälen und fand trotzdem noch Zeit, wissenschaftliche Artikel herauszugeben, die sein Talent als Forscher bestätigten. Wie vorauszusehen, erregten seine Aktivitäten das Mißfallen gewisser Kreise seiner Wissenschaftskollegen, die ihn für einen Opportunisten hielten. Solche Kritik trug jedoch nur dazu bei, seine Beliebtheit bei einem Publikum zu fördern, das argwöhnisch den Verdacht hegte, daß die etablierte Wissenschaft ein allzu enges Bündnis mit der Apparate-Technologie eingegangen sei und den Kontakt zur Wirklichkeit verloren habe. Unter diesen Umständen stellte es sich als vorteilhaft für ihn heraus, daß hier keiner etwas über die geheimen Regierungsaufträge wußte, mit denen er des öfteren betraut wurde. So stand nur in Verschlußsachen, daß zum Beispiel ein bestimmtes, in Granathülsen verwendetes und selbst für Röntgenstrahlen unsichtbares Splittermaterial von ihm entwickelt worden war.

Abgesehen von seinen unumstrittenen beruflichen Fähigkeiten war sein größter Pluspunkt für die Arbeit an WILD CARD sein unermüdlicher Elan: Ein Ziel nicht zu erreichen, das konnte nur anderen passieren. In gewisser Hinsicht war er zum Schrittmacher für das Projekt geworden, und er hatte seine eigenen Leute so effektiv eingesetzt, daß sie ihren Zeitplan um zwei Wochen vorerfüllt hatten.

In der Flugversuchshalle, einem hangar-ähnlichen Gebäude von der Größe eines Fußballfeldes, das sich am südlichen Ende des Hochsicherheitsgeländes von Fort Detrick befand, beobachtete Benedict, wie sein Publikum auf den Stühlen Platz nahm, die vor dem für Vorführungen bestimmten Teil der Halle standen. Um halb zehn waren alle Wissenschaftler eingetroffen, mit Ausnahme von Kavanagh, der im Cerebroiden-Labor Dienst tat.

„Das Flugobjekt, das Sie jetzt gleich zu sehen kriegen", begann Benedict, „ist ein Modell im Maßstab eins zu zwei. Zum heutigen Zeitpunkt wird selbstverständlich auch die Crew der Cerebroiden durch entsprechende Modelle dargestellt. Was wir erreichen wollten – und auch erreicht haben, wie wir glauben – war eine logisch organisierte, nur auf ihre Mission ausgerichtete Maschinerie rund um die Cerebroiden.

Wir haben ihnen das Aussehen von maßgefertigten Raumfahrern gegeben, was sie aber nicht unbedingt auf die höchste Entwicklungsstufe setzen muß, die auf ihrem Planeten vorkommt. Es könnte dort durchaus eine noch höhere Form von Leben geben, die die Fähigkeit besitzt, für spezifische Aufgaben spezifische Abarten von Cerebroiden herzustellen. Wir entschieden uns für einen Typ, der sich besonders für Arbeiten auf Erkundungsflügen eignet; er ist völlig integriert mit dem Raumschiff und funktioniert als ein Organismus, der Informationen verarbeiten und Entscheidungen fällen kann."

Eine der Hauptschwierigkeiten, der sich sein Team gegenübergesehen habe, erklärte er, sei die Schaffung einer Hardware gewesen, die sich von menschlicher Technologie genügend unterscheide, um keinen Argwohn zu erwecken. Die Lösung habe man gefunden, indem man Nadelmans „kosmische Güter" verwendet habe, und zwar dergestalt, daß allein auf Erden vorkommende Verfahren nicht kopiert wurden.

„Lassen Sie mich Ihnen ein Beispiel geben", sagte er. „Nehmen wir einmal an, wir würden eine Legierung herstellen, die aus achtundsechzig Prozent Beryllium und zweiunddreißig Prozent Aluminium besteht. Mit den Elementen an sich ist alles in Ordnung – nur nicht mit dem Verhältnis, in dem sie in diesem Fall zueinander stehen. Hier kämen wir mit einem Patent von *Lockheed* in Konflikt und würden – was viel wichtiger ist – ernste Zweifel an der Echtheit des Raumschiffes aufkommen lassen.

Der Prototyp, den Sie in wenigen Minuten sehen werden, zeigt nicht die letzten Feinheiten, die für das Endprodukt geplant sind, doch es wird Ihnen einen Eindruck vermitteln von dem, was wir vorhaben. Und da, wie gesagt, die vorhandenen Cerebroiden nicht eingesetzt wurden, haben wir die Manöver, die Ihnen das Raumschiff anschließend vorführen wird, sämtlich in den Zentralcomputer programmiert."

Hinter einer Stellwand hervor tauchte, von Weiner gesteuert, ein Tieflader auf, fuhr langsam über die Vorführebene und blieb schließlich etwa zehn Meter vor der Gruppe stehen. Auf seiner Ladefläche befand sich das Modell des Raumfahrzeuges.

Das Mittelstück glich einer Erdkugel von etwa fünf Fuß Durchmesser, mit einer Oberfläche aus Hunderten von Dreiecken, die unter dem Scheinwerferlicht wie ein geschliffener Diamant glitzerte. Drei armdicke Streben verbanden den Äquator der Kugel mit einer glatten, etwa drei Fuß dicken radähnlichen Röhre von zehn Fuß Durchmesser. Weiner ließ sich vom Fahrersitz des Tiefladers gleiten und hob mit Darrows und Conrads Hilfe das Flugobjekt herunter. Jetzt konnten die anderen erkennen, daß der Ring den Querschnitt einer Flugzeug-Tragfläche hatte. Er sah aus, als habe man einen schmalen, nicht spitzzulaufenden Flügel zylinderförmig gebogen und dann mit der hinteren Flügelkante zum Boden wie einen Reifen unter die Kugel gelegt. Am Unterteil der Kugel und fast verborgen durch den Ring waren ein trommelförmiges Triebwerk und die Schubdüse angebracht.

Benedict nahm an einem Kontrolltisch Platz. „Da bereits alles programmiert ist", erklärte er, „brauche ich nichts weiter zu tun, als die Startbefehle einzugeben und, für den Fall, daß ein Fehler auftritt, den an Bord befindlichen Computer außer Kraft setzen."

Er betätigte eine Reihe von Hebeln auf dem Schalttisch. Augenblicklich öffneten sich die Druckventile am Triebwerk, und das Raumschiff wurde in eine Wolke von Abgas eingehüllt. Mit dem Lärm einer kleinen Rakete hob es vom Boden ab und schickte den zuschauenden Wissenschaftlern eine Welle warmer Luft ins Gesicht. Es stieg senkrecht in die Höhe, bis auf etwa sechs Fuß über dem Erdboden, um schwebend zu verhalten.

„Die Standröhre hat auf der Seite ein kleines Quarzfenster", erklärte Benedict. „Dahinter befindet sich eine Infrarotkamera, die ein Wärmebild aufnimmt."

Er ließ die Zuschauer einen Moment lang die bizarren Farben dieses Fotos bewundern, das über ihren Köpfen auf Kathodenstrahlröhren-Bildschirmen erschien. „Okay", sagte er dann, „jetzt wollen wir uns mal das Ausweichmanöver ansehen."

Darrow und Weiner, die jetzt feuersichere Schutzanzüge und Helme trugen, gingen langsam auf das Raumschiff zu. Ein weiterer KSR Bildschirm zeigte punktartig ihre jeweilige Position gegenüber dem Gefährt an, und auf dem Schalttisch leuchteten mittels elektronischer Zählwerke numerische Entfernungskoordinaten auf.

„Wir haben einen Ultraschall-Taster in seinen Standring eingebaut", erklärte Benedict, „und damit reagiert es auf alles, was näher als einen Yard an den Taster herankommt. Natürlich braucht die Raumfähre, die in Los Angeles gefunden wird, eigentlich keine Distanzsensoren zu haben. Eigentlich brauchte die nicht mal funktionierende Triebwerke. Doch um die Sache wirklich echt aussehen zu lassen, werden wir sie mit all diesen Möglichkeiten ausstatten."

Darrow machte gerade einen Schritt, als die Raumfähre plötzlich in Flugstellung kippte und mit einem Triebkraftstoß vor ihm zurückwich. Wieder näherten sich Darrow und Weiner. Jedesmal, wenn sie in die Berührungszone eindrangen, rückte die Raumkugel unter Ausstoß einer heißen Wolke von ihnen ab. Als sie bis in eine der Ecken des Gebäudes, fünfzig Yards vom Schaltpult entfernt, gedrängt worden war, reckte alles die Hälse, um das Manöver weiter verfolgen zu können. Ein letztes Mal drang Darrow in die Schutzzone ein; diesmal hatte das Gefährt keinen Platz zum Zurückweichen mehr. Auf dem KSR-Bildschirm blinkten die Worte auf: SCHUTZZONE VERLETZT; TRIEBWERKE SENKRECHT UND AUSTEILER AN. Einen Augenblick später verstärkte das Triebwerk den Düsenschub und drückte das Flugobjekt in eine Höhe von dreißig Fuß.

Mit einem Krachen, als sei ein Feuerwerkskörper explodiert, wurde plötzlich aus dem Führungsring ein kleiner Metallkanister ausgeworfen. Er kreiste über ihren Köpfen und füllte den Raum mit einem nach Lavendel duftenden Nebel.

„Tötet sämtliche Haushaltsgerüche!" erklärte Benedict lachend. Einige unter den Wissenschaftlern fingen an zu husten. „Entschuldigung", sagte er, „ich hätte Sie wohl warnen müssen, daß wir den Virus-Verteiler-Mechanismus ausprobieren würden."

Das Raumschiff war mittlerweile im Gleitflug zu seinem Ausgangspunkt zurückgekehrt. Es ging in die Waagrechte, sank zu Boden und stieß sanft unten auf. Das Triebwerk schaltete ab, die Bildschirme erloschen. „Das wär's. Jetzt kommen Sie bitte näher und sehen Sie es sich genauer an."

Benedict wartete, bis sich alle um die Raumfähre versammelt hatten, bevor er fortfuhr.

„Wie ich schon zu Beginn sagte, wird das Produktionsmodell sich vom Prototyp in einigen Punkten unterscheiden. Zum Beispiel war das Triebwerk für unsere Vorführung hier ausreichend, aber für den Ernstfall ist es viel zu verspielt. Wir haben vor, es durch einen Plasmamotor zu ersetzen." Er nickte Conrad zu, der daraufhin einen Hebel am Kontrolltisch umlegte. Die obere Halbkugel öffnete sich zu drei Teilen, die wie Blütenblätter aussahen und sich auf den Standring niedersenkten.

Im Inneren konnte man jetzt drei durchsichtige Kugeln erblicken, von denen jede das Modell eines Gehirns enthielt; sie waren größer – selbst in diesem auf die Hälfte verkleinerten Maßstab – als jedes, das je einen menschlichen Schädel ausgefüllt hatte. Jede Kugel ruhte in einer Mulde – Benedict nannte sie „Flugschüsseln" –, die in den halbstarren, von seinem Team entwickelten Schaum der Kanzelausfütterung eingelassen worden waren. Die Kugeln bildeten eine Linie mit den drei Speichern und wurden durch eine Art „Bauch"-binde an Ort und Stelle gehalten. Jetzt war die Bedeutung der Streben klar: Außer daß sie die runde Flugkanzel mit der Standhöhe verbanden, dienten sie auch noch als Leitungsrohre für die vielen Drähte, die elektrische Signale vom technologischen Teil mit seinen Sensoren zu den Gehirnen weiterleiteten.

„Die Anlage ist im wesentlichen die gleiche wie im Endprodukt", sagte Benedict. „Allerdings werden wir die durchsichtigen Kugeln durch solche ersetzen, die aus dem gleichen Material wie das Raumschiff selbst gefertigt sind, und zwar zur Verbesserung der Haltbarkeit. Die Schaltung, die Sie hier sehen, ist aus herkömmlichem Material, wird aber ebenfalls ersetzt durch ein neues Material, das sich gerade in der letzten Entwicklungsphase befindet. Es ist super-leitfähig, besteht aber aus Strängen organischer Materie..."

Benedict vergewisserte sich, daß alle seiner Beschreibung folgen konnten.

„In jeden Cerebroiden werden super-leitfähige Elektroden eingepflanzt werden", fuhr er fort, „die an den Sensorteil im Startring und an den Computer angeschlossen sind. Auch zwischen den Cerebroiden wird es Verbindungen geben. In der Tat haben wir es mit einem geschlossenen System zu tun. Theoretisch könnten sie als eine funktionale Einheit zusammenarbeiten, die Daten interpretiert und Routine-Operationen an den Computer weitergibt."

McElroy stellte eine Frage zu der Flüssigkeit, in der jeder Cerebrois im Innern seines Kugelgehäuses schwamm.

„Sie steht unter Druck", erwiderte Benedict, „und wie Sie wissen, ist die beste Form für eine gleichmäßige Kräfteverteilung in einem Drucksystem eine Kugel. Das war in der Tat für uns der Ausgangspunkt für die Symmetrie des Raumschiffes im Ganzen. Überleben zu können hängt zum großen Teil von Organisation ab, und wir haben daher alles darangesetzt, unsere Babies hier so logisch organisiert wie möglich erscheinen zu lassen, ausgehend von dem Ganzen, daß die Lebewesen, die sie ausgesandt haben, die Kunst des Überlebens verdammt viel länger beherrschen als wir."

„Oder wenigstens diesen Anschein erwecken sollen", sagte Mary Anderson ruhig.

Benedict lächelte unsicher. „Was mir am meisten an dieser ganzen Anlage gefällt, ist, daß sie den Eindruck macht, als könnten die Cerebroiden, wenn die Hardware nicht mehr benötigt wird, herausgenommen und in eine andere Art von Raumschiff eingesetzt werden. Die biotechnologischen Möglichkeiten des Besitzers von Cerebroiden-Banken sind ungeheuerlich!"

An dieser Stelle übernahm Lee Conrad, der biomedizinische Experte, die Erläuterungen und beschrieb, wie Umwandler, die man in den aerodynamischen Führungsring des Raumschiffes eingebaut hatte, an die Stelle der Sinne des Menschen getreten waren. Als Leiter der Fakultät für Biomedizinische Technik an der Case-Western Reserve University bemühte sich Conrad um die Umsetzung der Funktionen lebender auf künstliche Systeme – „ich übersetze die Feinheiten der Natur in eine Art von Sprache, die ein Techniker verstehen kann", formulierte er es gern.

„Wir haben auch drei Ersatz-Stromkreise eingebaut, dazu noch einen Diagnose-Kreis, der Fehler aufspürt und die entsprechenden

Ersatzteile abruft", erklärte er weiter. „Sozusagen eine Art elektronischer Selbst-Chirurgie."

Nadelman wirkte beeindruckt. „Ich hoffe nur, daß die Absturzursache der Raumfähre nichts mit der Elektronik zu tun hat", meinte er. „Nach dem, was Sie uns da erzählen, ist ein Absturz ja kaum möglich."

Benedict wies lachend auf Darrow. „Daran hat der auch schon gedacht", sagte er „Wir werden den Beweis für ein elektromagnetisches Versagen liefern, unabhängig von den Stromkreisen, die Lee erwähnt hat.

Um noch einmal auf die Frage der Kommunikation zurückzukommen: Sie haben gesehen, daß die Cerebroiden eine direkte Verbindung untereinander haben, was impliziert, daß Informationen vom einen zum anderen in Form von elektrischen Impulsen weitergegeben werden."

„Auf uns wirkt das wie PSI", fuhr Darrow an Benedicts Stelle fort, „während es für die da oben überhaupt nichts Übersinnliches an sich hat. Dort ist es einfach die ganz normale Art zu kommunizieren."

Lawrence schüttelte bekümmert den Kopf. „Und das alles soll ich Ihnen in die Luft jagen?"

„Wenn Sie gefälschte Banknoten absetzen wollen", erwiderte Benedict geduldig, „gibt es keinen besseren Weg, als sie unter ein Bündel echter Scheine zu mischen. Und genau das ist es, was wir hier machen: Die Cerebroiden und der Plasmamotor sind die Blüten. Wenn man bei der Untersuchung feststellt, daß alles andere funktioniert hat, werden sie uns bestimmt auch die Fälschung abkaufen."

„Na klar, nur – wie können die überhaupt herausfinden, ob das Triebwerk jemals gearbeitet hat?" fragte Lawrence. „Vergessen Sie nicht, daß Sie von mir verlangen, das hier zu einem Schrotthaufen zu machen."

„Und ob Sie das machen sollen!" sagte Weiner. „Was mich betrifft, können die Stücke gar nicht winzig genug sein! Ich habe als Berater bei der Untersuchung von Flugzeugunglücken mitgearbeitet, und das eine können Sie mir glauben – die Techniken, die dabei heute angewendet werden, sind derart ausgefeilt, daß wir auch nicht das geringste Risiko eingehen dürfen. Da wird mit mikroskopischer Röntgenstrahlen- und Elektronen-Berechnung gearbeitet, werden Fluoreszenz-Methoden angewendet, kümmert man sich um Rekristallisation von Mikropromontorien, Neumannsches Bandenspektrum, Linearspektrum, Splitterung, Heißgaswäsche und was Sie sonst noch wollen!"

„Das heißt für uns also folgendes", sagte Nadelman. „Wir müssen dieses Produkt so perfekt wie irgend möglich machen – doch selbst wenn uns das gelingt, stehen wir noch näher am Abgrund als mir lieb ist."

16

Unmittelbar nach der Vorführung des Raumschiffes brachen Lawrence und die drei Männer, die mit ihm zusammenarbeiten sollten, nach Los Angeles auf.

Ed Stillman, zweiundvierzig Jahre alt, war der Älteste von den dreien. Auf den ersten Blick konnte man ihn leicht für einen typischen Hollywood-Filmhelden – viel Muskeln, wenig Gehirn und primitive Ausdrucksweise – halten. In Wirklichkeit jedoch besaß dieser Ex-Sergeant der New Yorker Emergency Service Division viele Fähigkeiten und einen scharfen Verstand.

Sam Olsen war ein ehemaliges CIA-Mitglied und Experte für Geheimoperationen. Er war groß und schlank, und der unnachgiebige Zug in seinem eckigen Gesicht ließ auf die Fähigkeit schließen, jemandem ebenso gleichgültig Leid zufügen wie solches ertragen zu können.

Jerry Payne war ein Schwarzer und, ebenso wie Stillman, ein Ex-Polizist. Zehn Jahre lang hatte er zum Los Angeles Police Department gehört, bevor er seinen Dienst quittierte und Mitarbeiter einer privaten Sicherheitsorganisation wurde.

Gleich nach ihrer Ankunft in Los Angeles begannen Stillman, Olsen und Payne mit Verhandlungen zum Erwerb einer bankrotten Baufirma, die ein paar Meilen westlich der Doty Avenue lag. Lawrence telefonierte inzwischen mit Dr. Ralph Sheldon, der als Gast im *Statler Hilton* wohnte. Obwohl sich die beiden Männer noch nie begegnet waren, verlief ihre kurze Unterhaltung wie unter Freunden. „Ralph? Ich bin's, Ted Hersh", begann Lawrence. „Ich glaube, wir haben genau das richtige Haus für dich gefunden. Es liegt im Stadtteil Hawthorne – Doty Avenue Nr. 13 400 – und die Besitzer verlangen weniger, als du uns als Limit gegeben hast. Wollen wir uns nicht gleich morgen mal treffen? Wenn es dir recht ist, kann ich ja gleich einen Besichtigungstermin vereinbaren." Er nannte ihm Namen und Anschrift des Maklers, der diesen Besitz vermittelte, und sie verabredeten für den Nachmittag des nächsten Tages ein Treffen an der angegebenen Adresse.

Achtundvierzig Stunden später, am vierzehnten August, hinterlegte Sheldon eine Anzahlung auf das Haus, und Lawrence machte sich auf den Heimweg nach Fort Detrick. Er besaß jetzt die Informationen, die er für den nächsten Teil seines Auftrages brauchte.

Lawrence hatte früher bei den Special Forces gearbeitet und war Co-Autor eines Armee-Handbuches über Minenfallen. Was ihn betraf, war die Sprengung einer Brücke mittels einer um Millisekunden verzögerten PBX-Reihendetonation ein Kinderspiel gegen den jetzigen Auftrag. Zwar ging es im wesentlichen um das gleiche, nur mußte Doty Avenue 13 400 als erstes so hergerichtet werden, daß es dort aussah, als sei die Raumfähre vor der Explosion durch das Dach hindurch bis in den Keller eingebrochen. Und dies war der Teil des Unternehmens – Lawrence verglich es gern mit einem rückwärts laufenden Film –, der zum Prüfstein für seinen Scharfsinn und seine Fähigkeit werden sollte, alles bis ins kleinste Detail zu beachten.

Zehn Tage nach seiner Rückkehr nach Fort Detrick begannen er und Benedict mit einer Serie von Crash-Tests, für die sie maßstabgetreue Modelle des Hauses und des Raumschiffes ver-

147

wendeten. Ultraschnelle Kameras, die sechzigtausend Bilder pro Sekunde schossen, folgten der Raumfähre bei ihrem Aufschlag auf das Dach und dem Sturz bis hinunter in den Keller. Das gründliche Studium dieser Bilder ermöglichte es ihnen, den Schaden abzuschätzen, der vor der Explosion der Fähre entstehen würde.

Anschließend führte Lawrence eine Reihe von Versuchen durch, bei denen die Modellfähre eine Sprengstoffladung an Bord hatte.

Dabei entdeckte er zum Beispiel, daß die Dachziegel, die in jedem Abschnitt ihres Herunterfallens neben dem durchstürzenden Raumschiff gefilmt worden waren, durch die anschließende Explosion in den Erdboden getrieben wurden. Für die Echtheit des geplanten Täuschungsmanövers war es demnach nötig, die Dachpfannen bereits an Ort und Stelle in den Boden einzulassen, bevor das Raumschiff installiert wurde. Isolationsmaterial aus dem Dachstock hingegen brauchte nicht vorher plaziert zu werden, da es durch die Druckwelle in alle Himmelsrichtungen geschleudert werden würde.

Als der September anbrach, hatte Lawrence sich für eine Absturz-Flugbahn entschieden und begann mit der Ausarbeitung eines schrittweisen Demolierungsprogrammes zur Simulation des theoretischen Schadens. Danach würde die Raumfähre nahezu senkrecht auf das Dach auftreffen, bei leicht horizontalem Schub. Noch im Vorwärtsflug befindlich, würde sie zuerst den Dachboden durchbrechen, dann das obere Stockwerk und den unteren Flur, um schließlich im Keller liegenzubleiben. Diese Bahn, rechnete Lawrence aus, würde eine zu große Beschädigung der tragenden Teile des Hauses vermeiden. Somit befände sich das Gebäude in einem zwar zerstörten, aber noch nicht einsturzgefährdeten Zustand, wenn sie mit der Installation des Raumschiffes und der Cerebroiden beginnen würden.

Lawrences nächstes Aufgebot bestand in der Ausarbeitung eines Planes für die Überführung der „bemannten" Raumfähre von Fort Detrick nach Los Angeles. Doch für welche Lösung er sich auch immer entscheiden würde, eines stand gleich zu Beginn fest: daß zwei Transporte nötig sein würden. Aufgrund seiner Größe war es wohl unumgänglich, das Raumschiff in einzelne Teile zu zerlegen, und bei Versuchen mit einem Eins-zu-eins-Modell stellte es sich heraus, daß es zehn Tage in Anspruch nehmen würde, es im Inneren des Hauses wieder zusammenzusetzen. Daher konnten die Cerebroiden nicht mit derselben Ladung wie die Flugkörperteile auf die Reise gehen; das Gehirngewebe mußte zum Zeitpunkt der Detonation noch leben, und zehn Tage ohne das ausgefeilte, lebenserhaltende System in McElroys Labor waren ein Risiko, das keiner einzugehen bereit war.

Lawrence standen nach reiflicher Überlegung drei mögliche Wege für die Überführungsaktion offen: mit Militärfahrzeugen oder -lastwagen, mit Hilfe eines Schein-Transportunternehmens oder durch eine alteingeführte Firma.

Die erste Möglichkeit verwarf er sofort. Dazu brauchte er eine Genehmigung, was bedeuten würde, den Präsidenten einzuschalten; Art und Bestimmungsort der Sendung müßten preisgegeben werden. Und die Hoffnung, daß niemand diesen Transport mit der Explosion in Verbindung bringen würde, war einfach zuviel verlangt.

Die zweite Möglichkeit zog er da schon eher in Erwägung, doch auch sie erwies sich als problematisch.

Die naheliegendste Route – US 66/Interstate 70 – führte durch Indianergebiete, die als unberechenbare Gefahrenzonen galten. Wenn er, um die Reservationen zu umgehen, eine südlichere Route auswählen würde, stand fest, daß er von Grenzpatrouillen nach aus Mexiko eingeschmuggelten Waffen durchsucht werden würde.

Und nach Norden auszuweichen, hieß unzureichende Straßen und das Risiko schlechten Wetters.

Was jedoch letztlich den Ausschlag gab, sich gegen den Transport durch eine Scheinfirma zu entscheiden, war die Tatsache, daß trotz der Unsicherheiten des Überlandverkehrs die Interstate Commerce Commission immer noch funktionierte. Und alles sprach dafür, daß es wohl unmöglich sein würde, den

Transport vorzunehmen, ohne an der einen oder anderen Stelle in eine ICC-Kontrolle zu geraten.

Die als einzige übrigbleibende Möglichkeit, nämlich die Einzelteile unter eine Fracht zu schmuggeln, die ein etabliertes Fuhrunternehmen auf dem Luftweg verschicken würde, bot die meisten Aussichten auf Erfolg.

Allein das Güteraufkommen machte es unmöglich, Luftfracht am Boden festzuhalten und gründlichere Untersuchungen durchzuführen, und außerdem neigten die Flughafenbehörden dazu, Frachtbriefen anerkannter Firmen unbesehen Richtigkeit zu bescheinigen.

Zwar mußte Lawrence damit rechnen, daß sie routinemäßig Stichproben machen würden, doch er vertraute darauf, daß er die Gefahr, entdeckt zu werden, auf ein Mindestmaß reduzieren konnte. Alles hing von sorgfältiger Planung ab.

17

Dr. Johnson saß im Nebengebäude des Cerebroiden-Labors und ging eine Auswahl blauer Aufzeichnungen von Elektro-Encephalogrammen durch. Die Ergebnisse waren zufriedenstellend. Normalerweise zeigen sich auf menschlichen EEG's, die vor dem Alter von drei Jahren gemacht werden, keinerlei Alpha-, sondern vorherrschend Delta-Wellen. Die Cerebroiden zeigten jedoch infolge der rund um die Uhr durchgeführten elektrischen Stimulierung bereits Anzeichen eines ausgewachsenen Gehirnmusters. Es gab sogar Hinweise für starke Hochfrequenzwellen, was Johnsons Neugier erregte. Immerhin, überlegte er, kamen diese Betawellen im menschlichen Gehirn nur bei Zuständen großer Wachsamkeit vor, zum Beispiel während der Konzentration auf die Lösung eines Problems. Worüber also konnten die Cerebroiden wohl nachdenken? Er legte die Aufzeichnungen zur Seite und sah auf die Uhr. Es war genau drei Uhr morgens. Er stand auf und lief über den Flur bis zu einer Tür, auf die Kochalski *Hühnerstall* geschrieben hatte, und trat ein.

Die unangenehme Wärme hier im Cerebroiden-Labor wurde noch unterstrichen durch das Glühen der Infrarot-Lampen; die Luft war erfüllt von den Gerüchen einer Krankenhaus-Intensivstation. In dem Raum waren zehn Glasbehälter aufgereiht. Sie ruhten auf Antivibrations-Gestellen und waren umgeben von Versorgungs- und Aufzeichnungsgeräten.

Jeder Brutkasten enthielt eine Nährlösung. War sie belastet mit Abfallprodukten – Ammoniak, Kohlendioxyde und Wasserstoffionen –, wurde sie durch eine Öffnung am Boden des Kastens ausgeschieden und mittels einer Pumpe in einen Extraktionsapparat befördert. Nach der Reinigung in diesem Gerät wurde sie im Anschluß an die Regulierung des pH-Wertes und des Osmose-Druckes mit Sauerstoff angereichert, bevor sie wieder in den Brutkasten zurückgeführt wurde. Es war ein ausgeklügeltes, zum Schutz vor Infektionen versiegeltes System und arbeitete zur vollen Zufriedenheit Dr. Johnsons, der übrigens bei seiner Ausarbeitung mitgewirkt hatte.

Er blieb vor dem ersten Brutkasten stehen, der den jüngsten der Cerebroiden beherbergte, und nahm das Tagebuch mit den Versuchswerten aus der Halterung neben dem Zubehörregal. Er überflog die neuesten Autoanalyse-Zahlen, bevor er sich hinunterbeugte und durch die Scheibe auf den neunzehn Wochen alten Gehirnballon schaute.

Das Gebilde schwamm mitten im Behälter, eine Kugel aus grauem Gewebe mit einem Durchmesser von fünfzig Zentimetern. Die äußere Zellschicht bewegte sich in sanften Wellen, während die Nährlösung zirkulierte. Zahlreiche isolierte Elektroden aus organischem Material, die tief in das Gewebe eingelassen waren, hatten Kabelführungen durch Abdichtungen im Deckel des Behälters.

Nur wenige kleine Stellen auf der Oberfläche der dreidimensionalen Matrix waren noch nicht vollständig von wachsendem Zellgewebe bedeckt und ließen die Bienenwabe aus Polyglykol-

Kapillargefäßen erkennen, durch welche die Nährlösung eindringen konnte. Im großen und ganzen jedoch, dachte Johnson, war die Wachstumsrate erstaunlich. Zu Beginn war das Waffelmuster der Matrix unter den dünnen Schichten der Neuroblasten, also der im frühen Entwicklungsstadium befindlichen Nervenzellen, nur allzu deutlich sichtbar gewesen. Jetzt hatten die Zellen sämtliche Zwischenräume, die es hier anstelle der Falten und Spalten der menschlichen Hirnrinde gab, überwuchert und sich wie Efeu auf einem Gitterwerk über die Oberfläche ausgebreitet.

Er sah noch einmal auf das Tagebuch. Die geschätzte Anzahl der Gehirnzellen war bereits jetzt höher als die eines ausgewachsenen Menschen; dabei wurde zuversichtlich damit gerechnet, daß ihre Dichte auf der Matrix sich noch verdoppeln würde, bis ihre Entwicklung abgeschlossen war – und das bei größeren Zellen!

Johnson richtete sich auf und ging weiter die Reihe entlang. Er überprüfte jeden einzelnen Cerebroiden sorgfältig und war gerade beim siebten angelangt, als es Alarm gab – ein hohes, unablässiges Piepen vom EEG-Monitor am Brutkasten zehn. Nicht allzu beunruhigt trat er vor den Kasten. Bei diesen empfindlichen Apparaten pflegte die leiseste Abweichung von vorgegebenen Voltparametern das Warnsignal auszulösen, und es trat daher recht häufig auf. Manchmal lag es aber auch daran, daß durch eine Turbulenz in der Nährlösung eine Elektrode verrutschte, gelegentlich war es ein Kollaps in der EEG-Maschine.

In der Regel wurden die Fehler von den Apparaten selbst entdeckt und repariert, und Johnson begann daher mit der Überprüfung des Systems in der Erwartung, daß das Piepen bald von selbst aufhören würde.

Dies war jedoch nicht der Fall. Allmählich wurden seine Bewegungen hastiger, während er Leitungen zurückverfolgte, die Umwälzpumpe auf Funktionsfehler hin untersuchte, die EEG-Maschine auf Überlagerung zwischen den Kanälen. Er konnte nichts entdecken.

Er sah auf den Aufzeichner. Die Ausschläge hatten sich stark verlangsamt, die Amplitude der Wellen abgenommen. Dann trat plötzlich eine anhaltende elektrische Stille ein, gefolgt von einem Zittern der Schreibnadel.

Johnsons Blicke kehrten zum Cerebroiden zurück. Entgegen aller Vernunft erwartete er irgendwie, daß das, was sich hier abspielte, physisch in Erscheinung treten müßte. Wie das EEG anzeigte, erlitt der Cerebroid eine elektrische Konvulsion; in seinem Äußeren zeigte sich jedoch keine Veränderung. Unvermittelt zeichnete die Nadel auf dem Diagramm eine weitere Zickzacklinie auf und lief dann in einem waagerechten Strich aus. Johnson starrte ungläubig auf den Apparat. Er wartete. Der Aufzeichner blieb leblos. Er machte kehrt und eilte ans Telefon. Während er auf die Verbindung mit McElroy wartete, stellte er plötzlich fest, daß seine Hände zitterten.

Acht Minuten später traf McElroy ein. Johnson führte ihn sofort zum Brutkasten mit dem toten Cerebroiden. Ungeduldig hörte sich McElroy die Erklärungen seines Kollegen an.

„Es ergibt einfach keinen Sinn", sagte Johnson und wies auf die Tagebuchseite. „Ich habe die Autoanalyse überprüft. Der pH-Wert der Nährlösung war ein wenig niedrig, aber das war auch schon alles. Die Zellzählung war ausgezeichnet."

McElroy nickte. „Acidose. Wie war der pH-Wert genau?"

„Sieben Komma zwei."

„Was ist mit den Stoffwechselprodukten – haben Sie das Natriumbikarbonat überprüft?"

Johnson nahm das Datenbuch aus dem Klemmer. „Ja, hier sind die Werte. Die Pufferbase ist niedrig, fünf zu fünfzehn Milliäquivalente, also muß der CO_2-Teildruck hoch sein." Er sah noch einmal auf die Aufzeichnung. „Das Chlorid ist auch ein bißchen hoch."

„Scheiße!" sagte McElroy. „Dann sollten wir besser als erstes die Ketone und organischen Säuren überprüfen." Er rieb sich die Augen. Er war müde, und es kostete ihn Anstrengung, klar zu denken. „Wie sieht's bei den anderen mit dem pH-Wert aus?"

Johnson befragte seine Papiere. „Alle normal, mit Ausnahme von Nummer neun. Da liegt er ein wenig niedrig, scheint aber nicht ernst zu sein."

„Es kann sich aber verschlimmern. Mann, wir müssen uns beeilen! Beim ersten Anzeichen einer Acidose sagen Sie mir Bescheid. Es könnte eine altersbedingte biochemische Läsion sein. Wenn dem so ist, dann steht uns die Sache mit den zehn kleinen Negerlein bevor!"

Drei Stunden später kehrte McElroy völlig verwirrt in sein Büro zurück. Er hatte dem toten Cerebroiden durch Punktion der äußeren und tieferen Gewebeschicht Proben entnommen, Abschnitte davon tiefgefroren, sie gefärbt und unter dem Mikroskop untersucht, sogar einen Mikro-Analysator verwendet, doch er war einer Erklärung, um welche Todesursache es sich handeln könnte, nicht nähergekommen. Es gab tatsächlich Läsionen – das hatte er auch erwartet –, doch war keine spezifisch genug, um als Ursprung des Problems gelten zu können. Die ausgeklügelten Geräte und Apparaturen konnten ihm hierbei auch nicht helfen. Also setzte er sich hin, um das Problem auf die traditionelle Art und Weise anzugehen: von Anfang an.

Er stellte eine Liste der möglichen Mechanismen auf, die zum Tod des Cerebroiden geführt haben könnten: angeborene biochemische Läsion; Versagen des lebenserhaltenden Systems; ein Fehler in der Nahrungsversorgung.

Ein Versagen der mechanischen Seite schloß er sofort aus. Die ganze Anlage wurde täglich überprüft und hatte eingebaute Sicherheitsvorrichtungen. Eher war irgendein angeborenes Defizit die größte Gefahr. In gut einer Woche würden auch die übrigen neun Cerebroiden das gleiche Alter erreicht haben wie derjenige, der heute gestorben war. Falls der Fehler also angeboren war, hatte keiner eine Chance zu überleben. Merkwürdig! dachte McElroy, daß sein Team trotz seiner großen Fähigkeiten auf dem Gebiet der Manipulation einer solchen Tragödie gegenüber machtlos wäre. Die Transplantation eines Zellkerns mit seinem vollständigen Satz genetischer Instruktionen war eine Kleinigkeit verglichen mit der Arbeit, derer es bedurfte, um die bösartigen Gene herauszufinden – das käme der Suche nach der Nadel im Heuhaufen gleich.

Er beugte sich vor, stützte den Kopf in die Hände und konzentrierte sich auf das wenige, das er bisher zusammengetragen hatte.

Das Telefon klingelte. Johnson war der Anrufer. „Nummer neun vor einer Minute gestorben!" sagte er.

„Großer Gott! Das geht ja noch schneller, als ich erwartet habe. Ist Nummer acht bereits acidotisch?"

„Ja. Zeigt die gleichen Symptome."

„Also haben wir tatsächlich den genetischen Plan vermasselt."

„Scheint so. Ich habe die Analysen gemacht, um die Sie mich gebeten haben. Pyruvat und Laktat waren sehr hoch. Ich rufe Sie später wieder an, wenn ich Nummer acht auf dem neuesten Stand habe."

McElroy legte den Hörer auf. Johnsons Nachricht hatte ihn sehr bestürzt. Es schien alles vorbei zu sein, und die Schuld lag bei seinem Team. O Gott! dachte er, und dabei waren wir so vorsichtig. Was kann da bloß schiefgelaufen sein? Die Transplantation? Die Zellfusion? Wieder versuchte er, sich zurückzuerinnern, bis er merkte, daß er so nicht weiterkam. Es war nun einmal passiert und nicht mehr zu ändern.

Er sah sich noch einmal die Liste mit den möglichen Ursachen an. Aber, dachte er, es hat wohl kaum Zweck, weiter darauf zu beharren, und zerknüllte das Blatt Papier. Eine Minute lang saß er ganz still da und überlegte, ob er seine Mitarbeiter zu sich rufen müsse. Doch dann gewann seine Erfahrung die Oberhand, und er erkannte, daß man als erstes von ihm eine gründliche Untersuchung erwarten würde. So sagte er sich, daß er mit einer routinemäßigen Überprüfung der Fütterungspläne – das betraf den letzten Punkt auf seiner Liste – wenigstens Zeit gewinnen könnte, um darüber nachzudenken, wie er Nadelman diese Neuigkeit beibringen sollte.

Er wandte sich also den Nährmitteldaten zu, die mittlerweile mehrere Bände füllten, und begann, sich durch die Aufstellung der Nahrungsmittelzusammensetzung während der letzten einhundertdreiunddreißig Tage durchzuarbeiten. Diese Eintragungen hatten zu Marys Aufgaben gehört, und wie erwartet, waren alle klar und korrekt: Glukose, essentielle Fettsäuren und Aminosäuren genau nach Vorschrift; jedes Vitamin – A, Thiamin, Nicotinamid, B_6, B_{12} – alle Details peinlich genau beachtet.

Er legte die Aufstellung beiseite und langte nach den spektrophotometrischen Diagrammen.

Alle zwei Wochen war als Gegenprobe eine Nährmittelanalyse durch den Spektrophotometer durchgeführt worden. Die in roter Tinte auf dem Millimeterpapier aufgezeichneten Kurven zeigten die Konzentration der verschiedenen Bestandteile der Nährlösung an. Wie erwartet, waren die Blätter mit den Aminosäuren korrekt. Das nächste Bündel machte Aussagen über die fettlöslichen Vitamine – A, D, E und K; auch hier stimmte alles. Zum Schluß überprüfte er die wasserlöslichen Vitamine – Laktoflavin, Nicotinamid, B_1, B_6 und H.

Neun im Abstand von zwei Wochen durchgeführte Analysen, jede einzelne sorgfältig eingetragen und eine Bestätigung für... McElroy erstarrte. Er sah sich noch einmal das letzte Blatt genauer an. Hier gab es keinen Spektrometerstrich für das Vitamin B_1. Hastig überflog er die davorliegenden Blätter: Sie alle zeigten das Vorhandensein von B_1! Nur das letzte nicht. Er vergewisserte sich noch einmal im Nährplan: Vitamin B_1: 0,4 Milligramm pro Tag. Doch das Spektrogramm bewies eindeutig, daß dieses lebenswichtige Vitamin seit über zwei Wochen nicht der Nahrung beigefügt worden war.

„Mein Gott!" sagte er laut. „Das ist doch nicht zu fassen!"

Es war so einfach, und doch wäre es beinahe seiner Aufmerksamkeit entgangen. Kein Wunder, daß die Cerebroiden starben! Alle Energie leitete sich allein aus der Oxydation von Kohlenstoffhydraten ab, einem Stoffwechselprozeß, bei dem Vitam B_1 eine lebenswichtige Rolle spielt. Das erklärte auch Johnsons telefonisch durchgegebene Beobachtung über den hohen Pyruvat- und Laktatgehalt. Alles paßte jetzt zusammen. B_1-Mangel führte immer dazu und anschließend zu Acidose.

McElroy lehnte sich zurück. Wie konnte ihr nur solch ein

dummer Fehler unterlaufen! dachte er. Das war einfach unglaublich bei jemand mit ihrer Erfahrung! Er streckte die Hand nach dem Telefon aus, als er plötzlich mitten in der Bewegung erstarrte. Er hatte erkannt, daß es auch noch eine andere Erklärung geben konnte...

18

Es war Viertel nach sieben vorbei, als Paul McElroy, ein wenig atemlos dadurch, daß er die Treppe zu Marys Wohnung im Laufschritt genommen hatte, an ihrer Tür klingelte.

„Wer ist da?" hörte er sie rufen. Ihre Stimme klang unnatürlich laut, und plötzlich wünschte er, er hätte sie angerufen und ihr gesagt, daß er auf dem Weg zu ihr war.

„Ich bin's, Paul", antwortete er.

„Komm rein, es ist nicht abgeschlossen."

Er zog leise die Tür zu und sah sich um. „Hier bin ich, Liebling", rief sie aus dem Badezimmer.

Als er eintrat, schob sie die Duschvorhänge beiseite und lehnte sich heraus, die Augen noch geschlossen und voller Erwartung, geküßt zu werden. In der Annahme, daß er sie mit seinem Zögern necken wollte, öffnete sie ein Auge und packte ihn am Gürtel, als wolle sie ihn zu sich hineinziehen. Paul blieb jedoch fest stehen, sie verlor die Balance und fiel mit einem Juchzer aus dem Duschbecken in seine Arme.

Er drehte den Kopf zur Seite. „Hör auf, Mary!" protestierte er, aber anscheinend nicht energisch genug, um sie davon abzuhalten, sein Gesicht mit Küssen zu bedecken. Jetzt war sein Anzug naß. Er schaffte es, sich aus ihrer Umarmung zu lösen, mit dem Erfolg, daß sie sofort anfing, sein Hemd aufzuknöpfen.

„Komm schon, sei nicht so steif!" schmollte sie, ließ ihre Hände unter sein Hemd gleiten und streichelte seine Schultern.

„Um Himmels willen, hör auf!" rief er.

Sie reagierte augenblicklich. Erschrocken und sich plötzlich schamvoll ihres Nacktseins bewußt, schlang sie sich ein Badetuch um und rannte an ihm vorbei ins Schlafzimmer.

Paul war ebenso wütend auf sich wie auf sie. Was er ihr zu sagen hatte, war schlimm genug, da wollte er nicht auch noch mit ihr Streit bekommen. Er machte kehrt und folgte ihr. Sie stand völlig ruhig am Fenster, mit dem Rücken zum Zimmer.

„Könnte ich bitte eine Zigarette haben?" fragte sie mit eisiger Höflichkeit, als sie ihn eintreten hörte. Ihr Tonfall verriet ihm, daß jeder Versuch, sie zu besänftigen, nutzlos sein würde. Er steckte sich eine Zigarette an und gab sie ihr. Sie nahm sie ohne ein Wort des Dankes und inhalierte tief.

„Du hast es entdeckt", sagte sie tonlos.

Verzweiflung packte ihn. Seine Hoffnung, Mary könnte vielleicht doch nichts mit dem Sterben der Cerebroiden zu tun haben, war damit zunichte.

„Ja", sagte er.

„Und was passiert jetzt?" Sie schien nur wenig neugierig zu sein.

„Ich weiß es nicht."

Irgendwo auf dem Flur fiel eine Tür laut ins Schloß, und sie schwiegen, bis die Schritte verklungen waren.

„Wissen es die anderen?" fragte sie.

Fälschlicherweise nahm er an, daß sie erfahren wollte, ob die anderen wußten, wodurch — nicht durch wen — der Tod der Cerebroiden verursacht worden war.

„Noch nicht", antwortete er.

Sie nickte, sagte jedoch nichts.

„Warum hast du es getan?"

Sie drehte sich um und hielt ihm hilflos die Zigarette entgegen. Er nahm den Aschenbecher von der Kommode und reichte ihn ihr.

„Weil ich es herausgefunden habe", antwortete sie, als erklärte sie alles.

Er wartete darauf, daß sie fortfahren würde, aber anscheinend galt ihr ganzes Interesse jetzt dem Ausdrücken ihrer Zigarette. Zum ersten Mal konnte er sehen, wo der Prozeß des Alterns

Spuren auf ihrem Gesicht hinterlassen würde: eingefallene Wangen unter ihren hohen Backenknochen und Falten zu beiden Seiten ihres breiten Mundes und zwischen den Augenbrauen. Und zum ersten Mal auch wurde ihm bewußt, in welch starkem Maße seine Liebe zu ihr von Mitleid getragen war.

Ein Windstoß wirbelte welke Blätter gegen die Fensterscheiben und riß ihn aus seiner Versunkenheit. „Weil du *was* herausgefunden hast?" fragte er stirnrunzelnd.

Sie sah auf und forschte in seinem Gesicht nach einer Bestätigung für das Unverständnis, das seine Stimme hatte durchklingen lassen. „Daß man plant, in Los Angeles zehntausend Menschen umzubringen."

Paul starrte sie verständnislos an. „Wovon, in drei Teufels Namen, redest du eigentlich?"

Sie atmete langsam aus, endlich überzeugt, daß er nichts gewußt hatte, und fing dann schnell und mit neuer Zuversicht zu sprechen an, ganz erfüllt von dem Wunsch, ihn als Verbündeten zu gewinnen. „Paul, erinnerst du dich noch an den Tag im April, als du uns zeitig morgens zusammengerufen hast, um uns deine Idee mit dem Kohlenstoff Vierzehn zu erklären? Also, ich bin damals anschließend zu Nadelman gegangen, weil ich irgendwie die verrückte Idee hatte, ich könnte ihn davon überzeugen, WILD CARD abzublasen." Sie lächelte bei dem Gedanken an die Absurdität ihres Einfalls. „Ich kam etwas zu früh in sein Büro und hörte, wie er mit Mike Pedlar telefonierte. Sie sprachen über die zytolytischen Effekte des Virus, und Nadelman sagte: ‚Es ist genauso wichtig, *wie* sie sterben, nicht nur, wie viele sterben'."

„Ach ja?" sagte McElroy. Er verstand noch immer nicht.

„Paul, begreifst du denn nicht? Die haben nicht vor, mal eben zehntausend Menschen krank zu machen, sondern sie wollen sie tatsächlich umbringen!"

„Moment mal!" Er gab sich Mühe, ihre Wort zu verstehen. „Laß uns mal schrittweise vorgehen. Was war es also ganz genau, was er deiner Meinung nach gesagt haben soll?"

„Das habe ich dir doch eben erklärt!" sagte sie ungeduldig.

„Und es ist durchaus nicht so, daß ich mir nur einbilde, es von ihm gehört zu haben. Er fragte damals, ob deine Idee mit dem Karbon 14 irgend etwas an dem, woran Pedlar arbeitete, ändern würde. Wörtlich lautete der Satz: ‚Hat etwas davon Einfluß darauf, was Sie in Wirklichkeit machen, nicht darauf, was die anderen glauben, daß Sie machen?‘ Und dann sagte er: ‚Sie werden die zytolytischen Eigenschaften des Virus potenzieren müssen. Wie die Menschen sterben, ist ebenso wichtig wie die Anzahl der Toten, wenn WILD CARD Erfolg haben soll.‘ “

Mary sah ihn eindringlich an. Aber Pauls Gesicht blieb wie das eines echten Pokerspielers unbewegt. „Am Einführungsabend“, begann er vorsichtig, „hat Nadelman doch zugegeben, daß dieses Unternehmen möglicherweise nicht ohne ein paar Todesopfer durchzuführen ist, oder? Na schön, wenn da also Menschen sterben, dann werden die es sein, die man am gründlichsten untersuchen wird – Autopsien und was noch so dazugehört. Für mich klingen Nadelmans Worte so, als sei er immer noch besorgt darüber, was der Virus in den Zellen, die er befällt, anrichtet. Er will vermeiden, daß es die kranken Zellen ermöglichen können, den Virus mit Standardprozeduren zu identifizieren. Deshalb ist die Art des Todes so wichtig. Und es kann dich doch nicht überraschen, daß Nadelman nach dem Aufstand, den wir bezüglich dieser Sache während des Vortrages gemacht haben, nicht mehr allzu große Lust hatte, sich nochmal in eine Diskussion über mögliche Todesfälle mit uns einzulassen.“

„Aber er sagte zytolytisch, nicht zytopathisch“, beharrte sie.

Paul zuckte die Achseln. „Wie kannst du dir nach fünf Monaten noch so sicher sein? Und überhaupt – zytolytisch, zytopathisch – das ist doch Wortklauberei. Wenn es Tote gibt, dann ist da meiner Meinung nach kein großer Unterschied, ob die Zellen sich völlig auflösen oder nur ihre normale Form zerstört wird. Solange die Todesursache im Dunkeln bleibt …“

„Schon gut, ich verstehe“, unterbrach sie ihn, „aber wenn es nicht um Menschen ging, als er sagte: ‚Die Vernichtung in dem gesamten Gebiet muß absolut sein‘, worum ging es denn dann?“

„Den Virus. Virologen sprechen tatsächlich von der Vernichtung ihrer Organismen, und Nadelman hat doch ausdrücklich betont, daß der Virusspray seine Wirkung verloren haben soll, nachdem er drei Stunden lang der Luft ausgesetzt war."

„Paul, du irrst dich", sagte sie und schüttelte heftig den Kopf. „Du irrst dich bestimmt!"

„Vielleicht." Er war wütend, daß ihr Vertrauen nicht groß genug gewesen war, ihm schon vor fünf Monaten von diesem Telefongespräch zu erzählen. „Aber ich kann dir schwören, ich hätte so etwas nie unterstellt – oder auch getan, was du getan hast –, allein aufgrund von Vermutungen mit derart geringer Beweiskraft."

„Entschuldige", sagte sie, plötzlich niedergeschlagen, „ich weiß, ich hätte dir schon früher davon erzählen sollen. Ich war mir nur eben nicht sicher, ob du da nicht auch mit drinstecktest ... Nun gut, vielleicht habe ich das, was ich getan habe, aus einem falschen Beweggrund heraus getan, aber ich bin immer noch froh, daß ich es getan habe. Selbst wenn WILD CARD erfolgreich gewesen wäre – was ich sehr bezweifle –, hätten die gesellschaftlichen Folgen weiß Gott erschreckend sein können."

Paul seufzte. Er wußte, er mußte sich beeilen, wenn er das Bekanntwerden von Marys Sabotage verhindern und die restlichen acht Cerebroiden retten wollte. Da blieb keine Zeit für eine weitere Diskussion über den Verfall der Lauterkeit in Wissenschaft und Forschung. „Ich werde jetzt gehen und mir was Trockenes anziehen. Wie lange wirst du brauchen, um ins Labor rüberzukommen? Ich glaube, als erstes müssen wir die Acidose reduzieren ..."

„Sag mal", unterbrach sie ihn, „ich versteh nicht ..."

Paul sah sie unsicher an.

„Die Cerebroiden", sagte er. „Ich unterstelle, daß du bei allen B_1 weggelassen hast, nicht nur bei den beiden, die gestorben sind ..."

„Aber ich dachte, du hättest gesagt, alle seien tot!"

Paul schüttelte den Kopf. „Bis jetzt nur die beiden ältesten."

Plötzlich verstand er den Grund von Marys Verwirrung. „Du hast vergessen, daß bei beschleunigter Wachstumsrate die Wirkung von B_1-Mangel Schwankungen unterliegt."

Einen Augenblick lang dachte er, sie würde ohnmächtig werden. Er führte sie zu ihrem Bett und ließ sie sich setzen. Dann ging er in die Küche, um ihr ein Glas Wasser zu holen, und fand sie bei seiner Rückkehr in derselben Haltung dasitzen, wie er sie verlassen hatte, bleich und teilnahmslos. Er kniete neben ihr nieder und versuchte, ohne Erfolg, sie zum Trinken zu überreden.

„Schon gut, Liebling", sagte er sanft, „ich werde ihnen sagen, daß du Migräne hast." Er sah wieder auf die Uhr. „Aber ich muß sofort gehen; es ist unsere einzige Chance."

Er brauchte ein paar Minuten, um zwischen ihrer Wäsche in einer Kommodenschublade ein Nachthemd zu finden. Weder half sie ihm dabei, noch hinderte sie ihn daran, es ihr überzustreifen. Er glättete das ungemachte Bett so gut er konnte und deckte sie zu.

„Liebling, ich komme zurück, sobald ich kann", sagte er. „Versprich mir, daß du so lange hierbleibst, ja? Und mach dir keine Sorgen", fügte er hinzu, „das kriegen wir schon wieder hin."

Drei Stunden lang blieb Mary regungslos liegen, überwältigt von dem Gefühl der Sinnlosigkeit, tiefer Schuld und Selbstvorwürfen. Um gegen WILD CARD zu arbeiten, hatte sie – wie ein Doppelagent – dafür arbeiten müssen. Und doch sprach, wie sie jetzt glaubte, ihr Versuch, WILD CARD mißlingen zu lassen, sie nicht von der Schuld frei, bei seiner Entstehung mitgeholfen zu haben. Paradoxerweise sah sie Pauls Bereitschaft, bei WILD CARD weiterhin mitzumachen, weniger als seine, als vielmehr ihre Schwäche an. War nicht sie es gewesen, die den unverzeihlichen Fehler begangen hatte, sich in jemanden zu verlieben, der dieser Liebe nicht würdig war? Und hatte sie nicht diesen Irrtum verdrängt, indem sie ihre Selbsttäuschung vor sich selbst zu verbergen suchte? Es schien ihr, als habe sie sich in einem grenzenlosen Irrgarten endlos wechselnder, schwarzer Spiegel verirrt.

Paul rief sie um zehn vor elf und eine Stunde später noch einmal an. Beide Male erklärte sie ihm, sie wolle zwar den Rest des Tages allein bleiben, fühle sich aber besser und brauche nichts.

Gegen Mittag war ihre tiefe Niedergeschlagenheit soweit abgeklungen, daß sie wieder handeln konnte. Sie zog sich an und wartete, bis anzunehmen war, daß alle zu Tisch gegangen waren. Dann machte sie sich auf den Weg ins Labor.

Sie brauchte nicht sehr lange, um zu finden, was sie suchte.

„Zehntausend Menschen umbringen?" blaffte Nadelman Chesterton an. „Natürlich stimmt das nicht! Diese dumme Ziege hat das nur in die falsche Kehle gekriegt!" Er wandte sich um und funkelte Napier an. „Vielleicht könnten Sie mir mal verraten, warum zum Teufel ich davon nicht früher erfahren habe?"

Napier hockte auf der Kante seines Schreibtisches. Sein weißes, kurzärmliges Hemd war voller Schweißflecken dort, wo der Halfterriemen den Stoff an den Körper gedrückt hatte. Er ließ Nadelman warten, bis er die Spitze seiner Zigarre abgebissen hatte.

„Die Entscheidung, die Wohnungen von McElroy und Anderson anzuzapfen, war reine Routinesache", sagte er müde. „Und wenn wir nicht bald mal was anderes aufgeschnappt hätten als das Quietschen von Bettfedern, die anscheinend auf Materialverschleiß geprüft wurden, dann hätte ich die Überwachung Ende dieser Woche abgeblasen."

Nadelman schien noch nicht zufriedengestellt. „Sehen Sie", fuhr Napier fort, „wenn ein Pärchen, egal welches, es plötzlich miteinander treibt, als gäbe es kein Morgen, dann deutet das meistens darauf hin, daß einer von den beiden auf dumme Gedanken kommt." Er ließ das Zippo-Feuerzeug zuschnappen, mit dem er seine Zigarre angezündet hatte. „In Watts würden die vielleicht planen – was weiß ich, eine Tankstelle zu überfallen. In Beverly Hills könnten sie möglicherweise mit Lebensversicherungen auf die Frau von dem Kerl setzen, weil sie vorhaben, sie anschließend um die Ecke zu bringen, und in Berkeley wären es sicher Pläne, zu den Chinesen überzulaufen oder die Regierung zu stürzen." Er zog ein Gesicht, dem man ansah, daß er nach fünfundzwanzig Jahren beim FBI durch nichts mehr zu erschüttern war.

Nadelman setzte die Brille ab und wischte die vom Schwitzen beschlagenen Gläser trocken. „Okay, okay", sagte er, „aber Ihre Interpretation dessen, was sich auf dem Ding da befindet, hat mich immer noch nicht überzeugt." Er wies mit einem verächtlichen Nicken auf das Tonbandgerät, das neben Napier auf dem Schreibtisch stand.

Napier fuhr sich mit dem Zeigefinger zwischen Hals und Hemdkragen entlang. Nadelmans Haltung, die er für eine ungehobelte und dickköpfige Weigerung, die Wahrheit zu sehen, hielt, begann ihn allmählich zu irritieren. Er sah Unterstützung heischend zu Chesterton hin, doch der Psychiater tat so, als habe er seinen Blick nicht bemerkt. „Um Himmels willen, Dick", sagte er deshalb, „wie oft wollen Sie sich denn dieses verdammte Ding noch anhören?" Er drückte auf den Rücklaufknopf und wartete einige Sekunden lang, ehe er auf STOP und dann auf die Wiedergabetaste drückte. Als erstes war Marys Stimme zu hören: „Sag mal . . . Ich verstehe nicht . . ."

Dann kam Paul: „Die Cerebroiden. Ich unterstelle, daß du bei allen das B$_1$ weggelassen hast, nicht nur bei den beiden, die gestorben sind..."

„Aber ich dachte, du hättest gesagt, alle seien tot!"

„Bis jetzt nur die beiden ältesten. Du hast vergessen, daß bei beschleunigter Wachstumsrate die Wirkung von B$_1$-Mangel Schwankungen unterliegt."

Napier stellte das Gerät ab und stand auf. „Der Fall ist doch sonnenklar", sagte er und langte nach seinem Jackett. „Vielleicht sollten Sie nächstes Mal besser aufpassen, ob Ihre Tür geschlossen ist."

Ohne auf ihn einzugehen, drehte Nadelman sich plötzlich zu Chesterton um. „Sitzen Sie doch nicht so herum – Sie könnten schließlich auch mal was dazu beitragen."

Chesterton strich sich mit der Hand über das sorgfältig gekämmte graue Haar. „Ich könnte versuchen, mit ihr zu reden."

Es klang nicht sehr überzeugend. Napiers spöttisches Lachen ließ ihn erkennen, daß es wenig Zweck haben würde, weiter auf diesem Vorschlag zu beharren.

„Mir ihr reden, daß ich nicht lache!" Napier knöpfte sich seine Jacke zu. „Sie hat zu verschwinden. Und es wird mich wohl meine ganze Überredungskunst kosten, damit McElroy nicht mit ihr zusammen verschwinden muß."

Chesterton stimmte mit einem bedauernden Nicken zu. „Was mich dennoch ein wenig beunruhigt, ist der Effekt, den das alles auf die Moral der anderen haben wird. Es wäre ziemlich schlimm, wenn auch nur einer von ihnen dieses Camp verlassen müßte wegen...", er suchte nach einem passenden, beschönigenden Ausdruck, „... einer Psychotherapie."

„Verdammte Scheiße! Ich rede doch nicht davon, sie zu einer Psychotherapie zu bringen!" Napier war beleidigt, daß Chesterton ihm solch einen naiven Vorschlag zutraute. „Ich rede davon, daß sie verschwinden müssen, basta!"

„Kommt nicht in Frage!" brüllte Nadelman und hieb mit der Faust auf den Schreibtisch. „McElroy ist unentbehrlich!"

Napier zuckte mit den Achseln, als sei die Frage, ob McElroy am Leben blieb oder nicht, für ihn nicht weiter von Belang. „Okay", räumte er ein, „dann kümmern wir uns eben nur um sie."

Nadelman schien ein wenig besänftigt. „Wozu", fragte er, „haben wir bloß weiß Gott wieviel Zeit und Geld dafür ausgegeben, um eine ganze Bibliothek mit Fallgeschichten psychischer Krankheiten zu füllen, wenn uns dann, sobald einem von den Leuten hier etwas nicht paßt, nur noch einfällt, wie wir ihn um die Ecke bringen können?" Er wandte sich mit funkelndem Blick an Chesterton. „Ich mache Sie persönlich verantwortlich für die weitere Behandlung von Mary Anderson."

Napier schüttelte fassungslos den Kopf und ging auf die Tür zu.

„Sie werden sie morgen früh untersuchen", beschloß Nadelman. „Diagnostizieren Sie, was Sie wollen – meinetwegen nervöse Erschöpfung durch Überarbeitung –, aber nehmen Sie sie aus dem Projekt. Was wir mit ihr machen werden, wenn das alles hier vorbei ist, bleibt abzuwarten. Aber bis es soweit ist, hat sie hier auf dem Gelände zu bleiben und..." – die folgenden Worte richtete er an Napier, der an der Tür stand, die Hand auf der Klinke –, „...es wird ihr kein Haar gekrümmt, verstanden?"

Mary kehrte in ihre Wohnung zurück und schloß die Tür hinter sich ab. Sie bewegte sich jetzt langsam, aber zielbewußt, alle Sinne auf die vor ihr liegenden Handgriffe gerichtet, die sie, wie sie glaubte, davor bewahren würden, für immer lebendig begraben zu werden unter den Trümmern dessen, was von ihrer sich rasch auflösenden Persönlichkeit übrigbleiben würde.

In der Küche nahm sie ein Fläschchen mit fünfundzwanzig Nembutal-Kapseln aus ihrer Handtasche, außerdem eine Spritze, eine Nadel und eine mit einem Gummistöpsel verschlossene Flasche Insulin. Sie setzte die Nadel auf die Spritze, zog sie auf und legte sie zur Seite. Sie brauchte mehrere Minuten, um den Inhalt der Nembutal-Kapseln in einem Glas Wasser aufzulösen; dann trank sie das Glas leer, nahm die Insulinspritze, führte die Nadel unterhalb ihrer linken Armbeuge ein und drückte auf den Kolben.

Als sie die Nadel herauszog, fühlte sie eine so ungeheure, orgasmusartige Entspannung wie nie zuvor in ihrem Leben. Sie warf die Spritze und die Insulinflasche in den automatischen Müllschlucker und ließ ihn einen Moment lang laufen. Das Nembutal-Fläschchen und die leeren Gelatine-Kapseln warf sie in den Abfalleimer.

Sie war auf dem Weg in ihr Schlafzimmer, als plötzlich der Fußboden auf sie zukam und ihr hart gegen das Gesicht schlug.

19

Der Fahrer des Krankenwagens, der Mary Anderson die halbe Meile bis zum Hospital auf der Chandler Avenue gebracht hatte, schaltete Sirene und Rotlicht ab und bog in die Auffahrt ein, die zur

Notaufnahme führte. Helfer eilten herbei und rissen die Türen des Fahrzeuges auf, stießen McElroy zur Seite und hoben die Rollbahre heraus. Auf der Rampe warteten die Sicherheitswachen des Krankenhauses und ein junger Arzt, von dem McElroy, wie er sich erinnerte, vor einem Monat wegen einer Muskelzerrung behandelt worden war. Gemeinsam eilten sie hinter der Bahre her, die durch eine doppelte Schwingtür auf einen langen, weißgekachelten Gang gerollt wurde. Von irgendwoher wiederholte eine Lautsprecherstimme die Aufforderung „Dr. Warren Aubry, bitte auf Station kommen!"

„Was ist passiert?" fragte der Arzt.

McElroy gab ihm ein paar leere Nembutalkapseln und das Glas, aus dem Mary getrunken hatte. Ohne stehenzubleiben, schmeckte der Doktor am Bodensatz des Glases.

„Sie fühlte sich heute morgen nicht wohl", begann McElroy, „und als ich sie vor einer halben Stunde besuchen wollte, bekam ich keine Antwort. Ich fand sie bewußtlos auf dem Küchenboden, und das da" – er wies auf das Glas und die Kapseln –, „fand ich ganz in der Nähe."

Der Arzt nickte. „Ich verstehe nur nicht, warum sie in der Küche lag. Hatten Sie den Eindruck, als sei sie kollabiert?"

„Ja, so sah es aus", erwiderte McElroy. „Ich nehme an, sie war gerade auf dem Weg ins Wohnzimmer."

„Trank sie öfter?"

„Nein, soviel ich weiß."

Der Arzt unternahm keinen Versuch, McElroy den Zutritt zur hell erleuchteten Notaufnahmestation zu verwehren. Obwohl sie kaum später als Mary eintrafen, hatte man diese schon von der Bahre auf den Untersuchungstisch gehoben, und zwei Krankenschwestern waren eben dabei, die auszuziehen. Der Tisch wurde von zwei Rollwagen aus rostfreiem Stahl flankiert. Auf dem einen standen Instrumentenschalen mit den chirurgischen Bestecken, der andere trug das Narkose- und Dauerbeatmungsgerät, drei miteinander verbundene Sauerstoffflaschen mit den dazugehörigen Pumpballons, Druck- und Durchflußmessern.

Als Dr. Aubry, der Chefarzt eintraf, standen Marys Blutdruck-werte bereits auf dem CRT-Bildschirm, und ein Assistent verband die Elektroden, die mit Heftpflaster auf ihrer Brust befestigt worden waren, mit dem EKG-Terminal.

Aubry war ein grobknochiger Mann Anfang Fünfzig, der zusammen mit einigen Kollegen vom National Security Agency Hospital in Fort Meade, Maryland, hierher abberufen worden war.

„Wer ist dieser Mann?" fragte er mit einem Blick auf McElroy, als er durch die Schwingtür in den Raum gestürmt kam.

„Dr. McElroy, ihr Abteilungsleiter", antwortete einer der Sicherheitsbeamten. „Er hat die Patientin gefunden."

Aubry warf sein Jackett zur Seite und ließ sich von zwei Schwestern in Kittel, Maske und Gummihandschuhe helfen. Eine andere befestigte seine Brille mit einem Stück Heftpflaster auf dem Nasenrücken. Er hatte keine Zeit gehabt, sich zu waschen, und man war immer noch dabei, die Bänder an seinem Kittel zu knüpfen, als er schon auf den Untersuchungstisch zuging.

„Blutdruck?" fragte er.

„Achtzig zu vierzig, fallend", antwortete der Anästhesist.

Aubry nickte ernst; der Kreislaufkollaps seiner Patientin war bedrohlich. „Ich werde intubieren müssen", sagte er.

Er stellte sich in Schulterhöhe neben sie, während zwei Schwestern ihr ein Kissen so unter den Kopf schoben, daß ihre Kehle in die Höhe gedrückt wurde. Der junge Arzt stellte sich hinter sie und nahm ihren Kopf fest in beide Hände; mit Hilfe eines Kehlkopfspiegels führte Aubry einen Schlauch in ihre Luftröhre ein. Das freie Ende hielt er einer Schwester hin, die es an das Beatmungsgerät anschloß. „Einschnitt als nächstes, bitte", sagte er.

Sofort säuberte eine Schwester an Mary Andersons linkem Arm ein Stück Haut zwischen Handgelenk und Ellbogen, und Aubry bekam eine Zange in die Hand gedrückt. Er beugte sich vor und hob mit Hilfe dieser Zange die gesäuberte Haut hoch. Er schnitt sie quer ein und legte dann unter Verwendung eines Hämostaten einen Abschnitt der kollabierten Vene frei. Er band sie an zwei

Stellen ab und klemmte sie mit Arterienpinzetten fest. Mit einem neuen Skalpell kerbte er die Vene längs ein und führte eine Kanüle ein.

„Sie können jetzt die Verbindung herstellen."

Eine Schwester ergriff das eine Ende eines Schlauches und befestigte es an einem Tropf, der an einem Ständer hing. Aubry steckte das andere Ende auf die Kanüle, betupfte die Einstichstelle und löste die Schlingen.

Zwölf Minuten waren jetzt vergangen.

Aubry richtete sich auf, zufrieden über die erfolgreiche Wiederherstellung der lebenswichtigen Prozesse der Atmung und des Blutkreislaufs. Sich über die Ursache des Komas Gewißheit zu verschaffen war zweitrangig. Während ihm die Stirn abgetrocknet wurde, sagte er zu einer Schwester: „Entnehmen Sie bitte Blut- und Urinproben und lassen Sie sie sofort untersuchen." Dann wandte er sich an den Anästhesisten. „Wie ist der Blutdruck jetzt?"

„Hundert zu sechzig."

Aubry nickte. „Klingt schon besser. Sie kommt zurück." Während eine Schwester Mary Anderson eine Decke überlegte, nahm Aubry ein Ophtalmoskop vom Beiwagen und untersuchte ihre Augenreflexe. Mit Schrecken stellte er fest, daß ihre Pupillen erweitert und starr blieben. Er schlug die Decke von ihren Beinen zurück, zog ihr Knie an und klopfte mit dem Reflexhammer gegen die Kniescheibensehne. Auch hier gab es keine Reaktion. Er beugte sich zu ihrem Fuß hinunter und kitzelte mit der Rückseite des Hammers ihre Fußsohle. Er konnte jedoch wieder keine Reaktion feststellen. „Bitte machen Sie ein Elektroencephalogramm", sagte er zu dem Assistenten und ging dann zu McElroy hinüber.

„Wann haben Sie Frau Anderson zum letzten Mal gesehen?" fragte er. „Ich meine, bevor Sie sie bewußtlos fanden?"

„Heute am frühen Morgen", antwortete Paul. „Aber ich habe dann noch mit ihr telefoniert, das letzte Mal so gegen Mittag." Er wartete noch einen Moment, ob noch eine Frage folgen würde, und fragte dann selbst: „Werden Sie keine Magenausspülung vornehmen?"

Aubry schüttelte den Kopf. „Nembutal ist ein schnellwirkendes Barbiturat, da wird schon nicht mehr genug im Magen sein, als daß es sich noch lohnen würde."

„Hat sie eine Chance durchzukommen?"

Aubrys Miene drückte Zweifel aus. „Schwer zu sagen. Sie war schon sehr weit weg, als Sie sie fanden, das wissen Sie selbst. Allerdings ist sie kräftig, und..." Er brach ab, als die Ergebnisse der Blutuntersuchung auf einem der Bildschirme erschienen.

„Du lieber Gott!" Zum ersten Mal wirkte der Arzt nervös. „Sofort den Tropf auf fünfzig Prozent Traubenzucker auswechseln, Schwester!" rief er. „Beeilen Sie sich!"

McElroy verstand die Aufzeichnungen gut genug, um zu begreifen, daß Marys Gehirnnervenaktivität zu schwinden schien, obwohl der Blutkreislauf funktionierte. „Was ist passiert?" fragte er.

Aubry wandte sich ihm zu. „Wir haben keine Spur von Blutzucker. Kann sie Zugang zu Insulin gehabt haben?"

McElroy sah ihn verwundert an. „Natürlich, das gehört in unserem Labor zur Standardausrüstung. Aber im derzeitigen Stadium unseres Projektes wurde es nicht gebraucht."

Aubry stürzte zum Untersuchungstisch und zog die Decke von Marys Beinen. McElroy hatte bereits vorher festgestellt, daß sie im Gesicht und am rechten Arm Verletzungen aufwies; jetzt sah er, daß dies auch bei der rechten Hüfte der Fall war. Er beobachtete, wie Aubry eine Lupe vom Instrumententisch nahm und aufmerksam ihre Hüften, dann den Bauch und schließlich die Arme untersuchte. Sein Blick blieb an der linken Ellenbeuge hängen; er hatte gefunden, wonach er gesucht hatte: ein kleiner Nadeleinstich in die Vene.

„Ich bekomme keine Aufzeichnung vom EEG, Dr. Aubry", sagte der Anästhesist, beinahe entschuldigend.

„Wirklich nichts? Auch nicht, wenn Sie die höchste Empfindlichkeitsstufe einstellen?"

Der Anästhesist sah wieder auf den Bildschirm; der Lichtpunkt wanderte in einer geraden Linie über den grünen Hintergrund. Er vergewisserte sich mit einem Blick auf die Aufzeichnungsrolle, dann schüttelte er den Kopf. „Nein... Jede Aktivität hat aufgehört. Es kommt nur ein komplettes Nichts."

Durch das Insulin des Blutzuckers beraubt, war Marys Gehirn gestorben. Aubry würde zwar die Maschinen noch eine Weile laufen lassen – aus formalen Gründen –, doch er wußte, daß es keine Hoffnung mehr gab. Seine Zuständigkeit hatte aufgehört. Plötzlich von einer tiefen Müdigkeit erfüllt, nahm er die Maske ab und ging auf McElroy zu, der ihm mit bleichem, doch ausdruckslosem Gesichts entgegensah. Die Reaktion, das wußte Aubry, würde erst später kommen.

„Es tut mir leid", sagte er leise, „es tut mir wirklich verdammt leid."

20

McElroy hatte keine Ahnung, wie spät es war, als er in dieser Nacht das Labor verließ; nur daß es sehr spät war, das wußte er. Über eine Stunde lang lief er wie ein Schlafwandler durch die dunklen, leeren Straßen des Hochsicherheitsgeländes. Er konnte einfach noch nicht glauben, was passiert war. Sollte es möglich sein, daß Mary so etwas getan hatte? fragte er sich wieder und wieder.

Doch wenn es nicht ihre Absicht gewesen war, sich umzubringen, was war es dann? Er hatte ihr Ende miterlebt, und auch ohne Mediziner zu sein, wußte er ganz sicher, daß Aubry und das Krankenhauspersonal alles getan hatten, was zu Marys Rettung überhaupt hatte getan werden können. Selbst wenn sie den Nadeleinstich eher entdeckt hätten, wäre es doch schon zu spät gewesen.

Die Spritze! Was war aus ihr geworden? Er blieb stehen, zum ersten Mal seit Verlassen des Krankenhauses wieder hellwach. In der Tat, wo war die Spritze hingekommen? Fragen tauchten auf, begannen sich in seinem Kopf zu überstürzen. Napier und Chesterton hatten ihn vorhin fast eine ganze Stunde lang verhört, bevor sie ihm erlaubten, wieder in sein Labor zurückzugehen. Doch anscheinend waren sie nur an der Feststellung interessiert gewesen, daß Mary zuviel gearbeitet und wiederholt Anfälle von Depressionen gehabt hatte. Warum hatten sie keinen Verdacht geschöpft, daß es nicht nur Zufall war, sondern daß es einen Zusammenhang zwischen Marys Tod und dem der Cerebroiden geben müsse? Und warum war mit keiner Silbe angedeutet worden, daß er, Paul, sie umgebracht haben könnte? Er wußte, daß sie von seiner Beziehung zu Mary wußten. Und doch schien keiner auf den Gedanken gekommen zu sein, daß es Streit zwischen ihnen gegeben haben könnte – vielleicht über seine Weigerung, sich von seiner Frau zu trennen –, und daß er dann, als er sie bei seiner Rückkehr bewußtlos vorfand, mit einer Insulinspritze nachgeholfen haben könnte, um ganz sicherzugehen, daß sie ihr Bewußtsein nicht wiedererlangen würde? Warum nicht? So etwas passiert doch alle Tage, und unter anderen Umständen wäre er, wie er genau wußte, der Hauptverdächtige gewesen.

Und was hatte Nadelman eigentlich damit gemeint, als er ihm beim Hinausgehen sagte: „Und lassen Sie wegen dieser Sache keine Schuldgefühle in sich aufkommen, Paul. Mary war eine entzückende Frau und eine brillante Wissenschaftlerin, aber bei einem Projekt wie dem unseren ist einfach kein Raum für moralische Grübeleien." An dieser Stelle hatte er gedacht, Nadelman meine damit die emotionale Belastung durch die Arbeit an WILD CARD und die Auswirkung, die sie auf Mary gehabt haben könne. Doch jetzt war er sich dessen nicht mehr so sicher ...

Ein Verdacht begann in ihm zu keimen: Der Gedanke, daß sie – Napier, Chesterton und Nadelman – auf irgendeine Weise von Marys Sabotageakt erfahren und sie ermordet haben könnten.

Doch wie konnten sie das herausgefunden haben? fragte er sich. Er hatte noch am selben Vormittag sämtliche Spuren, die auf Marys Täterschaft hätten schließen lassen, mit Erfolg beseitigt.

Es konnte nur eine Erklärung geben, und er verfluchte sich im stillen, daß er nicht eher daran gedacht hatte.

Er machte sich auf den Weg zu ihrer Wohnung, fest entschlossen, an den Verantwortlichen grausame Rache zu nehmen, wenn sich das, was er vermutete, bewahrheiten würde.

Wie schon vorher, verschaffte er sich durchs Küchenfenster Einlaß in ihre Wohnung. Die Räume lagen kühl und still unter dem melancholischen, grauen Licht der Dämmerung. Irgend jemand hatte die Zentralheizung und den Kühlschrank abgestellt, und die Uhr im Wohnzimmer war stehengeblieben.

Zwanzig Minuten lang suchte er unter Tischen und Stühlen, hinter Vorhängen und Bildern, in Lampenschirmen und Blumentöpfen – überall dort, wo ein Mikrofon hätte versteckt sein können. Nirgends konnte er etwas finden.

Schließlich gab er sich geschlagen. Er ließ sich aufs Sofa fallen und schloß die schmerzenden Augen. Immer noch schwebte Marys Duft im Raum, und jetzt, da er mit seiner Entschlußkraft am Ende war, überließ er sich den quälenden Gedanken an das, was gewesen war und was hätte sein können.

Er befand sich in dem Reich zwischen Schlafen und Wachen, dort, wo Gedanken zu Träumen und Träume zu Gedanken werden, als er plötzlich eine Bewegung im Schlafzimmer wahrzunehmen glaubte.

„Mary?" rief er. Keine Antwort kam. Mehrere Sekunden lang blieb er regungslos sitzen, sein Herz hämmerte wie ein Schmiedehammer. Dann hörte er das Geräusch von neuem und atmete langsam aus – es war nur ein Knacken in der Zentralheizung.

Er stand auf und wollte gerade gehen, als er auf dem Boden neben der Schlafzimmertür etwas aufblitzen sah. Rasch durchquerte er das Zimmer und sah genauer hin: Es war ein Stück Silberdraht, etwa über einen Zentimeter lang und haarfein. Ein Stückchen höher an der Wand befand sich eine doppelte Steckdose. Er hob das Drahtstück auf und rollte es zwischen den Fingern hin und her. Wahrscheinlich, so nahm er an, hatte jemand vor kurzem einen Stecker ausgewechselt und dabei aus Versehen etwas von dem feinen Kabeldraht zu Boden fallen lassen. Er zog einen der Stecker aus der Steckdose und untersuchte ihn. Er hatte recht; das weiße Plastikgehäuse und die Messingstifte waren so sauber und glänzend, daß sie nur neu sein konnten.

Er sah sich um. Der Stecker in seiner Hand unterschied sich in nichts von den anderen im Raum; waren sie dann vielleicht alle ausgewechselt worden?

Schnell ging er ins Badezimmer und kam mit einer Nagelfeile zurück. Mit zitternden Fingern schraubte er den Stecker auf und hob den Deckel hoch. Er sah aus wie jeder andere: Drähte und Klemmschrauben – weiter nichts.

Er wollte sich gerade an den nächsten Stecker machen, als ihm klar wurde, daß er nur seine Zeit vergeudete. In diesem Apartment war seine Suche fehl am Platz. Er legte das Drahtstückchen wieder dorthin, wo er es gefunden hatte, brachte Marys Nagelfeile ins Badezimmer zurück und verließ die Wohnung.

Zu Hause angekommen, ging McElroy sofort in die Küche und holte sich einen Schraubenzieher. Er nahm ihn mit ins Wohnzimmer, schaltete das Radio ein und zog den ersten besten Stecker heraus. Konzentriert, mit angehaltenem Atem schraubte er langsam den Deckel ab und hob ihn vorsichtig hoch. Innen befand sich, was er erwartet hatte: ein winzigkleines Mikrofon!

Diese Schweinehunde! dachte er. Diese elenden Dreckskerle!

Mary war ermordet worden, dessen war er sich ganz sicher. Es hätte ihm schon längst klarwerden müssen, wie bei solch einem Unternehmen vorgegangen wird. Wie hatte er nur so dumm sein können? Die hatten sie also getötet, so wie man eine Küchenschabe töten würde, und wie sie auch ihn und jeden anderen töten würden, nur damit es für sie glatter und sauberer lief.

Sein erster Impuls war, sich zu rächen. Doch was konnte er tun? Und welchen Sinn hätte seine Rache? Auge um Auge? Würde Mary ihm so etwas danken?

Flucht kam nicht in Frage. Selbst wenn er es schaffte, den Wächtern zu entkommen, die von ihren Wachtürmen aus die

Einzäunung beobachteten, müßte er dann ja noch die Hunde, die Stolperdrähte und den Minengürtel überwinden.

Um halb neun hatte er alles durchdacht. Er konnte nur eines tun. Briefe und Telefongespräche wurden routinemäßig überwacht. Da würde wohl alles mit der schärfsten Lupe untersucht. Jeden Mikrofilm würden sie finden, jeden verschlüsselten Satz entdecken und aufschlüsseln – sie waren die Experten, nicht er. Doch irgendwie mußte er WILD CARD enthüllen. Das wenigstens würde Marys Tod einen gewissen Sinn geben. Es war das mindeste, was er für sie tun konnte.

McElroy steckte sich eine Zigarette an und lehnte sich in seinem Sessel zurück. Selbst wenn es ihm gelang, die Information in Form einer synthetischen Erfahrung hinauszuschmuggeln, wie sollte er es schaffen, daß sie auch ihren Weg in ein Gehirn fand, wo sie dann zum „Wissen" werden würde? Eine Spritze kam nicht in Frage. Er mußte sich eine andere Methode der Aufnahme ausdenken. Verdauung schien die naheliegende Lösung – es sollte nicht allzu schwer sein, die in irgendein unverdächtiges Material, zum Beispiel Pralinen, eingespritzten Proteine an die richtige Person zu bringen. Doch die Proteine würden mit großer Sicherheit durch Verdauungsenzyme aufgebrochen werden, und selbst wenn dies nicht geschähe, hätten sie doch wenig Chancen, die Blut-Gehirn-Schranke zu durchbrechen und die Hirnrinde zu erreichen.

Er rauchte seine Zigarette zu Ende, dann eine weitere. Er wußte, daß er der Lösung greifbar nahe war – wenn nur sein eigenes Gehirn jetzt die richtigen Verbindungen knüpfen würde ...

Und dann fiel es ihm ein. Es war ganz einfach. Jedes Protein kann aus der entsprechenden DNA-Schablone hergestellt werden. Wenn er also nicht die Gedächtnis-Proteine selbst, sondern die DNA-Sequenzen, die ihre Chiffren trugen, herstellen würde, und wenn dann die DNA-Sequenzen unter dem Deckmantel eines gehirnspezifischen Virus wieder dargestellt werden könnten – das würde die Gedächtnissequenzen vor der enzymischen Zersetzung schützen und gleichzeitig garantieren, daß sie die Gehirnzellen erreichten. Einmal dort angelangt, würde das DNA die Maschinerie der Zellen benutzen, um die Gedächtnisproteine herzustellen. Er stand auf und begann im Zimmer hin- und herzulaufen. Das war's! Das war die Lösung!

Der nächste Schritt hieß nun, den genauen Inhalt der Gedächtnisbotschaft festzulegen und sich für die Person zu entscheiden, die sie erhalten sollte. Ein Mensch, der ihn kannte und ein Geschenk von ihm annehmen würde. War es vermessen, die Botschaft jemandem zukommen lassen zu wollen, der auch verstehen würde, wie solch ein seltsames Wissen plötzlich in seinem Kopf hatte entstehen können? Jemand, der die Fachsprache beherrschte, die dann etwas in seinem Gedächtnis auslösen würde – so wie einem Schauspieler der ganze „Hamlet"-Monolog einfällt, sobald er die Worte hört: „Sein oder Nichtsein..." Also vielleicht ein Kollege?

Er holte seinen Taschenkalender und blätterte die Seiten durch. Für den 22. Oktober hatte er das nächste Treffen der American Biochemical Society vermerkt. Eigentlich wurde von ihm als dem scheidenden Vize-Präsidenten erwartet, an dieser Tagung teilzunehmen und eine Rede zu halten. Sein Nachfolger war eine gute Freundin, Angela Huber. Was lag näher, als sich bei ihr für sein Fernbleiben zu entschuldigen, ihr viel Glück für ihre Amtszeit zu wünschen und ihr ein kleines Geschenk zu schicken – nichts Besonderes, nur eine Schachtel Pralinen...

Ihm war klar, daß es viel zu riskant war, nur eine einzige Schachtel zu verschicken. Abgesehen von allem anderen waren die Zustände bei der Post schlicht chaotisch. Es war fast zur Gewohnheit geworden, Durchschläge von wichtigen Briefen zu machen und ebenfalls zu verschicken. Also würde er nicht nur Angela Pralinen zukommen lassen, sondern auch den anderen drei Frauen, die dem ABS-Vorstand angehörten. Selbst wenn alle vier gerade eine Fastenkur machen sollten, würde doch mindestens eine von ihnen irgendeinem Freund eine Praline anbieten, wobei die Hoffnung bestand, daß er wissenschaftliche Kenntnisse hatte. Zusammen mit jeder Schachtel wollte er eine Briefkarte schicken, auf der er sein Bedauern ausdrückte, daß er nicht teilnehmen konnte, und ihnen für ihre gute Zusammenarbeit im vergangenen

Jahr danken. Die Pralinen aber würden eine andere Botschaft enthalten:

Präsidenten-Coup in Fort Detrick ★ Herstellung von außerirdischem Raumschiff und Besatzung aus organotypischen Cerebroiden-Kulturen in In-sich-geschlossenem System ★ künstlich gealtert durch kosmisches Strahlenbombardement mit Karbon 14 ★ Schein-Raumschiff-Absturz und Virus-Aussaat geplant für Los Angeles am 3. Dezember ★ Installation bereits Thanksgiving Doty Avenue 13 400.

Um Fort Detrick zu stürmen, würde es einer Armee bedürfen, aber um sich Eintritt in ein Haus in Los Angeles zu verschaffen, reichte ein Polizist, der dort Streife ging.

Die Platte seines Schreibtisches bedeckte ein viereckiges Stück Baumwollgaze. Darauf standen vier Schachteln ,,Whitman's Samplers" und vier Gestelle mit jeweils vierundzwanzig Ampullen. Außerdem eine Hochdruck Spritze und einzeln verpackte Mikronadeln, ein Skalpell und eine Pinzette, Leim und eine Flasche organisches Lösungsmittel.

McElroy streifte ein Paar Chirurgenhandschuhe über und nahm die erste Pralinenschachtel vor. Mit Hilfe des Skalpells fuhr er unter eine der angeklebten Umschlagecken der Cellophanhülle und lockerte sie. Die unregelmäßig aufgetragene Leimschicht löste sich leicht. Dann trennte er die Klappe auf der anderen Seite ab und hielt die Schachtel schräg, was es ihm ermöglichte, sie auf einer Seite hinauszuschieben. Er legte die Cellophanhülle zur Seite, hob den Deckel der Schachtel hoch, nahm den Kontrollzettel und die Abdeckung aus Wellpappe heraus und dann die obere Lage Pralinen. Es folgten die zweite Abdeckung und die darunterliegenden Pralinen.

Bei Versuchen mit einer Probeschachtel hatte er sich dafür entschieden, die Gedächtnismoleküle durch eine der Luftblasen zu injizieren, die sich bei der Herstellung jeweils an der Unterseite der Pralinen bildeten.

Er streifte die sterile Hülle von der ersten Mikronadel und befestigte sie an der Spritze. Dann öffnete er eine Ampulle, zog die Spritze auf und stach die Nadel in die Praline.

Als er die vierundzwanzig Pralinen in der ersten Schachtel präpariert hatte, schichtete er die beiden Lagen, Wellpappe und Kontrollzettel wieder ein und schloß den Deckel. Mit einem Stück Gaze trug er etwas von dem organischen Lösemittel auf die trockenen Leimflecken der Cellophanhülle auf und wischte sie damit ab. Dann schob er die Schachtel wieder in die Hülle, wobei er das Cellophan mit Hilfe der Pinzette über die Kanten der Schachtel zog. Das war der schwierigste Teil seines Unternehmens. Nachdem er die beiden Seiten mit etwas frischem Leim wieder zugeklebt hatte, machte er sich an die zweite Schachtel.

Fünfzig Minuten später enthielten vier Schachteln Pralinen Einzelheiten des Unternehmens WILD CARD.

21

Am zwölften Oktober gab McElroy die vier Päckchen auf die Post.

Am selben Tag trafen sich in einem in der Innenstadt von Los Angeles gelegenen Büro zwei Anwälte, von denen der eine den Verkäufer des Hauses Doty Avenue 13 400, der andere Dr. Ralph Sheldon vertrat. Ein Scheck wechselte den Besitzer und machte Sheldon zum Eigentümer eines Hauses, das sieben Wochen später eine Ruine sein würde.

Am nächsten Tag konnte die Firma „Jaycee Construction" – einen Monat zuvor von Stillman, Payne und Olsen gegründet – ihren ersten großen Auftrag reinholen: Umbau und Neueinrichtung des Hauses Doty Avenue 13 400. Sie machten sich sofort daran, ihren Lastwagen zu beladen, ein ausgedientes, klappriges Militärfahrzeug mit Plane, und fuhren am nächsten Morgen los.

Es stellte sich heraus, daß die Nummer 13 400 an dem auf Hawthorne zu gelegenen Ende der Straße lag, etwa drei Meilen nördlich des ehemaligen El Camino Colleges. Es handelte sich um ein Eckgrundstück und gehörte zu den größeren Anwesen in dieser Gegend, ein unregelmäßig gebautes, zweistöckiges Gebäude, die Frontseite mit Brettern verschalt, das Dach geteert und mit Fenstern versehen. Büsche, Geranien, Lilien und eine *Pyracantha* schmückten den Weg, der auf die Eingangsveranda zuführte. Rechts von diesem Weg parkte ein blauer Volkswagen-Bus vor einer neugebauten Backsteingarage.

Lawrence wartete bereits auf sie im Garten, zusammen mit einem schmächtigen Mann mittleren Alters, der in der lässigen Art eines Studenten gekleidet war. Während Payne und Olsen anfingen, Baugerüste abzuladen, trat Stillman mit einem großen Schritt über den niedrigen Zaun und schüttelte Lawrence die Hand.

Der wandte sich an seinen Begleiter. „Dr. Sheldon", sagte er, „darf ich Sie Jack Chieszkowski vorstellen? Jack leitet die ‚Jaycee Construction'."

„Okay", sagte Sheldon, nachdem sie zehn Minuten lang das Äußere des Hauses begutachtet hatten, „dann überlasse ich Ihnen alles weitere."

Sobald er weggefahren war, schloß Lawrence die Haustür auf und trat mit Stillman ein. Die Mitte des Hauses wurde von einer weiten Halle eingenommen. Zur Linken lag das Wohnzimmer, dahinter eine Bibliothek; rechts sah man das Eßzimmer. Die Treppe führte etwa von der Mitte der Halle aus nach oben; links von ihr trennte eine Tür den hinteren Teil des Hauses ab, wo es in den Keller hinunterging und ein Badezimmer gab. Rechts der Treppe lag die Küche. Von ihr aus führte eine Tür direkt in die Garage. Das Stockwerk darüber war in vier Schlafzimmer und zwei Badezimmer aufgeteilt. Hier gab es nach hinten hinaus eine Terrasse, von der aus man einen großen Garten überblicken konnte, der mit ausgewachsenen *Monterey*-Tannen bestanden und von einer hohen Hecke umgeben war. Das hintere Ende wurde von einem Zaun und einem kleinen Gewächshaus begrenzt.

„Wie sieht es mit den Anschlüssen aus?" fragte Stillman. Er öffnete eine abgegriffene Werkzeugtasche, die Payne in die Halle gebracht hatte, holte zwei blitzende Maschinenpistolen heraus und machte sich daran, den Feuermechanismus zu überprüfen.

Lawrence bückte sich und sah sich das Türschloß an. „Das muß heute noch ausgewechselt werden", meinte er. „Ach ja, die Anschlüsse – Gas und Strom sind seit Freitag da; Wasser wird es erst am Nachmittag geben."

Stillman fluchte. Er mußte als Wache im Haus bleiben und hatte vorgehabt, den Nachmittag über zu schlafen.

„Geht in Ordnung, Sie können sich oben hinlegen", sagte Lawrence und richtete sich auf. „Nein, Sie schlafen besser im Garten. Dann kommen die Nachbarn wenigstens nicht auf den Gedanken, Sie könnten etwas anderes sein als ein Arbeiter."

Während der ersten beiden Wochen gingen die Arbeiten an den Grundmauern, Keller und Erdgeschoß zügig voran, und man hob das Loch aus, in dem das Raumschiff stecken sollte. Testversuche mit Proben aus dem Betonboden des Kellers hatten ergeben, daß er einem Druck von 3,624 Tonnen auf den Quadratzoll standhalten würde. Zum Zeitpunkt, an dem die Raumfähre hier aufschlug, würde sie schon viel von ihrer Geschwindigkeit verloren haben und den Berechnungen zufolge eine Vertiefung von neunundzwanzig Zentimetern bewirken.

Die Arbeiten an den Schlafzimmern und der darunterliegenden Küchenwand nahmen die dritte und vierte Woche in Anspruch. Schlagbohrerartige Geräte, geformt wie ein Teil aus dem Standring des Raumschiffes und aus dem gleichen Material gefertigt, wurden für die Bohrarbeiten am Holzwerk verwendet, um charakteristische Spuren zu hinterlassen. Wenn es Gerichtsexperten, so argumentierte Lawrence, möglich war, anhand des Abdruckes in einem Schädel auf den Gegenstand zu schließen, mit dem der Schlag ausgeführt worden war, dann stand den Leuten bei der Untersuchung der durch die Explosion entstandenen Trümmer sicher eine ähnliche Technik zur Verfügung.

Parallel zu diesen Abbrucharbeiten liefen Renovierungsmaß-
nahmen. Sie hatten erkannt, daß sofort Verdacht aufkommen
würde, wenn die Trümmer nur aus den ursprünglich im Haus
vorhandenen Materialien bestünden. Während also Lawrence,
Payne und Stillman mit ihrem Zerstörungswerk beschäftigt waren,
baute Olsen die beiden auf der rechten Seite des oberen Flures
gelegenen Schlafzimmer und das Badezimmer zu einer Herren-
suite um, deren Wände er neu verputzte und anstrich.

Während dieser Zeit kam Sheldon dreimal vorbei. Bei seinem
ersten Besuch warf er einen kurzen Blick auf den Fortgang der
Arbeiten in der Suite und werkelte anschließend eine Stunde lang
im Garten. Die beiden nächsten Male reparierte er die Klinke am
Eingangstor, versah den Zaun mit einem stümperhaften neuen
Anstrich und ließ sich von seinem Nachbarn zum Kaffee einladen.

Am fünfzehnten November begann Dr. Benedict, die in Einzelteile
zerlegte Raumfähre für den Versand an die Westküste zu
verpacken. Sämtliche Kisten trugen die Aufschrift *Consolidated
Engineering Inc.* - der Name eines alteingesessenen Werkzeugma-
schinen-Herstellers in Pennsylvania – und wurden mit Metallbän-
dern und großen Drahtschellen verschlossen.

Am folgenden Tag verstaute man die Kisten in zwei Containern,
die mit den Farben und dem Namenszug derselben Firma versehen
worden waren und anschließend auf einen Sattelschlepper gestellt
wurden. Schließlich wurde ein Plymouth mit dem Anstrich und der
Ausstattung eines Polizeifahrzeuges über eine Rampe in einen
Anhänger gefahren, darin festgemacht und an den Lkw mit den
Raumschiffcontainern angehängt.

Um zwanzig Minuten vor Mitternacht trafen Stillman und Olsen
aus Los Angeles ein. Sie unterhielten sich eine Stunde lang mit
Napier, zogen dann alle drei State-Trooper-Uniformen und
darüber weiße Overalls an und fuhren mit dem Lkw zu einer
Straßenabzweigung drei Meilen von der Kreuzung des Highway 40
mit der US 70 entfernt.

Um Viertel nach zwei sah Napier herannahen, worauf sie

gewartet hatten. „Superpünktlich!" sagte er zu Stillman. Er setzte seine Nachtbrille ab, schaltete das Rotlicht des Polizeiwagens an, fuhr auf die Mitte der Straße und blieb dort stehen.

Mit laut zischenden Luftbremsen kam ein riesiger Lastwagen, der auf der Seite die Aufschrift CONSOLIDATED ENGNEERING INC. trug, zehn Meter vor dem Polizeiauto zum Stehen. Der Fahrer lehnte sich aus dem Fenster und rief: „Na, was gibt's, Chef?"

Napier und Stillman schlenderten jeweils auf eine Seite der Fahrerkabine zu.

„Raus mit dir!" sagte Napier und leuchtete dem Beifahrer mit der Stablampe ins Gesicht. „Du auch, Kumpel."

Der Fahrer wollte gerade protestieren, ließ es aber sein, als er sah, wie Napiers Hand zum Holster glitt. Widerstrebend öffneten er und sein Beifahrer die Türen und kletterten herunter.

„Okay", sagte Napier, „ihr wißt ja, wie's geht."

Langsam drehte sich der Fahrer mit dem Gesicht zur Kabine und beugte sich vor, die Beine gespreizt, die Hände über dem Kopf. Napier stieß mit dem Fuß die Beine des Mannes weiter auseinander, zog ihm die Papiere und den Frachtbrief aus seinem weißen Overall und studierte sie. „Es stimmt", rief er zu Stillmann hinüber, „es ist die Sendung für ‚Jaycee'!"

Der Fahrer warf einen Blick über die Schulter und konnte gerade noch sehen, wie Napier die Dokumente, die er ihm weggenommen hatte, einsteckte. „Verdammte Scheiße, was wird hier eigentlich gespielt?" fragte er.

„Umdrehen!" befahl Napier.

Der Mann tat, wie befohlen und verdrehte die Augen vor dem blendenden Licht der Stablampe.

„Du steckst mitten in einem Raubüberfall, Junge!" sagte Napier kichernd. „Das ist die verdammte Scheiße, die her gespielt wird!"

Der Fahrer wandte vor dem Licht den Kopf zur Seite. Ohne Vorwarnung schoß Napiers rechte Hand vor, flach und mit ausgestreckten Fingern, in der klassischen Atemi-Haltung. Seine Handkante traf den Fahrer auf der Nasenwurzel, zerschmetterte den Scheidewandknorpel und schickte einen massiven Schock an das Nervensystem. Der Mann war tot, ehe er auf dem Boden aufschlug.

Sein Beifahrer wurde einen Augenblick später mit ebenso geringem Aufwand von Stillman erledigt.

Napier warf die Zigarre weg, auf der er herumgekaut hatte, und sah auf die Uhr. „Okay", rief er Stillman zu, „es kann weitergehen."

Nachdem sie die Leichen im Kofferraum des Polizeiwagens eingeschlossen hatten, stieg Napier in den erbeuteten Lastwagen und fuhr ihn, gefolgt von Stillman, zu der Stelle, wo Olsen in dem Lkw, der die Raumschiffteile enthielt, auf sie wartete.

Mit schnellen, ruhigen Bewegungen koppelten die beiden Männer den Anhänger an den gestohlenen Lastwagen an und fuhren die Rampe aus. Stillmann lenkte das Polizeiauto hinein, sicherte es und schloß die Türen.

Jetzt gab es an dem Lkw, der die Raumfähren-Container enthielt, noch zwei Dinge zu tun. Während Stillman die Nummernschilder austauschte, suchte Olsen aus den mitgebrachten Metallschablonen sechs Stück heraus und steckte sie in der Reihenfolge CEI1469 – der Wagenpark-Nummer des entwendeten Lkws – in einen Rahmen. Den drückte er dann an die Tür der Fahrerkabine und sprühte schnelltrocknende Farbe darüber.

Vorsichtig, um Olsens Beschriftung nicht zu verwischen, kletterten Stillman und Napier, die jetzt wieder weiße Overalls trugen, in die Fahrerkabine und ließen den Motor an. „Auf Wiedersehen in Detrick!" rief Napier, während er auf den Highway einbog, der ihn zum Baltimorer Friendship-Airport bringen würde.

Fünf Minuten vor vier reihte Napier sich in die Schlange der wartenden Lastwagen vor der Frachtabfertigung ein; zwanzig Minuten später war er bis zum Kontrollpunkt vorgerückt. Die Papiere der „Consolidated Engeneering Inc." wurden anstandslos abgefertigt, und man winkte sie schnell zur Versicherungsabteilung weiter. In der Ferne konnte Napier das Flugfeld und vier der dort wartenden dickbäuchigen 747er sehen.

Flughafenpolizisten untersuchten das Führerhaus und Fahrgestell nach Waffen, warfen einen flüchtigen Blick auf die Container und gaben den Weg zur Verladung frei. An der Ladebucht wurden die Container mit einem Kran abgehoben, gewogen und auf eine hydraulische Plattform weitergeleitet. Diese stieg langsam vor einer der 747er in die Höhe, und dann traten die Container ihren kurzen Weg in den Bauch des Flugzeuges an.

Um sechs Uhr morgens trafen Stillman und Napier wieder in Fort Detrick ein. Der entführte Lastwagen parkte vor dem Flugtestgebäude. Die Container mit den drei Wochen vorher von ,,Jaycee Construction Inc." bestellten Werkzeugmaschinen waren bereits ins Innere des Gebäudes gebracht worden und standen dort zusammen mit dem Anhänger, der das gefälschte Polizeiauto enthielt, welches später eingeschmolzen werden sollte.

Olsen hatte gleich nach seiner Ankunft in Detrick die beiden Leichen und eine Landmine in den Kofferraum eines nicht auf der Suchliste stehenden Pkw gelegt und auf die Rückkehr seiner beiden Kollegen gewartet. ,,Wie ist es gelaufen?" rief er ihnen entgegen und warf bereits den Motor an.

Napier streckte den Daumen in die Höhe. ,,Die sind jetzt bestimmt schon auf dem Weg!" rief er ihm hinterher.

Stillman und Napier brachten die ursprünglichen Nummernschilder wieder an dem gestohlenen Lkw an und folgten Olsen zu der Stelle, wo der Überfall stattgefunden hatte. Als sie dort eintrafen, hatte Olsen die Mine – eine von der Sorte, wie sie häufig von Terroristen verwendet wurde – bereits gelegt und wartete neben der Fahrbahn, bereit, die druckempfindlichen Detonatoren zu verbinden.

Napier hielt neben dem Pkw; er hob mit Stillmans Hilfe die Leichen in die Führerkabine und steckte ihnen die Papiere wieder in die Overalls. Im Osten begann der Himmel hell zu werden, und sie beeilten sich mit ihrer Arbeit.

Der nächste Teil war Stillmans Sache, da Napier wesentlich

stämmiger war und nicht schnell genug sein konnte. Er kletterte ins Führerhaus und ließ, halb im Schoß des toten Fahrers sitzend, den Motor an. Nach anfänglichen Schwierigkeiten schaffte er es, auf den Highway einzuscheren, dann schaltete er die Scheinwerfer an.

Hundert Meter weiter vorn verknüpfte Olsen die druckempfindlichen Sprengkapseln mit der Mine, die er in der Mitte der Fahrbahn des Highway angebracht hatte. Als er damit fertig war, ließ er seine Taschenlampe aufblinken; Stillman schaltete sein Fahrzeug auf Handgas und stellte die Lenkung so, daß die Räder genau auf die Sprengkapseln zurollten.

Zwanzig Meter vor der Mine ließ sich Stillman aus dem Lastwagen fallen und rannte los. Als er nicht mehr weiterzurennen wagte und sich auf den Boden warf, wurde er eine Sekunde später von einem Schauer von Trümmerteilen eingeholt.

Um sieben Uhr morgens, Pacific-Standard-Zeit, landete die 747er Fracht-Boeing mit dem verpackten Raumschiff an Bord auf dem Los Angeles International Airport. Die Container wurden ausgeladen und zu „Jaycee Construction" gebracht, wo sie um neun Uhr eintrafen. Eine Stunde später standen die Kisten in einem Lagerschuppen, und die Frachtpapiere waren unterzeichnet.

Weitere fünf Stunden später waren Stillman und Olsen wieder in Los Angeles und setzten ihre Arbeit an dem Haus fort. Sie waren genau vierundzwanzig Stunden lang weggewesen.

Während der nächsten zehn Tage wurden die Teile des Raumschiffs in mehreren Fahrten mit einem Lastwagen der *Jaycee Construction* zur Doty Avenue 13 400 gebracht. Lawrence und sein Team arbeiteten mit vollem Einsatz: Mit Hilfe eines kleines Krans wurden die einzelnen Teile an Ort und Stelle befördert und dort mit Laser zusammengeschweißt.

In den frühen Morgenstunden des zweiten Dezember begannen Paul MyElroy und Philip Benedict, drei Cerebroiden für ihre Abreise aus Fort Detrick vorzubereiten, wobei sie bei jedem der drei Gebilde in der gleichen Weise vorgingen.

McElroy hatte bereits die Temperatur der Nährmittellösung gesenkt, um die Stoffwechselvorgänge der Cerebroiden zu verlangsamen, und die Elektroden des EEG-Monitors entfernt. Jetzt trennte er von den Leitungen der Tiefenelektroden, die zur Stimulierung der Cerebroiden dienten, zwei ab und verband sie mit einer Miniausgabe des Überlebenspaketes für Notfälle. Die übrigen Elektroden fügte er zu vier Bündeln zusammen, von denen er jedes an eine Seite eines viereckigen Plättchens aus superleitfähigem, organischem Material anschloß. Der Hauptteil der elektrischen Aktivität der Cerebroiden war nun auf diese vier sensorischen Plättchen konzentriert. Er löste den luftdichten Verschluß auf der Kammer, nahm den Deckel ab und hob dann den Cerebroiden – zusammen mit seinem Überlebenspaket – heraus und beförderte ihn in die untere Halbkugel einer Metallhülle. Diese Halbkugel war bereits zum Teil mit kalter Nährlösung gefüllt.

Jetzt übernahm Benedict und fügte die vier Plättchen in vier Einkerbungen im Rand der Halbkugel ein. Dann setzte er die obere Halbkugel mit den entsprechenden Einkerbungen darauf und versiegelte die so entstandene Kapsel. Die Plättchen waren jetzt am Äquator der Kugel noch zu sehen, schlossen jedoch dicht ab und fügten sich nahtlos in die Gesamtstruktur der Hülle ein. Sie waren im Endeffekt die Verbindungsstellen, die es Lawrence ermöglichen würden, das endgültige Gebilde zusammenzu„stöpseln" und so das in sich geschlossene System zu erhalten, das Benedict bei der Vorführung des Modells beschrieben hatte.

Der letzte Schritt bestand darin, noch mehr Nährlösung in die Hülle zu pressen, und zwar durch eine kleine Einlaßstelle oben auf der Kugel. Benedict beobachtete sorgfältig die Druckmesser an der Pumpe, bis er sicher sein konnte, daß der Cerebroid völlig in Nährlösung schwamm. Dann versiegelte er die Einlaßstelle.

Bei keinem dieser Arbeitsvorgänge war einer der beiden Männer in direkten Kontakt mit dem Cerebroiden gekommen, denn sie hatten stets mit Hilfe eines Manipulators gearbeitet.

Immer noch mit den Händen auf den Reglern des Manipulators,

hob Benedict die erste Kugel mit dem darin befindlichen Cerebroiden an und ließ ihn in die schützende Schaummasse im Innern eines Leichtmetallbehälters gleiten. Er versiegelte ihn und stellte ihn in eine gelbe Kiste, die das Galeerenmotiv der „Mayflower-Weltweit-Spedition" trug. Der Behälter füllte den Boden der Kiste vollständig aus, ließ jedoch oberhalb einen freien Raum von fast achtzig Zentimeter Höhe.

Gegen halb sieben war auch der dritte Cerebroid verpackt. Jetzt füllten Benedict und McElroy, die Handschuhe trugen, die freien Räume der drei Kisten mit Büchern. Dann nagelten sie die Deckel zu und klebten Zettel mit der Aufschrift BITTE ALS ERSTES LADEN! auf jede Kiste. Später, im „Mayflower"-Container, würden dann rund achtzig Kubikmeter Möbel obendraufgeladen werden. Zwei Männer von der Sicherheitsabteilung luden die Kisten in einen neutralen Lastwagen, mit dem Napier um sieben Uhr zu Sheldons Haus nach Georgetown fuhr. Von dort aus sollten sie per Luftfracht zusammen mit Sheldons Umzugsgütern nach Los Angeles gehen.

Dem Projekt standen jetzt noch knapp vierundzwanzig Stunden bis zum Zeitpunkt der Explosion zur Verfügung.

Das Wetter in Los Angeles war feucht, die Temperatur betrug immer noch um zwanzig Grad. Seit einer ganzen Woche lag die Westküste unter dem Einfluß eines Hochdruckgebietes, das sich allmählich verstärkt hatte und noch einige Tage anhalten sollte. Eine Warmluftschicht hatte sich gebildet und hing wie eine Glocke über der Stadt, über Tonnen von Schadstoffen, die in der Wärme förmlich vibrierten; selbst nachts gab es kaum Linderung. Es waren ideale Bedingungen für die Explosion; der Wirkstoff mit dem Virus würde dicht über dem Boden gehalten werden und somit voll zur Wirkung kommen.

Die schwitzenden Möbelpacker der „Mayflower"-Spedition, die an diesem Nachmittag um vier Uhr mit ihrem Lastwagen vor der Nummer 13 400 Doty Avenue auftauchten, machten sofort deutlich, daß ihnen nichts lieber war, als ihre Arbeit so schnell wie irgend möglich hinter sich zu bringen. „Wo sollen die Sachen denn hin, Chef?" fragte der Leiter der Gruppe.

Lawrence zuckte die Achseln. „Am besten stellen Sie alles gleich unten rein. Sie können die Teppiche ins Wohnzimmer und in die Bibliothek legen – die beiden Räume sind fertig – und alles andere einfach draufstapeln."

Der Vorarbeiter sah ihn erstaunt an. „Alles?" fragte er.

Lawrence schüttelte bekümmert den Kopf. „Ja, man sollte es nicht für möglich halten – diese Scheißfirma ist immer noch am Renovieren! Dabei hätte sie vor drei Wochen schon fertig sein sollen."

Das Abladen ging schnell. Gegen fünf Uhr wurden die letzten drei Kisten ins Haus gerollt. Während das Polstermaterial, in das die Kisten eingehüllt waren, abgenommen und wieder in den Lastzug gebracht wurde, unterschrieb Lawrence mit Sheldons Namen den Lieferschein. Fünf Minuten später war der „Mayflower"-Möbelwagen verschwunden.

Lawrence bahnte sich den Weg durch die Kisten und schloß die Tür neben der Treppe auf.

Anderthalb Meter weiter ragte, das Innere des Hauses beherrschend, das Raumschiff vor ihm auf. Es ruhte nahezu senkrecht auf einer Seite. Der Boden vor Lawrence war völlig zerstört, so als sei der Führungsring durch ihn hindurch in den Keller eingebrochen. Die kugelförmige Kabine war durch den „Aufprall" nach unten gedrückt und die obere Speiche vom Standring abgerissen worden, wodurch das wabenförmige Verstärkungsmaterial im Innern sichtbar wurde. Die beiden unteren Speichen waren verbogen und dienten jetzt als Stützen für die Kabine. Ein Meter achtzig tiefer war die Seitenkante des Standrings im Kellerboden eingebettet; die entgegengesetzte Seite ragte zum Speicher auf. Die Kabine hatte ihre Form behalten, doch der Standring war zu einem schiefen Oval verformt. Seine Oberfläche zeigte tiefe Kerben und Kratzer, und trotz der gewaltigen Beschädigungen in Bibliothek, Küche und Dachboden wirkte die Raumfähre unbeschädigt, so dick war sie mit Staub bedeckt.

Alles übrige zeugte von dem Chaos, das Lawrence so sorgfältig inszeniert hatte. Die Wand der Bibliothek links vom Standring war ein Schutthaufen – Backsteine, Putz und zersplitterte Regale türmten sich auf dem Fußboden. Von der Küchenwand auf der rechten Seite war nur noch ein kleines Mäuerchen übriggeblieben. Spültisch und Einbauschränke waren zerstört und unter Mauerwerk und schweren Balken begraben. Das im Erdgeschoß gelegene Badezimmer, das jetzt von der Kabine der Raumfähre verdeckt wurde, war mit leichterem Schaden davongekommen. Die Tür war aus den Angeln gerissen und nach innen gegen das WC-Becken gedrückt worden.

Der Weg des Raumschiffes auf seinem vorgetäuschten Absturz war durch die gähnenden Löcher im Fußboden und der Decke des Schlafzimmers im Obergeschoß klar zu erkennen. Dort war auch das Badezimmer schwer beschädigt; verbogene Rohre und ein zerbrochener Wasserbehälter waren hinter dem Loch zu erkennen. Abgerissene Dachsparren hingen herunter und schienen das Raumschiff an mehreren Stellen am Boden festzustecken.

Lawrence kämpfte sich durch knöcheltiefen Schutt zu einer ausgezogenen Leichtmetalleiter, die bis zum Dachboden hinaufreichte. „Ed! Jerry!" rief er.

Von oben kam ein schlurfendes Geräusch, ein paar Mörtelbrocken polterten herunter, dann tauchte Stillmans Gesicht auf. Gleichzeitig beugte sich Payne über die Kante des Loches im Schlafzimmerboden. „Ed, kommen Sie runter und helfen Sie mir beim Auspacken!" rief Lawrence. „Und Sie, Jerry, könnten die Bücher reinbringen, wenn Sie im Schlafzimmer fertig sind."

Stillmann zog sich einen Overall und Handschuhe an und packte die Bücher aus, unter denen die Cerebroiden versteckt waren.

Sorgfältig huben Lawrence und Stillman den ersten Metallbehälter aus seiner Kiste, öffneten ihn und nahmen die oben liegende Schaumstoffschicht herunter. Lawrence stellte einen Greifer an. Unter leisem Summen des elektrischen Motors lenkte er den Manipulatorarm auf den Cerebroiden zu, senkte den gepolsterten Griff bis zur Mittelnaht und verengte ihn, bis er die Kugel fest umschloß. Langsam hob der Greifer den Cerebroiden in seiner Kapsel aus dem schützenden Schaumstoff. Mit dem Steighöhenregler drehte er ihn dann in eine horizontale Lage, mit der Unterseite zum Raumschiff hin. Nun streckte sich der Teleskoparm langsam aus, auf die Kabine zu, wobei Lawrence Feinsteller-Regler benutzte. Dieser Arbeitsabschnitt ging äußerst langsam vor sich; Lawrence zog den Arm zweimal zurück, bevor er restlos zufrieden war mit der Einbettung des Cerebroiden in seiner Flugschüssel. „Jetzt liegt er auf der Nase!" sagte Stillman. Auf ein weiteres Signal des Transmitter hin wurde die Kugel mit dem Cerebroiden in dem Haltering an Ort und Stelle befestigt.

Diese Prozedur hatte Lawrence bei einer praktischen Übung in Fort Detrick eine „Zangengeburt rückwärts" genannt. Als der letzte Cerebroid an seinem Platz befestigt war, hatte Lawrence über eine Stunde lang den Greifer bedient. Er schwitzte bereits stark infolge der intensiven Konzentration, die diese Prozedur erfordert hatte, doch der schwierigste Teil stand erst noch bevor: Einrichtung des In-sich-geschlossenen-Systems. Die „Kabel" aus super-leitfähiger, organischer Faser von den Sensoren im Standring und aus dem Computer mußten mit den Plättchen der Cerebroiden verbunden werden, und anschließend auch noch die Cerebroiden untereinander.

„Sie übernehmen die erste Stunde. Ich muß mich etwas ausruhen", sagte Lawrence zu Stillman, der ihn an dem gepolsterten Hebel ablöste, mit dem ultrafeine Manipulationen ausgeführt werden konnten. „Und machen Sie die verdammten Biester ja nicht kaputt!"

In der Zwischenzeit füllten die anderen Männer wieder die Kisten und räumten die Geräte weg, die während des Aufbaus der Raumfähre benutzt worden waren. Dann holten sie aus dem Lkw mehrere Stapel Bücher herein, hauptsächlich wissenschaftlichen Inhalts, die im Laufe der letzten Wochen bei verschiedenen Buchhändlern in der Umgebung von Los Angeles gekauft worden waren. Mit diesen Büchern wurden dann die Kisten gefüllt, in denen die Cerebroiden gebracht worden waren.

Um neun Uhr tat Lawrence den letzten Handgriff, und Stillman gab das Signal zum Verschluß der kugelförmigen Kabine. Der Greifer, Manipulator, sonstiges Zubehör und die Metallkisten, die die Cerebroiden auf ihrer Reise beherbergt hatten, wurden nach draußen auf den Laster gebracht. Als letztes verteilten die Männer Schutt und Trümmerteile, die man extra für diesen Zweck aufbewahrt hatte, über dem jetzt verschlossenen Raumschiff.

Kurz darauf fuhren Olsen und Payne los; Lawrence und Stillmann blieben zurück, um die Vorrichtung für die Explosion anzubringen.

Zu einem früheren Zeitpunkt des Projektes hatten Lawrence und Weiner viele Stunden damit verbracht, die bei Untersuchungen von Flugzeugabstürzen verwendeten Techniken zu diskutieren. Dabei hatte sich eine Tatsache klar herausgestellt: Das Verräterische bei allen Fällen von Sabotage war stets gewesen, daß man bei den Wrackteilen Material gefunden hatte, welches nicht beim Bau des Flugzeuges verwendet worden war.

Um die Täuschung also perfekt zu machen, mußte die Explosion der Raumfähre aus einer Quelle stammen, die in der Struktur selbst lag, und das waren in ihrem Fall die Tanks mit dem Hochleistungs-Superoxyd, die die Fluglagedüsen belieferten, sowie der Treibstoff in den Haupttanks. Das Problem war dann nur gewesen, wie der Treibstoff gezündet werden sollte; die Antwort hatte in dem Navigationssystem gelegen. Benedict hatte eine Laser-Kreiselvorrichtung darin eingebaut. Sie arbeitete ungewöhnlich genau und funktionierte im Gegensatz zu konventionellen Kreiselsystemen auch unter hohen Beschleunigungskräften. Im wesentlichen bestand sie aus zwei Laserstrahlen, die in einem geschlossenen Kreis durch Leitwege, welche in einen festen Quarzblock gebohrt waren, gelenkt wurden. Wenn dieser Block beschädigt wurde – zum Beispiel durch einen Aufprall –, würden die hochverdichteten Strahlen „entweichen" und genügend Kraft haben, die Superoxyd-Tanks zu durchdringen, was augenblicklich eine schwere Explosion zur Folge hätte. Diese Explosion war jedoch geringfügig, verglichen mit der, die dann durch die

Verletzung der Haupttanks folgen würde. In der Sprache der Sprengexperten sollte also das Laserkreiselsystem als Zündsatz dienen, das Superoxyd als Verstärker und der Treibstoff als Sprengladung.

Um Mitternacht begaben sich Lawrence und Stillman nach einer gründlichen Überprüfung des Virus-Verteilermechanismus in den Keller. Erst hier unten ließ sich das Ausmaß des durch das Raumschiff angerichteten „Schadens" voll würdigen. Der Aufschlag auf dem Kellerboden hatte den Standring wie eine Erbsenschote aufplatzen lassen und dadurch die elektronischen Teile, das Kreisel- und das Navigationssystem freigelegt. Beweisstücke für den Absturz ragten aus dem Loch unter dem Standring hervor: verbogene Reste einer Fernsehantenne, zerbrochene Dachziegel und -latten, Dachpappe und Isoliermaterial. Sogar eine Taube war zu sehen, deren Flügel sich in einem Kabel verfangen hatten.

Lawrence richtete den Strahl seiner Taschenlampe auf den Quarzblock. Der haarfeine Riß in einer Ecke des prismatischen Systems war kaum zu sehen; an dieser Stelle würde der Laserstrahl austreten. Ihm und Stillman blieben jetzt noch zwei Dinge zu tun: eine gerade Linie herzustellen zwischen dem Haarriß und dem Superoxyd- beziehungsweise den Haupttanks, und den an Bord befindlichen Computer so zu programmieren, daß er den Laserstrahl aktivieren würde; auszulösen war diese Operation über Fernbedienung mit Hilfe eines Transmitters.

Um ein Uhr am Morgen des dritten Dezember waren sie fertig. Sie verließen das Haus durch die Küche und gelangten so direkt in die Garage. Leise schoben sie den VW-Bus hinaus und fünfzig Meter weit die Straße hinunter, bevor sie den Motor anließen und zum Flughafen fuhren.

In zwei Stunden würde Doty Avenue 13 400 auf dem besten Weg sein, zur bekanntesten Adresse der Welt zu werden.

22

Douglas Wallcroft blinzelte angestrengt in den Dunst und stellte die Scheinwerfer seines Pontiac an.

Die fünf Sonderberichte für *Countdown,* zu deren Herstellung er an die Westküste gekommen war, hatten sie Gott sei Dank endlich abgedreht. Unter dem Titel „Kalifornien: Ein kalter Wind im Garten Eden" sollten die Filme die Ursache aufzeigen, die dazu geführt hatten, daß aus dem reichsten Bundesland der Union ein wirtschaftliches Ödland geworden war. Eigentlich hätte Wallcroft gestern um elf Uhr nachts mit den übrigen Team-Mitgliedern nach New York zurückfliegen sollen, doch dann hatte er die Nacht mit einem Mädchen verbracht, die er auf einer Party kennengelernt hatte. Bevor er mit ihr in diesem Miet-Pontiac die Party verlassen hatte, war seine Sekretärin noch von ihm beauftragt worden, sich beim Los Angeles International Airport um sein Gepäck zu kümmern und dafür zu sorgen, daß sein Flugticket auf einen zeitigen Morgenflug umgebucht wurde.

Ungeduldig trommelte er mit den Fingern auf das Lenkrad, während er an der Kreuzung Redondo Beach und Crenshaw vor der Ampel wartete. Nach seiner Schätzung waren es nur noch wenige Minuten bis zum San Diego Freeway.

Die Ampel schaltete um, und er fuhr an. Er befand sich gerade mitten auf der Kreuzung, als die Dunstschicht im Norden einen Moment lang rot aufleuchtete; ein paar Sekunden später wurde sein Auto von einer Druckwelle getroffen, die die Schlüssel im Zündschloß klingeln ließen.

Er bremste, stellte den Motor ab und kurbelte das Fenster herunter. Irgendwo in der Ferne heulte die Sirene eines Polizeiwagens auf, dann eine zweite, eine dritte. Mein Gott! dacht er, da muß aber eine größere Sache in die Luft geflogen sein, um die höchste Alarmstufe auszulösen.

In diesem Augenblick tauchten rechts von ihm Scheinwerfer im Dunst auf. Er drehte den Schlüssel in der Zündung und startete, aber nur die Beleuchtung für das Armaturenbrett glühte auf. Er versuchte es ein zweites Mal, doch wieder sprang der Motor nicht an.

Die Entfernung zwischen seinem Wagen und dem herannahenden Fahrzeug – einem schweren Lastwagen, wie er jetzt erkannte - verringerte sich zusehends.

Er begann wie wild auf die Hupe zu drücken. Der Laster war keine zehn Meter mehr entfernt, als der Fahrer plötzlich gegen die Windschutzscheibe erbrach, vornüber kippte und mit dem Kopf das Glas verschmierte, während er hinter das Armaturenbrett rutschte und aus der Sicht verschwand. Eine Sekunde später prallte der Laster mit einem ohrenbetäubenden Krachen gegen das Heck seines Wagens, der, sich um die eigene Achse drehend, über die Kreuzung schlidderte. Die Doppeltür am hinteren Ende des Lastwagens flog auf und schickte einen Schauer von Orangen und Holzkisten über die Straße.

Der Lastwagen rumpelte über den Redondo Beach Boulevard, fuhr über den Bürgersteig und demolierte einen Laden für Autozubehör, bevor er nur wenige Zentimeter vor einer Reihe von Benzinsäulen auf dem Grundstück einer Tankstelle zum Stehen kam.

Wallcroft löste seinen Sicherheitsgurt und stieg aus. Alles, was er hörte, war das Geräusch von fallendem Mauerwerk und das Zischen aus dem durchlöcherten Kühler und das der Luftbremsen.

Er bahnte sich gerade einen Weg durch die Orangen auf den Lkw zu, als er aus der Ferne ein weiteres Fahrzeug näher kommen hörte. Er drehte sich um. Aus derselben Richtung, aus der der Lastwagen gekommen war, schlingerte jetzt ein führerloser Pkw auf ihn zu. Auf der Kühlerhaube war ein von Schlangen umzüngelter Kopf aufgemalt. Die Seiten des Wagens, eines höher gesetzten 7ler Cadillacs, waren mit Visionen aus dem Garten Eden bemalt, die dem Kopf eines LSD-Süchtigen entsprungen sein mußten. Das Auto schleifte etwas neben sich her, was wie eine Fußmatte aussah.

Als der Wagen auf seiner Höhe war, flog die Beifahrertür auf und ließ dadurch die Innenbeleuchtung aufflammen. Quer über den Vordersitzen lag ein junges Mädchen. Was er für eine

Fußmatte gehalten hatte, war der Beifahrer. Mit eingeklemmten Beinen war der Mann – wenn es einer war! – über das Pflaster geschleift worden, bis sein Gesicht und die Schultern zu einem blutigen Brei aus Haut, Haaren und zerfetztem Silberlamé geworden waren.

Der Cadillac glitt langsam weiter nach links, traf auf einen Feuermelder und blieb stehen. Wallcroft rannte darauf zu und zog die Beifahrertür auf. Das Mädchen lag völlig reglos in Embryohaltung und mit offenen Augen da. Wie der Lastwagenfahrer hatte auch sie sich übergeben, allerdings so heftig, daß sie auch Blut gebrochen hatte.

Wallcroft konnte keinen Pulsschlag fühlen; er rannte zu seinem Pontiac zurück und drehte an der Zündung. Der Motor sprang augenblicklich an.

Er war gerade in nördlicher Richtung auf die Crenshaw eingebogen, in der Absicht, zur Wohnung seiner Freundin zurückzufahren und von dort aus zu telefonieren, als er das blitzende Rotlicht zweier Polizeiautos im Rückspiegel entdeckte. Er fuhr an die Seite und hielt an. Quietschend kamen die beiden Wagen vor und hinter ihm zum Stehen. Er fing eben an, sein Fenster herunterzukurbeln, als aus dem vor ihm stehenden Auto ein Sergeant ausstieg, ein Mann mit einem breiten Brustkorb und dem Gesicht einer Jahrmarktsschießscheibe. „Hände aufs Dach und Beine auseinander!" blaffte er.

Während der Sergeant Wallcroft durchsuchte, hörte man den Fahrer des hinteren Polizeiautos über Funk um eine Ambulanz zur Kreuzung Redondo Beach und Crenshaw bitten. „Wie finden Sie das, Sarge?" rief er. „Da reißen wir uns den Arsch auf, um hierherzukommen, und die Jungs im Hauptquartier haben nichts Besseres zu tun als Kaffeepause zu machen!"

„Versuchen Sie's einfach weiter!" Der Sergeant stellte sich vor das Auto, um im Licht der Scheinwerfer den Inhalt von Wallcrofts Brieftasche zu untersuchen.

Ein Polizeihubschrauber tauchte plötzlich über ihren Köpfen auf und leuchtete mit seinem Suchscheinwerfer über die Kreuzung.

Wallcroft blickte über die Schulter und sah, daß der Fahrer des zweiten Polizeiautos jetzt auf dem Bürgersteig stand und einen Telefonhörer ans Ohr gepreßt hielt. Über dem Knattern des Hubschraubers hörte er ihn rufen: „Bleiben Sie mal dran!" Dann wartete der Polizist, bis sich der Lärm ein wenig gelegt hatte. „He, Doktor, da will Sie jemand vom Hauptquartier sprechen!" rief der zum ersten Wagen hinüber. Er bekam keine Antwort.

Der Sergeant gab Wallcroft die Brieftasche zurück. „Soll das etwa heißen, daß der blöde Hund schon wieder eingeschlafen ist?" sagte er, steckte die Pistole wieder ins Holster und ging langsam zum Wagen zurück, wo er jemanden, der zusammengesunken auf dem Rücksitz saß, an der Schulter rüttelte.

Der Mann, der daraufhin ausstieg und sich auf dem Bürgersteig auseinanderfaltete, war ebenso langbeinig und ungelenk wie ein neugeborenes Füllen. Er trug weiße Hosen und Turnschuhe, aber keine Socken, und einen weißen Mantel, dessen Ärmel mehrere Zentimeter vor den knochigen Handgelenken aufhörten.

Er wankte im Paßgang zu dem zweiten Polizeiauto hinüber, griff nach dem Telefonhörer, der ihm ungeduldig entgegengehalten wurde, und klemmte ihn sich zwischen Ohr und Schulter. „Dr. Landstrom vom Harbor General Hospital." Er sprach mit gelöster, wohlklingender Stimme und einem Bostoner Akzent. Während er zuhörte, stellte er seine Arzttasche auf den Fahrersitz und suchte mit beiden Händen seine Manteltaschen ab. Seine Suche brachte ein leeres Gauloisespäckchen zutage, das er dem Polizisten zeigte, bevor er es zusammenknüllte und über die Schulter warf. Der Polizist seufzte und zog eine Packung Marlboro hervor. Landstrom grinste, steckte sich eine zerdrückte Zigarette in den Mundwinkel und imitierte das Anreißen eines Streichholzes. „Sie verlangen also von mir", sagte er und schwieg dann so lange, bis er sich an dem Streichholz, das der Polizist ihm im Schutz der gewölbten Hände entgegenhielt, die Zigarette angezündet hatte, „daß ich hier, mitten auf der Straße, eine Autopsie durchführe?" Er und die beiden Beamten tauschten verständnislose Blicke.

„Jetzt halten Sie doch mal die Luft an!" rief er nach mehreren erfolglosen Versuchen, die Stimme am anderen Ende der Leitung zu unterbrechen. „Das ist doch Sache des County Coroners. Ich bin nicht berechtigt, hier…"

Wieder fiel ihm die Stimme ins Wort, lauter noch als zuvor. „Okay, okay", erwiderte Landstrom schließlich gereizt, „ich mach's also – aber nicht, bevor mir nicht einer von ganz oben persönlich den Befehl gegeben hat statt eines seiner Arschlöcher."

Er hielt den Hörer in einer verächtlichen Geste von sich weg, als habe der ihn auf irgendeine Weise persönlich beleidigt. „Na, wie gefallen Ihnen diese Kerle?" fragte er indigniert.

Als sei es eine Antwort auf seine Frage, erwachte das Telefon wieder zum Leben, diesmal mit einer langsamen, vor Autorität schweren Stimme. „Jessesmaria!" Landstrom hielt die Hand auf die Sprechmuschel und sah die Polizisten an, als wolle er ihnen etwas sagen, änderte dann jedoch seine Absicht. „So schnell ich kann, Herr Bürgermeister!" sagte er.

Landstrom starrte die beiden Beamten an. „Allmächtiger! Kein Wunder, daß der arme Kerl, mit dem ich zuerst gesprochen habe, nicht mehr wußte, wo ihm der Kopf stand… Der Katastrophenschutz hat gerade eben bekanntgegeben, daß uns eine chemisch-biologische Waffe noch unbekannter Art getroffen hat, und wenn die recht haben mit ihrer Vermutung" – Landstrom wedelte mit dem Hörer in die Richtung, wo die Fahrzeugwracks standen –, „dann war es das, was die Leute da hinten umgehauen hat."

Wallcroft wurde schlagartig klar, wie nahe er dem Tod gewesen war. Wenn er die Wohnung des Mädchens nicht schon so zeitig verlassen hätte… Wenn er sich nicht verfahren hätte und dadurch südlich aus der Gefahrenzone herausgekommen wäre… Wenn ihn die Polizei nicht angehalten und daran gehindert hätte, wieder in nördlicher Richtung zu fahren…

„Wie steht's mit Ihnen, mein Junge – sind Sie okay?" Der Arzt sah ihn mit professionellem Interesse an.

Wallcroft nickte.

„Na prima!" sagte Landstrom. „Ich brauche nämlich Ihre Hilfe."

„Also", sagte Landstrom und fuhr sich mit der Hand über den Kopf, „es hat ja wohl nicht viel Zweck, hier rumzusitzen und auf das Eintreffen der Siebten Kavallerie zu warten."

Die beiden Polizeiautos waren wenige Minuten zuvor abgefahren, nachdem sie vom Einsatzleiter den Befehl erhalten hatten, sich in westliche Richtung zu einem Evakuierungseinsatz zu begeben.

Landstrom steckte den Finger in den Mund und hielt ihn prüfend in den Wind. „Okay, Junge", sagte er und reichte Wallcroft seine Tasche, „dann wollen wir's mal hinter uns bringen, bevor der Wind dreht und uns die ganze Scheiße hierherträgt."

Während sie sich auf die Suche nach einem Arbeitsraum machten, erklärte Landstrom, daß er den Auftrag erhalten hatte, Autopsieproben zum Gesundheitsamt in der North Figueroa Street zu bringen.

„Aber warum denn nicht gleich die Leichen?" fragte Wallcroft.

„Soviel ich verstanden habe", antwortete Landstrom, „haben die einfach keinen Platz dafür. Die richtige Antwort lautet aber meiner Meinung nach, daß die von dieser Sache völlig unvorbereitet getroffen worden sind. Die Vorschrift besagt, daß – wenn erst einmal bekannt ist, daß ein CB-Wirkstoff eingesetzt worden ist – es in den Aufgabenbereich spezialisierter Kliniker fällt und nicht solcher Dummköpfe wie ich einer bin, Proben des verdächtigen Materials zu entnehmen. Von denen wird sogar verlangt, bereits auf dem Weg ins Labor die Nährlösung entsprechend zu präparieren."

Nachdem sie zehn Minuten lang an allen möglichen Türen geläutet und geklopft hatten, mußten sie einsehen, daß diese Gegend entweder nicht mehr bewohnt wurde oder daß die Menschen, die hier lebten, ungewöhnlich zurückhaltend waren.

„Also", sagte Landstrom und rieb sich die Hände, „dann werden wir's eben auf die harte Tour machen müssen. Gehört der Ihnen?" fragte er und wies mit der Taschenlampe auf den Pontiac. Wallcroft nickte. „Okay", fuhr Landstrom fort, „dann nehmen wir lieber den ausgeflippten Caddy."

Er entwirrte die Beine des Mädchens aus dem Sicherheitsgurt, zog die Leiche aus dem Fahrzeug, und zusammen legten sie sie auf den Rücksitz.

Dann wischte Landstrom mit einer Packung Papiertaschentücher, die er im Handschuhfach gefunden hatte, das Blut vom Fahrersitz und setzte sich hinters Steuer. Er ließ den Motor an, fuhr schleudernd mit Vollgas rückwärts und bremste.

Wallcroft, der ihn vom Bürgersteig aus beobachtete, erkannte plötzlich, was der Arzt vorhatte. „Sind Sie verrückt geworden?" rief er.

Landstrom begann das Fenster hochzukurbeln. „Was erwarten Sie denn von mir, Junge? Soll ich etwa auf eine höchstrichterliche Entscheidung warten?"

Er ließ den Wagen mit voller Kraft auf das Metallgitter vor dem Schaufenster eines Spirituosengeschäftes prallen und riß es dadurch aus seinen Halterungen. Er legte den Rückwärtsgang ein, fuhr bis zur Mitte der Straße zurück, ließ den Motor aufheulen und lenkte den Wagen erneut gegen das Metallgitter. Diesmal drückte die Stoßstange es vorwärts und ließ die Glasscheibe und Hunderte von Flaschen, die dahinter standen, unter dem Aufprall zerspringen. Durch die abrupte Verzögerung wurde Landstrom nach vorn und dann gegen das Autodach geschleudert, während die Räder über die Metalleinfassung des Fensters holperten. Er trat auf die Bremse, doch es war zu spät, um die Theke nicht mehr zu rammen. Die Bolzen, mit denen sie am Boden befestigt war, brachen ab, und der ganze Aufbau wurde heftig gegen das mit Flaschen gefüllte Regal dahinter gedrückt. Die Windschutzscheibe schien zu vereisen, als sie barst, und aus beiden Reifen auf der Fahrerseite entwich pfeifend die Luft.

„Willkommen in Los Angeles erstem Drive-In-Pathologie-Labor!" sagte er, als Wallcroft über die Trümmer gestiegen kam.

Er stieß mit dem Fuß eine Tür auf und machte sich auf die Suche nach einem Lichtschalter. „Das erklärt, warum hier eben kein Alarm losging", rief er ein paar Minuten später. „Der Strom ist ausgefallen."

Landstrom entschied sich für einen kleinen Büroraum im hinteren Teil des Ladens, der ihm am besten geeignet schien, drückte Wallcroft eine Taschenlampe in die Hand und fing an, den Tisch abzuräumen.

Als er damit fertig war, breitete er ein Plastiktuch aus, reihte eine Auswahl der verschiedensten Operationsinstrumente auf, schraubte die Deckel von einigen Gefäßen für Proben ab und legte Gaze bereit.

Wallcrofts Aufgabe sei, so erklärte er, die Taschenlampe mit ruhiger Hand zu halten und nicht zu kotzen, „oder wenigstens nicht in meine Richtung!"

Er steckte seine Ringe und die Armbanduhr in die Hosentaschen und zog den Mantel aus. Darunter, über der nackten Brust, trug er einen Schulterriemen mit einem 45er Colt Automatik im Holster. Während er die Hände mit einer desinfizierenden Lösung wusch, erklärte er, warum er bewaffnet war. „Mit der Medizin zu tun zu haben, ist in dieser Stadt zu einer höchst riskanten Sache geworden – und das nicht nur für den Patienten! Die aus Weißen bestehende Mannschaft einer Ambulanz wurde nur wenige Blocks von hier entfernt beinahe gelyncht. Sie waren auf einen Notruf hin zu einem Unfallopfer, einem kleinen Negermädchen, gekommen. Der Täter hatte Unfallflucht begangen. Während die Eltern der Kleinen und ein paar Freunde die Helfer halb tot prügelten, verblutete das Mädchen am Straßenrand." Landstrom schüttelte traurig den Kopf. Er öffnete eine Packung, die eine Wegwerf-Gesichtsmaske, einen ebensolchen Kittel und ein Paar Gummihandschuhe enthielt. „Seit *Thanksgiving* sind allein in Los Angeles zehn Raubüberfälle auf Ärzte verübt worden. Es ist schon so schlimm, daß man jetzt bereits von städtischer Seite aus an eine Verordnung denkt, die es den Ärzten verbieten soll, Morphium an Unfallorte mitzunehmen."

Er tat die Pistole aus dem Holster in die Hüfttasche seiner Hose und rollte dann die Ärmel des Kittels über den ausgestreckten Arm zu den Händen hinunter, wobei er sorgfältig darauf achtete, nur die Innenseite zu berühren. Dann knüpfte er die Bänder am Hals und in der Taille zusammen und hob mit Wallcrofts Hilfe die Leiche des Mädchens auf den Tisch.

„Okay", sagte er, „auf geht's!" Als erstes schnitt er den Saum ihres Kleides ein und riß dann, die Schere noch in der Hand, den Stoff bis zum Hals hinauf auf. Der Körper darunter war jung und bis auf ein winziges schwarzes Höschen nackt.

Er öffnete eine Packung mit Skalpellen und drehte den linken Unterarm des Mädchens mit dem inneren Handgelenk nach oben.

„Am besten vergewissern wir uns als erstes, ob sie auch wirklich tot ist. Das fehlte mir gerade noch, ein Verfahren wegen eines Kunstfehlers übergebraten zu kriegen, bevor ich auch nur meine Assistentenzeit hinter mir habe."

Das Blut, das aus ihrer aufgetrennten Pulsschlagader sickerte, war dunkel und dickflüssig. „Gut", sagte Landstrom und schloß den Einschnitt mit einem Streifen Klebeband. Anschließend nahm er ein Skalpell und stellte sich direkt hinter den Kopf des Mädchens. „Geben Sie mir von hinten Licht", befahl er. Dann zog er, vom Haaransatz ausgehend, die Klinge wie bei einem Mittelscheitel bis zum Scheitelpunkt des Kopfes. Vorgebeugt packte er zu beiden Seiten des Einschnittes mit den Händen in die langen, hellen Haare. Es gab ein Geräusch, als würde Kattun zerrissen, und nun plötzlich lag die ganze Wölbung des Schädels entblößt vor ihnen. Wallcroft biß die Zähne zusammen und drehte den Kopf zur Seite. Landstrom richtete sich mit einem tiefen Ausatmen auf. „Okay, ganz locker", sagte er. „Damit hätten wir das Schlimmste hinter uns."

Der Arzt arbeitete schweigend und zügig. Er brauchte sechs Minuten, um den Schädel aufzusägen und Gewebsproben aus Mark, Mittelhirn und Schläfenlappen zu entnehmen. Die Luftröhre des Mädchens zog er vollständig heraus und holte dann, nachdem er mit einem Osteotom den Brustkorb geöffnet hatte, Proben aus dem oberen und mittleren Teil ihres linken Lungenflügels.

„Na, wie steht's?" fragte er, während er die Röhrchen verschloß, die das Lungengewebe enthielten. Ohne auf eine Antwort zu warten, nahm er eine Schere, zerschnitt das Höschen an beiden Seiten über der Hüfte und legte so ihren Bauch frei. Mit einem mit Formaldehyd getränkten Wattebausch reinigte er die Haut zwischen Rippen und Schambein links von ihrem Nabel und entfernte die Verpackung von einem neuen Skalpell. In einer einzigen Bewegung schnitt er durch die Muskelschicht, die über der linken Lendenregion des Unterleibes lag; das Bauchfell zerteilte er jedoch ganz langsam und vorsichtig, um den darunter liegenden Darm nicht zu verletzen. Mit einer Verbandsschere und Gaze trocknete er die Höhlung sorgfältig aus, bevor er ein Stück des Dickdarms freilegte. Er schnürte ein knapp acht Zentimeter langes Stück ab, beklagte sich nebenbei, daß Wallcroft die Taschenlampe nicht stillhielt, und schnitt vorsichtig das Stück zwischen den beiden Schnürstellen heraus. Mit einer Verbandsschere transportierte er es dann aus der Bauchhöhle in den bereitstehenden Behälter.

„War doch gar nicht so schlimm, oder?" fragte Landstrom.

Wallcroft stellte die Lampe vorsichtig so auf den Tisch, daß sie die Decke anleuchtete, und lief schnell hinter Landstrom her zum Waschbecken.

Während er sich übergab, war der Arzt schon wieder dabei, den verstümmelten Körper des Mächens mit Metallklemmen zu verschließen.

Wallcroft griff gerade nach einem Handtuch, als er Landstrom ein fast ehrfürchtig klingendes „Du lieber Gott!" ausrufen hörte. Er blickte über die Schulter und sah, wie der Arzt auf die Leiche hinunterstarrte, eine Hohlsonde in der einen, die Taschenlampe in der anderen Hand. Wallcroft richtete sich auf und ging vorsichtig zum Tisch zurück.

Die Wundklemmen, mit denen Landstrom versucht hatte, den Brustraum zu verschließen, hatten nicht gehalten; der Körper sah noch genauso offen aus wie vorher.

„Ich kapier's nicht ... Ich kapier es einfach nicht!" murmelte Landstrom und tippte mit der Hohlsonde auf eine Stelle im Brustkorb. „Das ist doch einfach nicht möglich!"

Wallcroft beugte sich vor, und plötzlich sah auch er, was die Bestürzung des Arztes hervorgerufen hatte. Die freigelegte Lunge, die noch vor einer knappen Viertelstunde fest und rosafarben ausgesehen hatte, war jetzt eine breiige, graue Masse.

Landstrom sah ihn mit völlig verblüfftem Gesicht an. „Ich glaub', ich werd' verrückt!" sagte er. „Die Kleine hier ist am Verwesen!"

23

Um neun Uhr Eastern-Standard-Zeit am Morgen des vierten Dezember, zwei Stunden nach der Explosion, erhielt Nadelman einen Anruf vom Präsidenten. „Es sieht gut aus, Dick. Die vorläufigen Angaben über die Zahl der Todesopfer weichen nur um ein paar hundert von Ihrer vorausgesagten Zahl ab..."

Die Genehmigung zur Ausstrahlung der ersten Nachrichtensendung über das Unglück wurde vom Katastrophenschutz in Los Angeles um zehn vor acht Pacific-Standard-Zeit erteilt. „Während der frühen Morgenstunden ist im südwestlichen Teil von Los Angeles ein Behälter mit Giftgas explodiert", hieß es in dem Bericht. „In unmittelbarer Nähe des Unglücksortes fanden eine Anzahl von Menschen den Tod; jetzt besteht jedoch keine Gefahr mehr."

Den Nachrichten, die gleichzeitig über alle Fernseh- und Radiostationen der Stadt gesendet wurden, folgte eine kurze Ansprache des Bürgermeisters. Er drückte sein „tiefempfundenes Bedauern über den tragischen Verlust von Menschenleben" aus und schloß mit einem Appell an alle Bewohner der Stadt, „diesen Tag als einen Tag wie jeden anderen zu betrachten und ihren täglichen Beschäftigungen wie gewohnt und in Ruhe und Ordnung nachzugehen."

Mehrere Stunden lang schien es, als habe die absichtliche

Verharmlosung der Tatbestände ihren Zweck erfüllt. Doch mit der Wärme kam die Verwesung, und mit der Verwesung kam der Gestank, den die meisten Menschen zwar nicht einordnen konnten, der in ihnen jedoch eine unbekannte, instinktive Angst auslöste. Noch fünf Meilen vom Unglücksort entfernt bedeckten sie, bevor sie auf die Straße gingen, Mund und Nase mit Tüchern, die sie mit Desinfektionsmitteln getränkt hatten. Auf den Gestank aber folgten die Fliegen, und auf die Fliegen folgten die Gerüchte.

Zuerst klangen die Gerüchte gar nicht so weit hergeholt. Die Toten, so hieß es, seien nicht an Giftgas gestorben, sondern an einer von Insekten übertragenen Krankheit.

Doch mit ihrer Verbreitung veränderte sich diese Geschichte und wurde mit jedem Weitererzählen wunderlicher. Gruppen von Sanitätern, so wurde gesagt, die in der Nähe des Explosionsortes arbeiteten, seien von riesigen Fliegenschwärmen überfallen und erstickt worden. Dann, so glaubte man, hätten die Fliegen ihre Eier wahllos in lebende wie tote Körper abgelegt und seien innerhalb von wenigen Stunden als ausgewachsene Insekten aus Eiterblasen wieder auferstanden. In Watts wurde ein halbwüchsiger Junge mit einem Furunkel am Hals von der erregten Menge mit Benzin übergossen und angezündet. Andere Menschen, die glaubten, zum Wirt für die Fliegeneier geworden zu sein, tranken Desinfektionsmittel und starben eines qualvollen Todes.

Der Präsident, so hieß es, werde bedrängt, eine Genehmigung zu erteilen, „die ganze Stadt mit all ihren Einwohnern vom Erdboden verschwinden zu lassen, um eine Ausbreitung der Seuche zu verhindern." Die ungewöhnlich tief hängende Wolkendecke und die Tatsache, daß jeden Tag aus dem Los Angeles Airport fünfzehnhundert Flugzeuge starten und landen, waren der perfekte Nährboden für die rasche Ausbreitung solch eines Gerüchtes. Schon flöge, wie viele glaubten, ein Bomber mit einer thermonuklearen Vorrichtung an Bord in Parkposition über der Stadt, während der Präsident noch mit der qualvollen Entscheidung ringe, die man ihm abverlangte.

Um halb zwölf ließ es sich nicht mehr verheimlichen, daß eine große Zahl von Menschen aus der Stadt flohen; sie mußten erkannt haben, daß die offiziellen Erklärungen zu den Ereignissen im günstigsten Fall stark untertrieben waren. Andere belagerten die Krankenhäuser oder die Dienststellen des Gesundheitsamtes und forderten eine Impfung oder die Behandlung von Symptomen, die in fast allen Fällen rein psychosomatischer Natur waren.

Um fünf Uhr nachmittags telefonierte der Gouverneur mit Bürgermeister Mansio und bestand darauf, daß dieser innerhalb einer Stunde eine Pressekonferenz einberufe. „Teilen Sie den Leuten die Fakten mit, Frank, nur die Fakten! Mein Gott, gegen das, was man jetzt aus Ihrer Stadt hört, werden die Fakten wie Schalmeien klingen!"

Wallcroft war wieder in das Hotel in Beverly Wilshire zurückgekehrt, das er am Vortag verlassen hatte.

Sein erstes Problem war gewesen, sein Produktionsteam ausfindig zu machen. Ein großer Teil der Leute hatte sich gleich nach der Ankunft in New York abgemeldet, um die ihnen noch zustehenden Urlaubstage abzufeiern. Während Wallcroft herumtelefoniert hatte, hatte eine der Hotelsekretärinnen über eine andere Leitung versucht, noch Sitzplätze in einem Flugzeug zu buchen, das diejenigen Mitarbeiter, die aufgetrieben werden konnten, zurück nach Los Angeles bringen sollte. Das hatte sich als nahezu unmöglich herausgestellt: Wallcroft hatte zwar bei dieser Story seinen Kollegen gegenüber einen großen Vorsprung gehabt, doch inzwischen war alles, was Flügel hatte, mit Beschlag belegt, um Reporter von der Ost- an die Westküste zu bringen. Seine eigene Sendeanstalt, so wurde ihm berichtet, hatte Redakteure zum Kennedy International Airport hinausgeschickt mit der Anweisung, Passagieren, die Flüge nach Los Angeles gebucht hatten, für ihr Ticket jede Summe bis zum Vierfachen des normalen Flugpreises zu bieten. Auf diese Weise habe man zwei ergattern können, doch selbst dann, als der Präsident der Gesellschaft seine Geschäftsmaschine zur Verfügung gestellt habe, sei das Problem nicht vollständig gelöst gewesen.

Wallcroft traf eine halbe Stunde vor Beginn der Pressekonferenz des Bürgermeisters vor der Beton- und Rauchglasfassade des Health Centers ein. Bei jeder anderen Gelegenheit hätte er sich geweigert, an einer Versammlung teilzunehmen, auf der doch nur kurze Informationen oder unverfängliches Hintergrundmaterial ausgegeben würde. Heute jedoch würden seine Journalistenkollegen, wie er zuversichtlich glaubte, jedem Versuch, ihrer Berichterstattung Einschränkungen aufzuerlegen, hartnäckigen Widerstand entgegensetzen.

Die Sicherheitsvorkehrungen waren außerordentlich verschärft worden, seit er am frühen Morgen mit Landstrom hier gewesen war. Jetzt mußte er dreimal seinen Presseausweis vorzeigen, bevor er auch nur an dem Schalter mit dem Hinweis AUSWEISE VORZEIGEN! WAFFEN ABGEBEN! ankam: das erste Mal, um durch die Polizeikette zu kommen, die die im Vorhof versammelte Menge zurückhielt; das zweite Mal, um die Reihen der Nationalgardisten passieren zu dürfen, welche mit aufgepflanzten Bajonetten oben auf der zum Gebäude hinaufführenden Treppe standen; und das dritte Mal, bevor ihn die Sicherheitswachen im Foyer durchließen. Über Lautsprecher wurde der Menge vor dem Gebäude in zweiminütigen Abständen sowohl in Englisch als auch in Spanisch versichert, daß die Gefahr nun vorüber sei und „keine weiteren Notstandsmaßnahmen erforderlich seien."

Wallcroft entdeckte die Crew, die ihm unterstellt worden war, und gemeinsam fuhren sie im Fahrstuhl hinauf zur Pressesuite, wo sie sich zu den zweihundert Reportern, Fotografen und Kameraleuten der Fernsehanstalten gesellten.

Wie bei fast allen diesen Versammlungen der Fall, waren auch hier sämtliche Telefonleitungen belegt – die meisten von Reportern, die auf Kosten der Stadt private Ferngespräche führten. In allen Räumen hingen Schwaden von Tabakrauch und quollen die Aschenbecher über. Überall lagen leere Kaffeebecher mit der Aufschrift HALTET LOS ANGELES SAUBER! herum. Der große Versammlungssaal stand voller Klappstühle, von denen die meisten mit Hüten, Mänteln oder Notizbüchern belegt waren. Die Stühle waren zu einem niedrigen Podest hin ausgerichtet, auf dem ein langer Tisch im imitierten amerikanischen Chippendale-Stil und dazu passende Stühle standen. In der Mitte des Tisches entfaltete sich ein dichtes Büschel von Mikrofonen, deren Kabel sich über den Boden zu den Aufnahmegeräten am Ende des Raumes schlängelten. Direkt dahinter gab es ein weiteres, wesentlich höheres Podest, auf dem Elektriker und Kameraleute mit aufgekrempelten Ärmeln herumliefen und sich so sicher wie Katzen in dem Gewirr von Kabeln, Griffen, Lampen und allen möglichen Kameras bewegten.

Hinter dem Tisch hing, flankiert von den Fahnen des Staates Kalifornien und Amerikas, ein großer, mit blauen und grünen Fähnchen besteckter Stadtplan. Über ihm sah man in einer Nische eine Reihe von Uhren, die die Eastern-, Central-, Mountain-, Pacific- und Greenwich-Zeit anzeigten. An drei Kartenständern rechts vom Tisch hingen weitere Stadtpläne.

Als die Minutenzeiger auf den Uhren zur vollen Stunde vorrückten, begannen die Reporter ihre Sitze einzunehmen. Genau auf die Stunde öffnete sich eine Tür links vom Podest mit den Kameraleuten, und Bürgermeister Frank Mansio, gefolgt von seiner Mannschaft, betrat raschen Schrittes den Raum. Die Reporter erhoben sich und blieben stehen, bis der Bürgermeister und sein Gefolge am Tisch Platz genommen hatten. Im selben Augenblick leuchteten die Scheinwerfer auf, und die Pressefotografen stürmten vor, um sich einen guten Platz zum Schießen ihrer Fotos zu ergattern.

Mansio war ein vierschrötiger, dynamischer Mann, der von neapolitanischen Vorfahren abstammte und so aussah – und manchmal auch, wie Zyniker gern behaupteten, so handelte –, als sei er ein Vollstrecker für die Mafia. Seine barsche Art und konservative Erscheinung ließen erkennen, daß er sich dem Leben und seinen nichtendenwollenden Problemen am liebsten ohne Umschweife und auf die einfachste Art und Weise stellte. Er war der einzige Mann am Tisch, der kein volles, für das Fernsehen erforderliches Make-up trug.

Er besprach sich noch etwa eine Minute lang mit seinen Mitarbeitern, bevor er sich erhob. Während er rasch ein paar einleitende Sätze sagte – Dankesworte an die Anwesenden für ihr Verständnis, ihre Geduld und die gute Zusammenarbeit während der vorangegangenen Stunden –, setzte er eine Hornbrille auf und überprüfte mit raschem Blick die Vollständigkeit seiner Unterlagen.

„Okay", sagte er dann und blickte auf, „wir alle wissen, was uns hier zusammengeführt hat, und ich kann daher sofort zum Kern der Sache kommen. Der erste Anruf, der eine Explosion in der Nähe des Zela Davis Parks meldete, erreichte uns um zehn Minuten nach drei am heutigen Morgen. Acht weitere Anrufe, die aus demselben Gebiet Ähnliches zu berichten hatten, kamen zwischen drei Uhr zwölf und drei Uhr sechzehn herein. Fünf Polizeiwagen, von denen zwei der Wilshire Division und drei der Southwest Division angehörten, meldeten sich zwischen drei Uhr achtzehn und drei Uhr zwanzig auf unsere Aufforderung, die Sache zu untersuchen und Hilfe zu leisten; um dieselbe Zeit wurden Einheiten der städtischen Feuerwehr sowie Ambulanzwagen zum Schauplatz des Geschehens geschickt."

Mansio drehte sich zu dem hinter ihm hängenden Stadtplan um und wies auf neun grüne Fähnchen, die kreisförmig um das rote Kreuz gesteckt waren, welches man mit roter Tinte über der Doty Avenue gezeichnet hatte.

„Die Zentrale verlor den Funkkontakt mit den Fahrzeugen, kurz nachdem sie diese Punkte hier passiert hatten…" Der Bürgermeister warf einen Blick auf seine Notizen, bevor er sich wieder an sein Publikum wandte. Fast eine Minute lang war als einziges Geräusch das Surren der Filmkameras zu hören und das Quietschen eines schon lange nicht mehr geölten Bandgerätes im Hintergrund des Raumes.

„Daraufhin hat die Zentrale…" Der Bürgermeister unterbrach sich erneut, allem Anschein nach nicht zufrieden mit seinen Notizen, und beriet sich flüsternd mit einem weißhaarigen Polizei-Commissioner. „Also", nahm er dann die Rede wieder auf, „die

Zentrale hat daraufhin sämtliche Fahrzeugeinheiten, die sich innerhalb eines Radius von zwei Meilen von der Doty Avenue befanden, angewiesen, stehenzubleiben und weitere Befehle abzuwarten." Er zeigte auf einen zweiten Kreis von blauen Fähnchen. „Hier sehen Sie die um drei Uhr siebenundzwanzig zur Verfügung gewesenen Einheiten."

Mansio füllte sein Glas mit Wasser und trank einen Schluck. „Um halb vier", fuhr er fort, „wurde ein ASTRO-Hubschrauber losgeschickt, um die fragliche Gegend zu überfliegen; achtzehn Minuten später meldete er die ersten Zusammenstöße und stehengebliebenen Fahrzeuge in Höhe Hawthorne und El Segundo.

Das Hauptquartier forderte daraufhin sofort sämtliche Einheiten auf, ihre Warteposition zu verlassen; der Aufruf wurde jedoch nur von einem einzigen Wagen empfangen, einer Notdiensteinheit der Polizeiwache Orange County. Der Funkkontakt mit dem Wagen brach dann um acht Minuten vor vier ab."

Der Bürgermeister ging zu den Ständern mit den Stadtplänen hinüber. Über jedem hing ein kleiner Zettel; auf dem ersten stand *3.27 Uhr,* auf dem zweiten *3.48 Uhr* und auf dem dritten *3.52 Uhr.*

„Diese Unglücksfälle", sagte Mansio, „ermöglichten dem Hauptquartier einen ersten Überblick über das Ausmaß der Verbreitung des Giftstoffes und über die betroffenen Stadtteile. Um zwei Minuten vor vier mobilisierte Commissioner Kuleshow sämtliche im Stadtgebiet zur Verfügung stehenden Notdienste und ordnete die Evakuierung des Gebietes westlich der Verbindungslinie Inglewood Boulevard und Küste beziehungsweise mit dem Imperial Boulevard als nördlicher und Manhattan Boulevard als südlicher Grenze an." Er bedeckte auf dem dritten Plan ein Gebiet mit der Handfläche, das unmittelbar vor einem mit roter Tinte schraffierten Stück Stadtgebiet lag. „In einem Zeitraum von rund zwei Stunden, viertel nach vier bis viertel nach sechs, wurden fünfundzwanzigtausend Männer, Frauen und Kinder aus dem Einflußgebiet des Wirkstoffes evakuiert. Um die Gefahr einer Panik zu verringern und einen schnellen und geordneten Abzug der in den bedrohten Stadtteilen wohnhaften Personen zu erleichtern, wurde ab vier Uhr Ortszeit bis zehn Minuten vor acht eine Nachrichtensperre verhängt."

Der Bürgermeister legte seine Notizen einen Moment lang ab, während er sich die Hände mit einem Taschentuch trocknete.

„Das erste Opfer wurde um zwanzig nach vier geborgen", setzte er dann seine Ausführungen fort. „Unter Beachtung aller für diesen Fall von den Gesundheitsbehörden vorgesehenen Vorschriften wurden Gewebsproben sichergestellt und hierhergebracht, wo sie von einem Team unter der Leitung eines Beamten der Gesundheitsbehörde des County, Dr. Peter Kamekura, untersucht wurden.

Dr. Kamekuras Ergebnisse, die sich übrigens mit denen einer späteren Obduktion der Leiche durch andere Mitarbeiter der Gesundheitsbehörde deckten, ließen erkennen, daß die Haupttodesursache die Einatmung – oder Aufnahme durch die Schleimhäute – von Aerobien gewesen ist. Diese Spaltpilze, die freien Sauerstoff aufnehmen, haben eine Größe von ein- bis fünftausendstel Millimeter und enthalten einen noch nicht identifizierten Mikrowirkstoff.

Der einsetzende toxische Prozeß verhindert die Entstehung von..." Er unterbrach sich.

Der neben ihm sitzende US-Japaner kam ihm sofort zu Hilfe. „Acetylcholinesterase", sagte er.

Der Bürgermeister nickte und fing den letzten Satz noch einmal an: „Der einsetzende toxische Prozeß verhindert die Bildung dieses chemischen Stoffes an den Nervenenden, was zu einer Zerfaserung der Muskeln, Atemlähmung und Herzstillstand führt. Obwohl der Wirkstoff, der jetzt unschädlich ist, hochgiftig ist, war er negativ ansteckend."

Er sah sich unsicher im Saal um. „In anderen Worten, wenn Sie ihn eingeatmet hätten, wären Sie jetzt tot, und wenn Sie jetzt nicht tot sind, besteht keine Gefahr mehr."

Er drückte sich die Brille fest auf den Nasenrücken und wandte sich wieder seinen Notizen zu. „Was die endgültige Anzahl der

Todesopfer betrifft", fuhr er ruhig fort, „so wird mit einer Zahl von über zehntausend gerechnet."

Viele Reporter hatten anscheinend nicht richtig gehört oder konnten nicht glauben, was sie gehört hatten. Der Raum schien zu bersten unter den tumultartigen Aufforderungen, die letzten Worte zu wiederholen.

Der Bürgermeister nippte an seinem Glas und las den Satz noch einmal vor, dieses Mal mit einem Anflug von Trotz in der Stimme. Aus dem Hintergrund des Saales rief jemand: „Aber aus Ihrer Amtsstube hat es doch den ganzen Tag über geheißen, die Zahl der Todesfälle sei minimal!"

Der Bürgermeister sprach weiter, als habe er den Einwurf nicht gehört.

„Experten von Bund, Militär und Bundesstaat sind zur Zeit mit der Untersuchung eines Einfamilienhauses in der Doty Avenue beschäftigt, das in den frühen Morgenstunden Schauplatz einer Explosion gewesen ist."

Er legte seine Notizzettel hin und steckte die Brille in die Brusttasche seiner Anzugjacke.

„Wenn Sie irgendwelche Fragen haben", fügte er mit schwacher Stimme hinzu, „werden wir unser Bestes tun, sie Ihnen zu beantworten."

Er gefror mitten in seiner Bewegung sich hinzusetzen, als alle im Saal versammelten Reporter gleichzeitig auf die Füße sprangen und Fragen zu rufen begannen.

Es kostete Lester Bohm, einen übergewichtigen, asthmatischen Mann, der Öffentlichkeitssprecher der Gesundheitsbehörde war, mehrere Minuten, um die Ruhe im Saal wiederherzustellen.

„Meine Herren! Ich bitte Sie, meine Herren!" rief er flehentlich in den Aufruhr, „bitte immer nur jeweils einer!"

Zehn Minuten lang wetteiferten die Reporter miteinander, Bürgermeister Mansio mit Fragen zu bombardieren, voller Sarkasmus und Kritik, besonders was die Entscheidung seiner Behörde betraf, die Wahrheit über das Geschehen so lange zurückzuhalten. Die Entschuldigung, an die er sich klammerte, lautete, das volle

Ausmaß des Unglücks sei erst vor einer Stunde ganz klar geworden.

Drei Reporter sprangen auf und begannen gleichzeitig zu sprechen. Bohm wies auf einen dünnen Mann, der eine Jacke aus buntgewürfeltem Wollstoff trug. „Dieser Herr war der erste."

„Samuel Felfe, Nachrichtendienst des CBS. Ich hätte gern eine Frage bezüglich Ihrer Entscheidung gestellt, Personen westlich einer von der Inglewood Avenue ausgehenden Linie zu evakuieren. Wenn ich mir diese Stadtpläne ansehe" – er wies mit einem Nicken auf die drei Ständer –, „dann scheint mir offensichtlich zu sein, daß Tausende von Menschenleben hätten gerettet werden können, wenn die Polizeibehörde mit ihrer Arbeit zehn Block *östlich* der erwähnten Linie eingesetzt hätte."

Der Commissioner stand sofort auf, doch der Bürgermeister, eifrig bemüht zu beweisen, daß ihn die vorangegangenen Wortwechsel keineswegs erschüttert hatten, und gewillt, weitere Kritik an seiner Behörde abzublocken, kam ihm zuvor. „Da möchte ich doch gern erwähnen, daß die Dienststellen der Polizei und Feuerwehr dieser Stadt sich mit einem Mut eingesetzt haben, der weit über das hinausging, was die Pflicht von ihnen verlangt. Ohne ihre Tapferkeit und Einsatzbereitschaft hätte die Zahl der Todesopfer weit über fünfunddreißigtausend gelegen."

Commissioner Kuleshow, der mit gesenktem Blick in der Art eines Menschen dasaß, der viel zu bescheiden ist, solch ein Lob anzunehmen, auch wenn es wohlverdient ist, wartete nach den Worten des Bürgermeisters eine ganze Weile, bevor er aufsah. „Tatsache ist, Mr. Felfe", sagte er ruhig, „daß wir einfach nicht sicher sein konnten, daß die westliche Windströmung eine konstante Geschwindigkeit beibehalten würde..."

Felfe sprang wieder auf. „Nein, sage ich! Es hätte auch langsamer gehen können als erwartet!"

„Oder schneller!" gab Kuleshow bissig zurück.

„Aber waren denn die mit der Evakuierung beauftragten Beamten nicht mit Gasmasken ausgerüstet?" hakte Felfe nach.

Bohm kam dem Commissioner zuvor. „Dies soll Ihre letzte

Frage sein, Mr. Felfe. Es sind noch eine ganze Reihe anderer Leute hier, und diesen Herren" – er sah mit einem dünnen Lächeln auf die Männer neben sich –, „steht nur sehr wenig Zeit zur Verfügung, was Sie wohl alle, wie ich mir ganz sicher bin, verstehen werden."

Der Commissioner hatte die Gelegenheit genutzt, um flüsternd ein paar Worte mit dem neben ihm sitzenden Offizier des Army Chemical Corps auszutauschen. Jetzt richtete er sich auf und wandte seine Aufmerksamkeit wieder den Reportern zu. „Ein großer Teil der mit der Evakuierung beauftragten Personen waren mit Gasmasken ausgerüstet", erklärte er, „wenn auch leider nicht alle. Abgesehen davon konnten wir jedoch zu diesem Zeitpunkt nicht sicher sein, daß Gasmasken einen ausreichenden Schutz gewähren würden."

Eine ältere Frau mit blau getöntem Haar stand auf. „Aber Mr. Kulshow, die Vereinigten Staaten haben doch sicher..."

„Würden Sie uns bitte Ihren Namen nennen?" wies Bohm sie zurecht.

„Sue Cabell", gab sie bissig zurück, „*San Francisco Chronicle*. Ich sagte gerade, bevor ich unterbrochen wurde, daß unserem Land das Risiko eines Angriffs feindlicher Raketen mit CB-Sprengköpfen seit etwa neunzehnhundertfünfzig bekannt sein dürfte, oder nicht?"

„Wie lautet Ihre Frage, Madam?" Bohm hatte jetzt offensichtlich Schwierigkeiten beim Atmen.

„Meine Frage, Sir, lautet wie folgt: Warum wurde solch einer Möglichkeit im Zivilschutz-Programm dieser Stadt nicht Rechnung getragen?"

Bohm holte tief Luft und wandte sich an den verwirrt dreinschauenden Commissioner. „Ich glaube, daß sich die Frage dieser Dame auf Ihre Antwort auf die Frage von Mr. Felfe bezüglich der Verfügbarkeit von Gasmasken bezieht." Er schwieg und schien zu überlegen, was er mit seinem letzten Satz überhaupt gesagt hatte. „Nun", fügte er dann hinzu, „ich glaube kaum, daß das von großer Bedeutung ist."

„Ich glaube sehr wohl, daß es von Bedeutung ist!"

Bohm wandte den Kopf zur Seite und blickte auf den jungen Mann, der in der Mitte des Saales stand.

„Gilpatrick, *Los Angeles Times*. Warum war kein CB-Frühwarnsystem in Funktion, als..."

„Das fällt unter die Geheimhaltung!" blaffte Bohm zwischen zwei tiefen Zügen an einem Asthma-Sprayer. „Das sollte Ihnen eigentlich bekannt sein, Mr. Gilpatrick."

Der Reporter wartete stehend ab, bis sich der Aufruhr im Saal gelegt hatte. „Standen denn keine Schutzanzüge zur Verfügung?" fragte er. „Oder fällt das auch unter die Geheimhaltung?"

„Natürlich gab es die", antwortete Kuleshow. „Doch um den Nachschub während der Operation war es so bestellt, daß wir einerseits nicht schnell genug in ausreichender Zahl darüber verfügen und gleichzeitig in der knappen Zeit ein dicht besiedeltes Gebiet evakuieren konnten."

Wo würden die Leichen beerdigt werden? Was beabsichtigte die Gesundheitsbehörde gegen den Gestank und die Fliegen zu tun? Warum gab die Polizei nicht bekannt, in welchem Haus die Explosion stattgefunden hatte? Fünfundzwanzig Minuten lang wurden Fragen mit Gegenfragen, unzureichend oder ausweichend beantwortet.

Die Verantwortlichen zeigten Spuren von Nervosität und Anspannung. Wallcroft hatte abgewartet und es den anderen Reportern überlassen, sie weichzumachen. Jetzt richtete er seine ganze Aufmerksamkeit auf den Pressebeamten. Er wartete, bis der Mann zum dritten Mal auf die Armbanduhr blickte und dann die Handflächen auf den Tisch legte, als wolle er sich im nächsten Moment abstützen, aufstehen und die Versammlung beschließen. Wallcroft schlug ihn um Nasenlänge:

„Douglas Wallcroft, *Countdown.*"

Überall im Saal legten die Reporter ihre Mäntel und Hüte wieder unter die Stühle, schlugen die Notizbücher wieder auf oder prüften rasch an ihren Tonbandgeräten, ob noch genug Band auf der Spule war.

„Ich möchte eine Frage an Colonel Michener stellen." Der

Offizier des Army Chemical Corps legte sein Käppi auf den Tisch und nahm wieder Platz, bereit, aufmerksam zuzuhören. „Colonel, es ist heute viel die Rede davon gewesen, wie leicht eine subversive Vereinigung einen chemisch-biologischen Wirkstoff herstellen könnte. Man hat auch behauptet, daß für jeden halbwegs fähigen Chemiker die Synthese von beispielsweise Nervengas heutzutage eine Kleinigkeit wäre. Nun sagen Sie mir doch bitte, Colonel" – Wallcrofts Tonfall war der eines Mannes von Welt, der zu seinesgleichen spricht –, „wie einfach es denn nun wirklich gewesen wäre, denjenigen Wirkstoff herzustellen, mit dem heute morgen zehntausend Menschen getötet worden sind."

Michener stand langsam auf. Er war ein großer, gut gewachsener Mann Anfang Fünfzig mit einem intelligenten, freundlichen Gesicht. Seine kurzen, dunkelgrauen Haare und die olivgrüne Uniform waren makellos geschnitten und gepflegt. Seine Abzeichen wiesen ihn als Korea- und Vietnam-Veteranen aus. Er zog seinen Waffenrock glatt und beugte sich vertraulich und freundlich vor, wobei er sich mit den Fingerspitzen auf der Tischplatte abstützte.

„Wie Sie sicher verstehen werden, Mr. Wallcroft, fällt es mir schwer, Ihnen diese Frage zu beantworten, da wir den Wirkstoff ja noch nicht identifiziert haben." Sein Lächeln deutete an, daß er mit Wallcrofts Verständnis für seine prekäre Lage rechnete. „Ich nehme jedoch an, daß es nicht leicht wäre..."

„*Nicht* leicht wäre?"

„So sagte ich, ja."

„Man braucht also dazu... nun, gutausgerüstete Labors, geschulte Leute?"

„Das würde ich annehmen."

„Wie sie zum Beispiel dem Army Chemical Corps zur Verfügung stehen?"

Michener lächelte so geduldig, als habe er es mit einem schwierigen und nicht sehr aufgeweckten Kind zu tun. „Darf ich Sie daran erinnern, Mr. Wallcroft, daß die Vereinigten Staaten seit neunzehnhunderteinundsiebzig einem Moratorium zugestimmt haben, das die Entwicklung und Herstellung von chemischen und biologischen Waffen verbietet?"

„Wollen Sie damit sagen, Colonel, daß die Armee sämtliche Arbeiten auf diesem Gebiet eingestellt hat, einschließlich der Herstellung von Antitoxinen zum Schutz der eigenen Leute gegen einen Feind, der möglicherweise solch ein Moratorium nicht einhält?"

Michener lächelte wehmütig. „Um Ihnen diese Frage vollständig zu beantworten, Mr. Wallcroft, müßte ich geheime Informationen preisgeben."

„Antworten Sie einfach mit Ja oder Nein", sagte Wallcroft, als böte er ihm einen leichten Ausweg an.

„Nun... Wenn Sie auf einer Ja-oder-Nein-Antwort bestehen..." Michener sah aus, als habe Wallcroft ihn auf eine geheimnisvolle Art und Weise enttäuscht. „Die Armee würde sich der Pflichtverletzung schuldig machen, wenn sie auf dem Gebiet der CB-Technologie nicht... nun, sagen wir mal, Schritt halten würde..."

„Und dafür ist es doch wohl notwendig" – Wallcroft hob die Stimme ein wenig, um Michener daran zu hindern, ihn zu unterbrechen –, „mit einer gewissen Anzahl von Pathogenen zu arbeiten, und sei sie auch noch so klein, nicht wahr?"

„Nun... Ganz allgemein gesprochen muß die Antwort wohl ‚Ja' lauten..."

„Und ist es richtig, daß eine Unze – ich wiederhole: eine Unze! – Botulin vom Typ A genügen würde, um sechzig Millionen Menschen zu töten?"

„Mr. Wallcroft!" donnerte Mansio. „Dies ist eine Pressekonferenz und keine Gerichtsverhandlung!"

„Ich habe versucht, Herr Bürgermeister, drei Punkte klar herauszustellen", entgegnete Wallcroft. „Der erste ist, daß ein Giftstoff des Typs, der heute verwendet wurde, nur durch eine Organisation hergestellt werden konnte, der ungeheure technische Möglichkeiten zur Verfügung stehen – wie es zum Beispiel beim Army Chemical Corps der Fall ist.

Der zweite Punkt war der, festzustellen, daß die Armee trotz ihres vielfach zitierten Moratoriums die Arbeiten an einer Anzahl von Pathogenen fortgesetzt hat, um ‚mit den Entwicklungen auf dem Gebiet der CB-Technologie Schritt zu halten'.

Als dritten Punkt können wir konstatieren, daß sich die Giftstoffmenge, die für den Tod einer unvorstellbar hohen Zahl von Menschen ausreichte, ganz leicht in der Tasche..." – Wallcroft zögerte, als suche er angestrengt nach dem passenden Kleidungsstück –, „... einer Armeejacke verstecken ließe!"

24

Während der Woche vor dem Absturz des Raumschiffes hatte das WILD CARD-Team nicht fernsehen können. Es war ihnen gesagt worden, daß eine von Terroristen gelegte Landmine den Straßenabschnitt, unter dem das zu Fort Detrick führende TV-Kabel lag, in die Luft gesprengt hätte. Ohne Zeitungen und ohne die Möglichkeit, Radio zu hören – was auf Störungen von seiten der Sender zurückgeführt wurde – hatten sie sich gefühlt wie Kartenspieler, denen verwehrt werden sollte zu erfahren, wie hoch sie gewonnen hatten; daher hatten sie verlangt, daß alles getan werde, um ihnen die unmittelbar auf den Absturz folgenden Nachrichtensendungen zu ermöglichen.

Am späten Sonntagabend erschienen zwei von Napiers Leuten mit einer Fernsehantenne, die sie am nächsten Morgen in aller Frühe auf dem Dach des Freizeitgebäudes installierten.

Bereits um sechs Uhr morgens war der Gemeinschaftsraum voll. Alles drängte sich um das Fernsehgerät und wartete gespannt auf die erste Nachrichtensendung des Tages. Die Bildqualität war noch schlechter als sie befürchtet hatten, doch die noch größere Enttäuschung war, daß es keinen Bericht über das Geschehen in Los Angeles gab.

Bei Kaffee und Do-nuts sahen sie ein Programm, das Trickfilme sendete, über die einige sich halbtot, andere aber überhaupt nicht lachen konnten, bis Kochalski kurz vor sieben zu den CBS-Nachrichten umschaltete. Der erste Bericht handelte vom Beginn eines landesweit organisierten Streiks der Häftlinge, die eine Verbesserung der Zustände in den hoffnungslos überfüllten Gefängnissen forderten. Als nächstes folgte ein Kommentar zur Verschärfung der Dollarkrise und danach die Geschichte eines Polizisten, der in einem mit sechstausend Litern Benzin gefüllten Tank eine Bombe entschärft hatte. Bei der zweiten Einblendung von Werbespots fing das Bild an zu flimmern und verschwand gleich anschließend ganz, um nur noch den Ton zu senden.

Lauter Protest ertönte; Kochalski sprang auf und begann wie wild an den Knöpfen zu drehen. Der Apparat blieb ohne Bild. „Um Himmels willen, Cy!" brüllte er dem Elektrospezialisten zu, „setz mal gefälligst deinen Arsch in Bewegung und komm mit Werkzeug her!"

Darrow drängte sich vor und hieb mit der Faust auf das Gerät. Ein buntes Schneeflockengestöber erschien auf dem Schirm, nur kein Bild. „Das hätte ich auch gekonnt!" schnaubte Kochalski verächtlich.

Während sich die beiden noch mit Benedict und Weiner über die Ursache des Bildausfalls stritten, drehte Charlotte Paxton, die am dichtesten neben dem Gerät saß, plötzlich den Ton lauter. „Hört doch mal!" rief sie.

„Der Ausbruch einer Krankheit, bei der es sich vermutlich um eine noch unbekannte Art von Asiatischer Grippe handelt, hat heute morgen weite Teile der Innenstadt von Los Angeles lahmgelegt", sagte der Nachrichtensprecher. „Obwohl man nicht mit einer ernsthaften Gefährdung rechnet, wurden dennoch alle Bewohner, die nicht in lebenswichtigen Dienstleistungsbereichen arbeiten, von den Gesundheitsbehörden aufgefordert, zu Hause zu bleiben, bis der Erreger identifiziert und ein Impfstoff hergestellt worden ist.

Zur gleichen Zeit hat in der Hauptstadt Justizminister Pines eingewilligt, mit Unterhändlern der terroristischen Vereinigung

‚Revolutionäre Allianz' über die Bedingungen für einen in Aussicht gestellten Waffenstillstand zu verhandeln. Auf einem vorangegangenen Treffen, das im August in Irvington/New York stattfand, war vereinbart worden, daß..."

„Mann, was soll man dazu sagen!" Benedicts Ausruf klang tief enttäuscht. „Da reißen sich meine Jungs den Arsch auf, und das Raumschiff wird mit keinem Wort erwähnt!"

Nadelman lehnte sich zu ihm hinüber und legte ihm tröstend den Arm um die Schultern. „Nehmen Sie's nicht so tragisch", meinte er, genau in dem Augenblick, als auf dem Schirm wieder ein Bild erschien. „Es wird mindestens eine Woche dauern, bis etwas über Ihren Bereich innerhalb dieses Unternehmens sichtbar wird."

Als es auf Mittag zuging, kam der größte Teil der Teammitglieder wieder zusammen, um sich die nächste große Nachrichtensendung des Tages, „Panorama", anzusehen. Fast das ganze Programm handelte vom bewaffneten Aufstand von dreitausend Mitgliedern der amerikanischen Indianerbewegung in der „Oglala Sioux Pine Ridge"-Reservation. Der Bericht wurde zum größten Teil live gesendet und endete, ohne daß die Epidemie in Los Angeles auch nur mit einem Wort erwähnt worden wäre.

Den Nachmittag über wurde das laufende Programm des öfteren durch neueste Nachrichten über das Geschehen in der Reservation unterbrochen, und noch um sechs Uhr beherrschte dieses Thema sämtliche Nachrichtensendungen, einschließlich „Countdown".

Um Viertel nach sechs erschien Nadelman im Aufenthaltsraum, trat an den Fernseher und stellte den Ton leiser. „Frau Dr. Paxton, meine Herren!" sagte er. „Darf ich um Ihre Aufmerksamkeit bitten? Gerade eben habe ich ein Gespräch mit dem Präsidenten geführt; er bat mich, Ihnen allen seine wärmsten Dankesworte und Glückwünsche zu übermitteln. Die erste Phase von WILD CARD war ein voller Erfolg! Wirklich, es lief besser als selbst ich zu hoffen gewagt habe! In Los Angeles schlucken zwar heute jede Menge Leute jede Menge Aspirin, aber bis jetzt muß noch kein Todesfall der Wirkung des Virus zugeschrieben werden. Die Medien sehen noch keinen Zusammenhang zwischen der Explosion in der Doty

Avenue und der Grippewelle – über die allerdings an der Westküste ausführlich berichtet wird –, doch die Behörden beginnen sicher etwas zu ahnen! Das Los Angeles Police Department hat um neun Uhr Ortszeit feststellen müssen, daß man nicht weiterkam, und zog das FBI hinzu. Und soeben hat das FBI, wie ich gerade erfuhr, die NASA um Unterstützung gebeten!"

Nadelman beantwortete noch mehrere Minuten lang Fragen der Anwesenden, dann entschuldigte er sich damit, daß Arbeit auf ihn warte, und kehrte in sein Haus in Chevy Chase zurück.

Gegen zweiundzwanzig Uhr verließ der letzte Wissenschaftler den verqualmten Aufenthaltsraum, einerseits mit Gefühlen des Triumphes, andererseits ein wenig enttäuscht darüber, daß *ihre* Geschichte völlig von einem Indianeraufstand überschattet worden war. Sobald er allein war, ging Napier ans Telefon und rief Joe Mizushima im Keller des Sicherheitstraktes an. Am vergangenen Montag hatte Mizushima, ein ehemaliger Angestellter in der Nachrichtentechnikabteilung der CIA, das zum Hochsicherheitsgelände führende Fernsehkabel durchschnitten und das Programm dieses Tages vollständig auf Video-Band aufgenommen. Anschließend hatte er in dieses Programm Nachrichten und Berichte vom Donnerstag und den Wetterbericht vom Freitag eingestreut; die Grippe-Geschichte, die die Wissenschaftler gehört, aber nicht gesehen hatten, war von ihm selbst angefertigt worden. Am Morgen des heutigen Tages waren dann die Videobänder eingelegt und in das Empfangsgerät im Aufenthaltsraum übertragen worden. Die Wissenschaftler, völlig abgeschnitten von der Außenwelt, konnten nicht ahnen, daß das Programm, das sie zu sehen bekamen, sich aus dem zusammensetzte, was die Menschen draußen schon vor Tagen gesehen hatten.

Napier rieb sich die schmerzenden Augen, „Okay, Joe", sagte er, „für heute können wir Schluß machen."

„Na, Gott sei Dank", gab Mizushima zurück. „Ich bekam schon Angst, daß sie sich auch noch die allerletzte Show ansehen würden. Wie soll's morgen weitergehen?"

„Wie geplant." Napier gähnte und lockerte seine Krawatte.

„Wir erzählen ihnen, daß das Kabel repariert ist, und lassen dann die Antenne kaputtgehen. Meinem Gefühl nach wäre es gut, wenn das noch *vor* dem ABC-Bericht über die Gerichtsverhandlungen gegen die Green Berets passierte. Irgendeinem von den Kerlen könnte einfallen, daß sie schon für letzten Dienstag und nicht für morgen angesetzt war."

„Geht in Ordnung", sagte Mizushima. „Aber, sagen Sie mal, was machen wir, wenn die die Antenne wieder repariert haben wollen?"

„Wenn ich dran denke, wie die schon bei dem miesen Bild, das sie *mit* Antenne bekamen, rumgejammert haben, dann glaube ich kaum, daß sie das verlangen werden." Napier schwieg so lange, bis er das Ende einer Zigarre abgebissen hatte. „Wenn aber doch, dann stellen Sie und Sam sich halt ungeschickt an und zerbrechen das verdammte Ding. Einverstanden? Und außerdem werden sie wahrscheinlich nicht viel Lust haben, vor dem Kasten zu hocken, wo sie doch noch jede Menge zu erledigen haben bis zum Ende der Woche, wenn sie hier rausgelassen werden."

„Wie hat es denn überhaupt geklappt?" fragte Mizushima.

„Traumhaft." Napier riß unter seinem Stuhlsitz ein Streichholz für die Zigarre an. „Junge, Junge, ich möchte nicht in Nadelmans Haut stecken, wenn er ihnen erzählen muß, was wirklich passiert ist!"

Mizushima lachte. „Ich hab' ja gewußt, daß es Nachrichtenmanipulationen gibt", meinte er, „aber was hier läuft, hört sich verdammt nach Orwell an."

„Orwell?"

„George Orwell, der Typ, der ‚1984' geschrieben hat."

Napier grunzte. „Ich lese lieber was von Harold Robbins", sagte er und legte auf.

25

Als Wallcroft vor Jahren seinen ersten Pulitzer-Preis gewann, hatten ihm seine Kollegen eine gerahmte Stickerei aus dem neunzehnten Jahrhundert geschenkt, auf der die Maxime Lord Northcliffes *Eine Nachricht ist das, was irgendwer irgendwann nicht gedruckt sehen möchte* prangte. Was nun die Los-Angeles-Story betraf, war Wallcroft fest davon überzeugt, daß der Irgendwer sich als die Streitkräfte der Vereinigten Staaten herausstellen würden. Die Tatsache, daß es ihm bisher nicht gelungen war, den tatsächlichen Beweis zur Untermauerung dieser Hypothese zu erbringen, hinderte ihn keineswegs daran, sie zum Grundthema seiner „Countdown"-Sendung zu machen.

Gegen zwei Uhr am Nachmittag des vierten Dezember war das für den Abend vorgesehene Programm in Umrissen fertig und abgedreht. Zugegebenermaßen war es nicht viel mehr als ein kurzer historischer Abriß der Entwicklung und Anwendung von chemischen und biologischen Waffen, illustriert mit Kupferstichen, alten Wochenschau-Ausschnitten, Fotos und einigen wenigen gefilmten Interviews. Beginnend mit dem karthagischen Feldherrn, der zweihundert vor Christi Geburt eine Schlacht dadurch gewann, daß er seinen Feind mittels einer List dazu brachte, mit Mandragora vergifteten Wein zu trinken, sollte die Sendung rasch durch die Jahrhunderte führen. Wallcrofts Experten hatten unter anderem herausgefunden, daß Kaiser Barbarossa 1155 die Stadt Tortuna dadurch hatte einnehmen können, daß er deren Wasserversorgung mit verwesenden Leichen vergiftet hatte; daß 1763 Sir Jeffrey Amherst, Oberbefehlshaber der englischen Truppen in Amerika, einen biologischen Krieg gegen die Indianer geführt hatte, als er ihnen mit Pocken infizierte Decken schickte; daß es während des Ersten Weltkrieges mehr als eine Million Tote durch Giftgas gegeben hatte. Natürlich würde der Einsatz von Senfgas durch die Italiener 1936 im Krieg gegen Abessinien und ein Jahr später durch die Japaner gegen die Chinesen Erwähnung finden. Dann sollte das Programm, unterlegt mit elektronischer

Musik, hinführen zur Entdeckung von Nervengas 1937 und seiner Weiterentwicklung während und nach dem Zweiten Weltkrieg bis hin zum Einsatz von chemischen Wirkstoffen in Vietnam und der darauffolgenden Auflösung von Fort Detrick als Zentrum der CB-Waffenforschung. Filmredakteure waren emsig mit dem Zusammenschneiden zweier Filme beschäftigt, die während des mit dem Rücken zur Kamera geführten Interviews mit einem Menschen vom Wetteramt und einem Ku-Klux Klan-Mitglied gedreht worden waren. In gewisser Weise liefen diese beiden Filme darauf hinaus, die Theorie, daß eine der beiden Organisationen für das Unglück verantwortlich gemacht werden könnte, ins Lächerliche zu ziehen.

Um seiner Sendung den Anstrich von Unmittelbarkeit zu geben und um möglicherweise erst in letzter Minute Bekanntwerdendes einbauen zu können, beabsichtigte Wallcroft, live zu beginnen. Standort sollten die Massengräber sein, die in der Mojave-Wüste ausgehoben wurden. Doch auch die Nachricht, die gerade eben hereingekommen war – über die Vorgänge auf dem Außenposten des Army Combat Development Kommandos oberhalb der Küste von Los Angeles –, war keineswegs geeignet, dem seiner Meinung nach ziemlich schwachen Filmbericht Glanz zu verleihen. So stellte Wallcroft sich viereinhalb Stunden vor Beginn der Sendung mit zurückhaltendem Optimismus seiner nachmittäglichen Nachrichten-Konferenz.

Er warf einen leeren Pappbecher quer durch den Raum in einen in der Ecke stehenden Papierkorb – daß er traf, hob seine Laune allem Anschein nach –, schwang die Beine vom Tisch auf den Boden, reckte sich und massierte sich den Nacken. „Na gut", sagte er hoffnungsvoll, „dann wollen wir noch mal alles durchgehen."

Die Leute, die sich mit ihm im Raum befanden, bewegten sich kurz auf ihren Stühlen, ohne jedoch große Begeisterung zu zeigen.

„Wir sind uns ja wohl alle im klaren, daß die Pressekonferenz heute morgen Scheiße war. Na schön, die vom Wetteramt und der Ku-Klux-Klan haben also seit neunzehnhundertsechzig mit CB-Waffen herumexperimentiert. Tolle Sache, was? Nur, warum haben sie sie bis heute nie eingesetzt? Und warum – falls sie es diesmal getan haben sollten – hätten sie sich die Doty Avenue aussuchen sollen? Weiß Gott, wenn es Watts-Boulevard gewesen wäre, hätte ich's vielleicht geglaubt. Aber Doty Avenue!"

Er wandte sich an die Leiterin seiner Dokumentationsabteilung, eine streng aussehende Engländerin unbestimmten Alters. Er wußte, daß ihre Mitarbeiter sie haßten und daß selbst Reporter, die sie großzügig mit den benötigten Unterlagen versorgte, sie für eine Art lästiges Übel hielten. Doch die Tatsache war nicht zu übersehen, daß sie ihren Job besser machte als alle anderen in dieser Branche.

„Miß Rattenbury", fragte Wallcroft, „sind wir der Antwort auf die Frage, wem das Haus denn nun wirklich gehört, irgendwie nähergekommen?"

„Ich fürchte, nein", antwortete sie. „Eine meiner Angestellten hat vorhin mit einem Polizeibeamten gesprochen, der die Gegend dort gut kennt. Er erinnert sich, daß an dem Haus vor ein paar Wochen ziemlich viel gearbeitet worden ist."

„Was heißt das: gearbeitet worden ist?" Wallcroft war verärgert, daß er nicht eher davon erfahren hatte.

Miß Rattenbury zuckte die Achseln und fing an, Tabak in einen altmodischen kleinen Zigarettendrehapparat zu stopfen. „Anstreichen, Rohre verlegen ... Er war sich anscheinend nicht mehr ganz sicher. Nur das wußte er noch genau, daß Männer in Overalls ein paar Wochen lang dort ein- und ausgingen."

„Mit was sind die dort ein- und ausgegangen?" fragte Russell Gorman.

Wallcroft hielt Gorman – einen ehemaligen Sportredakteur aus New York, dessen Kopf so glatt wie eine Billardkugel war – und Miß Rattenbury für ebenbürtige Gegner, auch wenn ihr Kampfstil grundverschieden war. Gorman glich einem Baseball-Schläger mit einer guten Linken, Miß Rattenbury dagegen eher einer Giftmischerin.

Sie ließ ihn auf Antwort warten, bis sie sich ihre Zigarette mit einem Streichholz angezündet hatte. „Bretter, Leitern ..." Sie wedelte ungeduldig mit der Hand. „Was glauben Sie denn, womit Dekorateure und Klempner ein- und ausgehen!"

„Wenn die mit Brettern und Leitern dort ein- und ausgegangen sind", knurrte Gorman, „dann müssen sie die mit einem Lastwagen angebracht haben. Und auf dem Lastwagen hätte der Name der beauftragten Firma gestanden."

„Das mag schon sein, Mr. Gorman." Sie bedachte ihn mit einem geringschätzigen Blick. „Nur kann sich der Beamte, mit dem das Mädchen gesprochen hat, nicht daran erinnern. Mr. Smith, Miß Bundy und ich haben jeden im Branchenverzeichnis aufgeführten Maler, Dekorateur und Inneneinrichter angerufen. Nicht einer von ihnen hat im Laufe des Jahres irgendwelche Aufträge in der Doty Avenue ausgeführt."

Gorman versuchte, seine Verwirrung zu überspielen, indem er sich ganz darauf konzentrierte, seinen Zigarrenstummel wieder anzuzünden.

Wallcroft warf ihm seine nächste Frage als Rettungsanker zu. „War es möglich, die Verwandten von den Leuten ausfindig zu machen, die in dieser Straße gewohnt haben?"

„Ein paar schon", antwortete Gorman und blinzelte durch die Qualmwolke vor seinem Gesicht. „Aber die haben auch nichts Brauchbares von sich gegeben, was wir hätten verwenden können."

Wallcroft wollte gerade etwas sagen, als das Telefon läutete. Gormans Sekretärin hob ab. Sie hörte einen Moment lang zu, sagte „Okay!" und wandte sich, den Hörer an die Brust gepreßt, an ihren Vorgesetzten: „Es ist Mike. Er ruft von Pasadena aus an. Er hat was über das Haus gehört, sagt er."

„Lassen Sie mich mit ihm sprechen." Gorman schlängelte sich hinter den Stühlen seiner Kollegen durch und nahm den Hörer ans Ohr. „Mike? Ich bin's, Russ. Was haben Sie erfahren?" Er hörte zu, nur unterbrochen von einem gelegentlichen Grunzen. „Okay, bleiben Sie dran. Und lassen Sie um Himmels willen keinen anderen in ihre Nähe kommen!"

Die Unterhaltungen, die eingesetzt hatten, als Gorman ans

225

Telefon gerufen worden war, verebbten; aller Aufmerksamkeit war wieder auf das gerichtet, was er jetzt sagte. „Geben Sie ihnen Geld, wenn's nötig sein sollte... Die Adresse teilen Sie gleich Jackie mit, und ich schicke sofort eine Crew zu Ihnen hin."

Aufgeregt übergab Gorman den Hörer wieder seiner Sekretärin und wandte sich an Wallcroft: „Mike hat gerade die Tochter von den Leuten aufgetrieben, die in dem Haus neben der Nummer 13 400 wohnten."

Jeder im Raum, außer Miß Rattenbury, zeigte eine Reaktion.

„Und die hat einen Brief ausgegraben, den ihr ihre Mutter am dreiundzwanzigsten September geschrieben hat. Anscheinend ist das Haus schon vor einiger Zeit gekauft worden; der neue Besitzer ist vor etwa acht Wochen aus Washington nach Los Angeles umgezogen."

Gorman warf einen Blick in die Runde und vergewisserte sich der ungeteilten Aufmerksamkeit seiner Zuhörer; Miß Rattenburys Augen wich er jedoch aus.

„Und jetzt halten Sie sich fest: Bei dem betreffenden Mann handelt es sich um einen Dozenten am United States College, und zwar für das Fach Mikrobiologie!"

Wallcroft fühlte die Spätnachmittagssonne von seinem Nacken aus zu seinem Gesicht wandern, als der Hubschrauber sich in einer Wende schräg legte und auf die ockergelbe Wüste unter ihnen hinabzugleiten begann.

Vor ihnen, ein wenig zur Linken, sah man mehrere Dutzend Fahrzeuge, die nicht größer als Spielzeuge aussahen – Bulldozer, Lastwagen und mobile Generatoren, wie hingetupft in und rund um drei riesige Gruben. Nach Osten zu parkten noch mehr Lastwagen und eine große Anzahl Autos am Rande einer Straße, welche sich wie ein Band in die Ferne schlängelte. Zwischen der Straße und den Gruben war der Übertragungswagen der Fernsehanstalt zu erkennen – der Name stand in großen Lettern auf dem Dach des Caravans –, über den die Einleitung der heutigen Ausgabe von „Countdown" live ausgestrahlt werden würde.

Als es auf neunzehn Uhr zuging, hatte sich die Wüste unter dem dunkler werdenden Himmel stark abgekühlt, und Wallcroft war froh über den dicken Rollkragenpullover, den er sich von einem Mitglied seiner Crew ausgeliehen hatte. Hinter ihm stand ein ganzer Wald von Masten mit Scheinwerfern, deren Lichtbündel sogar den aufgewirbelten Staub und die Auspuffwolken der Bulldozer erfaßten, die gerade die Reste von Erde, die man neben den Gemeinschaftsgräbern angehäuft hatte, in die Grube fallen ließen.

Wallcroft erhielt noch letzte Anweisungen, als über den Lautsprecher des Caravans die Stimme seines Aufnahmeleiters dröhnte: ,,Zwei Minuten noch, D. W.! Wir kriegen immer noch Reflexe von Ihrem verdammten Schutzhelm! Kann sich denn nicht mal einer von euch Jungs darum kümmern?"

Eines der für Make-up zuständigen Mädchen stürzte in den Lichtkreis, in dem Wallcroft stand, und schaffte mit Mattspray die Glanzpunkte auf Wallcrofts Helm aus der Welt.

Was sein Team in den letzten drei Stunden geschafft hatte, grenzte an Zauberei. Sie hatten herausgefunden, daß der Besitzer des Hauses Doty Avenue 13 400 Ralph Sheldon hieß; daß er in Princeton seinen Doktor für Biologie gemacht hatte, wo er innerhalb des linksgerichteten Flügels der Studentenbewegung aktiv gewesen war; daß er nach seinem Abschluß ein Jahr lang ausgestiegen war – niemand hatte in dieser Zeit seinen Aufenthaltsort gekannt –, um dann, als er wieder auftauchte, eine Anstellung bei der NASA anzutreten. Er war dort zwei Jahre lang geblieben, doch dann war sein Vertrag aus Sicherheitsgründen nicht erneuert worden. Sheldon hatte damals deswegen wohl einen ziemlichen Wirbel veranstaltet, von dem jedoch außer der Untergrundpresse niemand Notiz nahm, und selbst die hatte das Thema bald fallengelassen angesichts des Desinteresses, auf das ihre nicht gerade aufsehenerregenden Enthüllungen gestoßen waren. Sheldon hatte sich dann eine Weile lang irgendwie durchgeschlagen – wieder schien niemand zu wissen, wo und wie –, bevor er sich eine Stelle bei der mikrobiologischen Abteilung der Food and Drug

Administration in Washington verschaffte. Nach fünf Jahren hatte er dort gekündigt, um seinen derzeitigen Posten am US-College anzutreten, wo er zu Beginn des Herbstsemesters angefangen hatte. Zwei Tage vor der Explosion hatte er sich krank gemeldet und war seither nicht mehr gesehen worden.

Wallcroft beobachtete aus den Augenwinkeln, wie die Programmüberschrift ablief und die Zeichnung von Sheldons Gesicht auf dem kleinen Monitor auftauchte. Er räusperte sich, sah das rote Licht aufleuchten und fing an zu sprechen.

26

Wallcroft hatte sich, seinen Reportern und Dokumentaristen mit der Arbeit an der Los Angeles-Geschichte das Äußerste abverlangt; belohnt wurden sie damit, daß die Zuschauerzahlen innerhalb einer Woche um zweieinhalb Millionen über den davorliegenden Höchststand stiegen.

Am Tage nach der Enthüllung, daß Ralph Sheldon der Eigentümer des Hauses Doty Avenue 13 400 war, wurde bundesweit Haftbefehl gegen ihn erlassen wegen unerlaubten Übertretens von Staatsgrenzen, da man eine Mordanklage noch vermeiden wollte. Sechsunddreißig Stunden später war er in einem Chicagoer Supermarkt festgenommen worden. Die Kratzer und blauen Flecken, die sein Gesicht anschließend zeigte – wie die Polizei behauptete, hatte er sie sich dadurch zugezogen, daß er sich seiner Festnahme widersetzte –, hatten Wallcroft zu einem weiteren Exklusivbericht verholfen. Zu diesem Zeitpunkt hatte er bereits durch Anzapfen aller möglichen Quellen, nämlich Eltern, Bruder, engste Freunde sowie Kollegen, mit denen Sheldon im Laufe der letzten zwanzig Jahre gearbeitet hatte, eine beträchtliche Anzahl von Informationen über ihn zusammengetragen. So war es ihm gelungen, eine „Countdown"-Ausgabe zusammenzustellen, die nicht nur deutlich machte, daß es keineswegs Sheldons Charakter entsprochen hätte, eine Waffe zu tragen und sich seiner Verhaftung zu widersetzen, sondern auch zeigte, daß er von seiner Konstitution her dazu gar nicht in der Lage gewesen wäre. Das Ganze war, wie Wallcroft es nannte, ein Musterbeispiel für harte Arbeit und guten alten „Von-Tür-zu-Tür-Journalismus" gewesen.

Der Exklusivbericht seines Lebens stand Wallcroft jedoch am Tag nach diesen Enthüllungen bevor, und zwar in Gestalt eines Mannes, der in sein Büro spaziert kam und ihm die Hand schüttelte.

„Guten Tag", sagte der Mann in einem leichten Bostoner Akzent, „es ist sehr freundlich von Ihnen, mich unangemeldet zu empfangen."

Wallcroft warf einen Blick auf das Formular, das der Besucher im Vorzimmer hatte ausfüllen müssen. „Dr. Bumberg?" fragte er in dem Bemühen, die enggeschriebenen, winzigen Buchstaben der Handschrift zu entziffern.

Der Mann lächelte verständnisvoll. „Blomberg, Irving Blomberg."

„Tut mir leid, Mr. Blomberg." Wallcroft sah mit einem Lächeln auf, ehe er den Zettel las, den eine Mitarbeiterin an das Blatt geheftet hatte: *Der Mann ist angeblich Astrophysiker am Goddard College. Behauptet, was über die Los-Angeles-Sache zu wissen, wollte mir aber nicht verraten, was es ist und woher er es hat. Ich glaube, daß er sich für Danny Ellsberg hält! Scheint nicht verrückt zu sein, aber schlagen Sie Alarm, wenn ich mich irre! Pat.*

Wallcroft blickte wieder auf. Blomberg sah aus wie der typische Vorstädter, der im Grünen wohnen kann: Die abendlichen Busse nach Scarsdale raus saßen voll von seinesgleichen. Mittelgroß, weder dick noch dünn, jung oder alt, reich oder arm, entsprach er keineswegs Wallcrofts Vorstellungen von einem Wissenschaftler. Vielleicht ein Börsenmakler? Nein, entschied er. Irgend etwas an Blombergs magerem Gesicht, den wachen Augen und der Art, wie er sein dichtes, ergrauendes Haar frisierte, ließ eher auf einen Menschen mit kreativen Fähigkeiten schließen. Ein Copy Chief oder Creative Director in einer der konservativeren Werbeagenturen auf der Madison Avenue kam der Wirlichkeit wohl näher. Wallcroft hatte ihn eigentlich nicht zum Sitzen auffordern wollen, bevor er nicht wußte, ob der Mann etwas Wichtiges zu sagen hatte, doch Blomberg trug solch eine gebieterische Haltung zur Schau, daß er ihm nicht nur den Mantel abnahm und ihn zu einem der Sessel nahe der Bar komplimentierte, sondern ihm auch noch von vornherein mindestens zehn Minuten einräumte, indem er ihm eine Zigarette anbot.

Blomberg stellte seinen Diplomatenkoffer neben sich auf den Boden und zog ein kleines goldenes Feuerzeug aus der Westentasche seines grauen Flanellanzuges. Er gab Wallcroft Feuer, ehe er sich seine Zigarette anzündete, und lehnte sich dann gelassen zurück.

„Wie die junge Dame, mit der ich eben gesprochen habe, Ihnen sicher mitgeteilt hat", begann er, „bin ich Astrophysiker und am Raumflugzentrum des Goddard-Colleges beschäftigt. Sicher ist Ihnen auch bekannt, daß wir uns dort in der Hauptsache mit theoretischen Forschungen auf dem Gebiet der Himmelsmechanik beschäftigen."

Blomberg studierte einen Moment lang das glühende Ende seiner Zigarette, als beobachte er ein sonderbares, jedoch nicht weiter interessantes Phänomen. „Vor neun Tagen", fuhr er fort und streifte sorgfältig die Asche an einem Aschenbecher ab, „wurde ich zu meinem größten Erstaunen gebeten, an der Untersuchung mitzuarbeiten, die sich mit den physikalischen Erscheinungen an der Unglücksstelle in Los Angeles beschäftigt. Ich habe bewußt das Wort ‚Erstaunen' gewählt, denn meine spontane Reaktion war die Annahme, daß man sich an den falschen Blomberg gewandt hatte! Immerhin handelt es sich bei der Arbeit, mit der ich in Goddard betraut bin, um..." Er zögerte, als wisse er nicht, mit welchem Ausdruck er wohl am besten die ungeheure, fern jeder Realität liegende Art seiner Aufgabe ausdrücken solle. „Nun, um recht abstrakte Dinge. Jedoch ging es ihnen tatsächlich um meine Person. Ich brach also völlig verdutzt sofort nach Los Angeles auf. Allerdings war ich keineswegs vorbereitet auf das, was ich bei meinem Eintreffen dort vorfinden sollte!"

Blomberg beugte sich zu seinem Aktenkoffer hinunter und hob ihn auf. „Ich bin mir darüber im klaren", sagte er und ließ die Schlösser aufschnappen, „daß mein Vorhaben aller Wahrscheinlichkeit nach schwerwiegende Folgen für mich und meine Familie haben wird. Und doch läßt mir mein Gewissen – so, wie die Dinge liegen – keine andere Wahl." Er lächelte schwermütig, als wolle er sich entschuldigen für alles, was seine letzte Bemerkung hervorgerufen haben könnte.

Er öffnete den Deckel und starrte einen Augenblick lang in das mit rotem Leder ausgeschlagene Innere des Koffers. Wallcroft rührte sich nicht. Er hütete sich, mit irgend etwas den unsicheren Grund der Beziehung zwischen ihm und diesem Mann ins Wanken zu bringen.

Blomberg sah auf. „Ich sollte Sie fairerweise warnen, Mr. Wallcroft, daß ich nicht berechtigt bin, Sie zum Lesen dieser Dokumente, die ich Ihnen gleich aushändigen werde, aufzufordern, und daß Sie, falls Sie die Informationen veröffentlichen sollten, sich des Geheimnisverrats schuldig machen werden."

Wallcroft lächelte. „Dr. Blomberg, wenn Ihre Informationen auch nur halb so viel wert sind, wie Ihre Andeutungen vermuten lassen, dann will ich das Risiko gern eingehen."

Er nahm den großen, lederfarbenen Aktenordner, den Blomberg ihm reichte, in Empfang, schlug ihn jedoch nicht sogleich auf. „Lassen Sie mich Ihnen eine Frage stellen", sagte er. „Warum tun Sie das?"

Blomberg sah ihn erstaunt, fast gekränkt an. „Ich dachte, ich hätte Ihnen erklärt...?"

„Nein, Dr. Blomberg", unterbrach ihn Wallcroft, „das haben Sie nicht."

Der Wissenschaftler zögerte. „Ich glaube", sagte er schließlich, „daß es die Festnahme von Ralph..." Er stockte, als fiele ihm der Nachname nicht ein.

„Sheldon?" fragte Wallcroft.

„Danke, ja. Es war die Anklage gegen Ralph Sheldon, die als Auslöser diente. Ich weiß nicht, was ich getan hätte, wenn das nicht passiert wäre. Doch diesen unglücklichen Menschen zur Schachfigur in einer der ungeheuerlichsten – ja, ich versichere Ihnen, ich übertreibe nicht mit diesem Wort! – einer der ungeheuerlichsten Verschwörungen zu machen, die je angezettelt worden sind, ist, jedenfalls soweit es mich betrifft, einfach unverzeihlich."

Wallcroft begann die zweiundfünfzig fotokopierten Seiten zu überfliegen. Der erste Teil bestand in der Hauptsache aus Aktennotizen, aus denen kaum mehr hervorging, als daß es zwischen der Polizei von Los Angeles, dem FBI und anderen Regierungsbehörden eine Menge Gerangel um die Verantwortlichkeiten bei der Untersuchung des Unglücks gegeben hatte. Was aber wirklich alles in den Schatten stellte, war das vierundzwanzig Seiten starke Protokoll der Sitzung eines Ausschusses des Nationalen Sicherheitsrates, die am vergangenen Donnerstag im Weißen Haus abgehalten worden war. Obwohl schwer verständlich durch Amtssprache und viele Fachausdrücke, entging Wallcroft keineswegs das Kernstück dessen, was dort diskutiert worden war. Das Untersuchungsteam, so schien es, hatte die Theorie vertreten, daß ein „außerirdisches Raumschiff" im Tiefflug – um Radarkontrollen zu entgehen – über Los Angeles geflogen und als Folge eines Versagens der Treibstoffzufuhr auf das Haus Doty Avenue 13 400 abgestürzt sei!

Gegen den Sprecher des Teams war schweres Geschütz aufgefahren worden, insbesondere durch den Leiter der CIA und einige Mitglieder der Vereinigten Generalstäbe, doch schließlich war die Gültigkeit der Behauptung, daß die Überreste „zumindest nicht menschlichen Ursprungs" seien, anerkannt worden. Die Versammlung, die unter dem Vorsitz des leitenden Wissenschaftsberaters des Präsidenten stattgefunden hatte, hatte mit einer Beschlußfassung geendet, die Wallcroft und Blomberg übereinstimmend als äußerst düster empfanden: *Da es zum gegebenen Zeitpunkt*, hieß es da, *nicht im Interesse unseres Staates liegen kann, die heutigen Ergebnisse zum Gegenstand einer öffentlichen Diskussion zu*

machen, sehen wir keine andere Lösung, als auf eine konventionel-
lere Erklärung für die Unglücksursache zurückzugreifen. Die
Versammlung war, wie Wallcroft feststellte, um Viertel nach sechs
vertagt worden – keine drei Stunden bevor Ralph Sheldon in
Chicago aufgegriffen und zusammengeschlagen worden war.

Wallcroft stand auf und eilte an seinen Sprechapparat. Mit der
Handkante drückte er die ganze obere Schalterreihe nach unten.
„Alles umgehend in mein Büro kommen!" rief er. „Wir haben
soeben ein Riesending reinbekommen!"

Der Präsident stellte den Fernseher im Gelben Zimmer ab, als über
dem letzten Bild von „Countdown" der Nachspann mit den Namen
abzulaufen begann.

„Nun", sagte er lächelnd, „Wallcroft hat den Köder geschluckt,
mitsamt der Leine und der Angel!"

Nadelman setzte die Brille ab, rieb sich mit den Knöcheln die
Augen und gähnte. „Das überrascht mich gar nicht. Sheldon und
Blomberg haben ja auch ganze Arbeit geleistet. Was passiert mit
Ihnen jetzt eigentlich?"

Der Präsident drehte sich nach hinten, langte über die Lehne
seiner Couch im Louis-XVI-Stil und öffnete ein Zigarrenschränk-
chen, das dort auf einem Tisch stand. Er holte einen goldenen
Zigarrenschneider aus der Tasche seiner Wollweste und schnitt,
nachdem er die Banderole abgestreift hatte, sorgfältig die lange
Havanna zurecht. „Kein Problem", erwiderte er und feuchtete das
eine Ende mit den Lippen an, „die beiden arbeiten für den
Geheimdienst, seit sie die Universität verlassen haben." Er riß ein
Streichholz an und drehte die Spitze der Zigarre langsam in der
Flamme. „So ziemlich das letzte, was Präsident Hoover vor seinem
Tod tat, war das Einschleusen von ‚Schläfern' in Schlüsselpositio-
nen." Der Präsident kicherte. „‚Mit dem Finger am Puls bleiben!'
nannte es der schlaue Hund! Sheldon wird übrigens finanziell ganz
schön was rausschlagen können, wenn er sich gegen die Chicagoer
Polizei von einem gerissenen Anwalt vertreten läßt."

Er zog an seiner Zigarre und warf das Streichholz auf den

Feuerrost des Kamins. Achselzuckend fuhr er fort: „Was Blomberg angeht, liegen sicher ein, zwei harte Jahre vor ihm. Wir werden die Prozedur, ihn vor Gericht zu stellen, wohl durchziehen müssen, schätze ich, aber in Anbetracht dessen, was jetzt an der Tagesordnung ist, sollte es nicht allzu schwierig sein, die ganze Angelegenheit zu guter Letzt irgendwo hinter einem Aktenschrank der Justizbehörde verschwinden zu lassen."

Nadelman lächelte. „Wieviel von der Sache ist den beiden eigentlich bekannt?" fragte er.

„Erstaunlich wenig", antwortete der Präsident. Seine Augen ruhten noch immer auf der Mattscheibe. „Keinesfalls das ganze Bild. Vergessen Sie nicht, die Jungs sind Profis – es gehört zu ihrem Job, nicht mehr zu sehen, als sie sehen sollen. Also, Sheldons Aufgabe war es, sich um einen Posten am US-College zu bewerben – und das ist eines der leichtesten zu verwirklichenden Dinge –, ein Haus zu kaufen und seine neuen Nachbarn kennenzulernen. Und dann mußte er noch eine Tracht Prügel über sich ergehen lassen; aber diese Burschen halten ganz andere Sachen aus. Blombergs Geschichte, die er Wallcroft erzählt hat, entsprach übrigens in allen Punkten der Wahrheit, mit Ausnahme dessen, daß er die Akte nicht geklaut hat, sondern daß sie ihm gegeben wurde!"

Der Präsident drehte sich lächelnd zum Telefonapparat um. „Ich finde, es ist an der Zeit, Himmel und Hölle in Bewegung zu setzen, um rauszufinden, wer die Geschichte mit der Fliegenden Untertasse aus dem Sack gelassen hat!"

„Bevor Sie das machen", sagte Nadelman, „sollten Sie wohl noch etwas erfahren: Den Leuten in Detrick wurde nie gesagt, daß wir einen tödlichen Virus einsetzen würden, außer Zelinski und Pedlar natürlich."

Langsam, mit verblüfftem Gesichtsausdruck, legte der Präsident den Telefonhörer wieder auf und starrte Nadelman an. „Was sagen Sie da?" fragte er.

Sein Wissenschaftsberater, dessen Mondgesicht wie immer war, starrte ausdruckslos zurück. „Man hat ihnen nie gesagt, daß wir einen letalen Virus anwenden würden", wiederholte er. „Wozu

234

auch? Es hätte keinen Nutzen für uns gehabt, uns aber, wenn sie sich diesem Teilaspekt unseres Projektes widersetzt hätten, gründlich schaden können.

Auf der anderen Seite bedeutet das jedoch, daß wir uns etwas ausdenken müssen, wie wir sie, zusammen mit all dem übrigen, im Reißwolf verschwinden lassen können. Und dafür brauche ich Ihre Hilfe!"

27

Einem seiner Vorgänger, John F. Kennedy, hatten in den sechziger Jahren dreizehn Tage zur Verfügung gestanden, um die Entscheidung zu treffen, wie er den Russen nach der Errichtung von Raketenbasen auf Kuba begegnen sollte. Heute blieben dem Präsidenten, wie die Geschichtsschreibung später vermerken würde, kaum dreizehn Stunden, bis ihm aus einer Krise wohl noch größeren Ausmaßes ein Ausweg eingefallen sein mußte.

Daß unmittelbar nach Wallcrofts Enthüllungen kein hoher Beamter mehr aufzutreiben war, daß Kongreßteilnehmer noch während der Nacht zusammengerufen wurden, und daß zu Beginn der Pressekonferenz am nächsten Morgen angekündigt wurde, der Präsident habe für den Abend Sendezeit erhalten, um ,,eine Rede von höchster nationaler Dringlichkeit" zu halten, ließ keinen mehr daran zweifeln, daß die Behörden bei dem Versuch ertappt worden waren, Beweismittel – wenn schon nicht für eine außerirdische Bedrohung, so doch für eine verdammt heiße Sache zu unterschlagen.

Was aber bei den im Pressezentrum des Weißen Hauses versammelten Reportern wie eine Bombe einschlug, war die Meldung, daß Douglas Wallcroft nicht mehr für ,,Countdown" arbeiten, sondern Leiter für Öffentlichkeitsarbeit der Regierung werden würde.

Ein fassungsloser Pressesekretär – völlig im unklaren darüber, an welche Stelle der Stufenleiter er dadurch wohl rutschen würde – gab die Erklärung ab, daß der Präsident sich zu diesem Schritt entschlossen habe „im Glauben, daß es für das Funktionieren einer freien und sich ihrer Verantwortung bewußten Presse zum gegenwärtigen Zeitpunkt wichtiger denn je sei, an der Spitze des für die Öffentlichkeitsarbeit der Behörden zuständigen Apparates einen Fachjournalisten zu haben, der den Medien bekannt ist und von ihnen geschätzt wird".

Als die Fragen loszuschwirren begannen, setzte sich Wallcroft, der noch in der Nacht in einer Militärmaschine nach Washington geflogen worden war, gerade mit dem Präsidenten und seinem Amtschef zu einem Frühstück nieder.

„Schön, Sie hierzuhaben", sagte der Präsident und schüttelte Wallcroft warm die Hand. „Jetzt, wo ich Sie auf unserer Gehaltsliste begrüßen darf, möchte ich Ihnen doch mal sagen, daß Sie so manches Mal ein dickes Ärgernis für die Behörden gewesen sind. Aber – als Pressemann sind Sie der Beste in Ihrer Branche! Und was mein jetziges Problem mit der Presse angeht – Mann, da werde ich Ihre Hilfe brauchen!"

Während sein Kammerdiener Kaffee einschenkte, reichte der Präsident Wallcroft einen Entwurf der Rede, die er am Abend dieses Tages halten wollte. „Schauen Sie sich mal an, wie Ihnen das hier gefällt", sagte er. „Daran haben sechzehn Leute die ganze Nacht lang gearbeitet, und ich finde, genauso hört es sich auch an. Bob wird sich gleich um einen Büroraum und alles, was Sie sonst noch benötigen, kümmern; wir können uns dann gegen Mittag wieder zusammensetzen. So, und jetzt werde ich versuchen, Sie darüber aufzuklären, was wir wissen und was nicht..."

Um fünf vor zwölf fuhr Wallcroft in Begleitung eines jungen Luftwaffen-Colonels im Fahrstuhl ins Kellergeschoß unter dem Westflügel des Weißen Hauses, passierte die Luftschleuse und betrat den Lagerraum.

Er schluckte, um das durch den leichten Überdruck hervorgerufene dumpfe Gefühl in den Ohren auszugleichen, und sah sich um.

Obwohl ihm bekannt war, daß man diesen Raum seit Nixons Präsidentschaft vergrößert und gründlich verändert hatte, war er doch keineswegs darauf vorbereitet gewesen, daß er so sehr einer Kreuzung zwischen einem Planetarium und dem Kontrollraum des Raketenzentrums in Houston ähnelte. Punktlampen, nicht größer als Sterne, schienen von einer schwarzen, gewölbten Decke auf fünf halbrunde Kontrolltische hernieder, die vor einer riesigen, pergamentartigen Leinwand standen. Auf diese Leinwand war eine Karte der Vereinigten Staaten projeziert, die mit phosphoreszierenden Radarpunkten übersät war, von denen jeder mit einem beschrifteten Fähnchen markiert war. An den Kontrolltischen saßen zwanzig oder mehr Männer, die zum Teil aufmerksam auf fernsehähnliche Monitoren schauten, andere mit ruhiger Stimme in Telefone sprachen. Frauen eilten wortlos mit Anweisungen und Computerlisten zwischen den Stuhlreihen hin und her. Die Luft war kühl und trocken und roch schwach nach Schellack; es herrschte eine Atmosphäre gespannter Aufmerksamkeit.

Der Präsident, Nadelman und ein Luftwaffengeneral standen auf einer Plattform vor der Leinwand. Der Präsident entdeckte Wallcroft und winkte ihn zu sich. „Kommen Sie her und hören Sie sich das mal an!" rief er ihm zu. Seiner Stimme fehlte durch das schallschluckende Material, mit dem die Wände bespannt waren, die vertraute Resonanz.

„Ich bin gerade dabei, dem Präsidenten und Dr. Nadelman zu erklären", sagte der General, nachdem sie sich vorgestellt worden waren, „daß all das, was wir jetzt auf dieser Leinwand sehen, UFOs sind, die seit gestern abend halb acht Uhr Eastern-Standard-Zeit gesichtet worden sind . . ."

„Also eine Stunde, nachdem unser Freund hier" – der Präsident wies mit einem Nicken auf Wallcroft –, „uns den Teppich unter den Füßen weggezogen hat."

Der General lächelte verlegen.

„Dabei ist zu bedenken", fuhr er fort, „daß es sich hier nur um Beobachtungen versierter Leute handelt – Piloten, Fluglotsen, Astronomen und so weiter."

Nadelman runzelte die Stirn. „Wollen Sie damit etwa sagen, daß das hier nicht alle Meldungen sind?"

Der General schüttelte den Kopf und tippte ein paar Eingaben in ein seitlich stehendes Tastenbrett. Augenblicklich leuchteten zahlreiche weitere Lämpchen auf und bildeten mit den übrigen ein dichtes Lichternetz, das sich von der Ost- bis an die Westküste spannte.

„So sieht es also aus", erklärte der General, „wenn wir alle aus den unterschiedlichsten Quellen stammenden Berichte eingeben. Es sind fast so viele, wie die Luftabwehr in den letzten dreißig Jahren verzeichnet hat."

Er rief eine Auskunft von einem in der Nähe stehenden Computer ab und reichte sie dem Präsidenten. „Diese Nachricht erhielten wir heute morgen um vier Uhr", sagte er. „Radarschirme in Dulles und Washington empfingen einen positiven UFO-Kontakt westlich des Kapitols. Ein Abfangjäger wurde zu den Koordinaten geleitet, die wir über Radar erhielten, und um vier Uhr sieben bestätigte der Pilot Radarkontakt von vorn, sich schnell nähernd. Zu der Zeit war es dunkel, wie Sie wissen, und doch meldete er der Flugleitstelle, daß es keinerlei Anzeichen eines Düsenstrahls oder Navigations- und Antikollisionslichter gab. *Nichts!* Und doch war da laut Radarangaben in dreihundert Fuß Höhe ein UFO, das sich mit einer Geschwindigkeit von etwa fünfzig Knoten bewegte.

Das Flugzeug flog weiter, der Funkkontakt brach ab, beide Lichtpunkte verschwanden, und wir verloren einen Piloten mit fünftausend Flugstunden auf dem Buckel!"

Der Präsident reichte den Bericht an Nadelman weiter.

„Haben Sie schon das Wrack ausmachen können?" fragte er den General.

„Wir sind noch dabei, die Trümmer zusammenzusuchen; bis jetzt konnten wir kein Anzeichen entdecken, daß es Schüsse abbekommen, oder daß es einen Zusammenstoß gegeben haben könnte."

„Wie erklären Sie sich also die Radarkontakte?"

Der General zuckte die Achseln. „Gar nicht. Die Computer arbeiten schon mal fehlerhaft, und der Mann am Radarschirm hat oft mit unnormalen Propagationen zu tun, aber..."

„Was sind, um Himmels willen, unnormale Propagationen?" unterbrach ihn der Präsident.

„Wir nennen sie auch ‚Engel'. Alles, was unerwünscht Signale auslöst – Satelliten, Frequenzstörungen, Ballons, Meteore – sogar Vögel oder Insektenschwärme. All das taucht häufig auf dem Radarschirm auf. Ein erfahrener Operator – zum Beispiel ein Fluglotse – lernt mit der Zeit, sie zu ignorieren und sich auf das Flugzeug zu konzentrieren, mit dem er es gerade zu tun hat. Das muß er einfach. Er wäre seinen Job bald los, wenn er bei jedem Engel den verantwortlichen Kontrolleiter rufen würde."

„Wenn ich den General richtig verstehe", sagte Nadelman, an den Präsidenten gewandt, „will er damit sagen, daß die Männer an den Radarschirmen jetzt plötzlich ihren Apparaten mehr vertrauen als ihrer Intuition."

„Aber das erklärt doch nicht, wie ein Mann mit fünftausend Flugstunden ums Leben kommen kann, wenn es nur ein Schwarm Gänse war, hinter dem er herflog!"

Der General sah ihn zweifelnd an. „Und doch ist es passiert", sagte er. „Wenn es übrigens ein Schwarm Gänse war und er in den hineingeflogen ist, dann wäre der Effekt der gleich gewesen, wie wenn er in ein Kanonenfeuer geraten wäre."

„Aber es gibt keinen Beweis dafür, daß es so war", beharrte Nadelman.

Der General dachte einen Moment lang nach. „Vielleicht hat er die Orientierung verloren?" schlug er vor, nicht allzu überzeugt.

Nadelman schüttelte den Kopf. „Ein Mann mit fünftausend Flugstunden?"

„Ich weiß", gab der General zu, „es ergibt keinen Sinn..."

Nadelman setzte die Brille ab und begann, heftig die Gläser zu polieren. Die anderen sahen ihm aufmerksam zu, so als erwarteten sie von ihm jeden Augenblick den Geistesblitz, der das ganze Problem schlagartig erhellen würde. Er prüfte die Gläser, indem er sie gegen das Licht der Leinwand hielt, setzte die Brille wieder auf, blinzelte und wandte sich lächelnd an den General. „Wenn mich nicht alles täuscht, ist also die Möglichkeit gegeben, daß eine ganze Reihe der ‚normalen Propagationen', die in der Vergangenheit von den Radarleuten aufgezeichnet worden sind, keineswegs so harmlos waren, wie man gern glauben machte."

Der Präsident schien verwirrt. „Lassen Sie mich Ihre Worte deutlich machen – Sie behaupten also, daß man sich bis heute, seit wir handfeste Beweise für außerirdische Flugkörper haben, einen Dreck darum gekümmert hat?"

Nadelman schnaubte sich geräuschvoll die Nase. „Das klingt vielleicht ein wenig hart, Herr Präsident. So wie ich es sehe, könnte man es vielleicht grob vergleichen mit Mansions Entdeckung, daß die Malaria von Moskitos übertragen wird, einem winzigen Lebewesen, das bis achtzehnhundertvierundneunzig höchstens für ein lästiges Insekt gehalten wurde."

Der Präsident schüttelte den Kopf. „Mein Gott!" sagte er mit einem Blick auf die Uhren über der Luftschleuse zu Wallcroft, „wir sollten lieber versuchen, das Problem in den Griff zu kriegen, wie in aller Welt ich das alles denen da draußen beibringen soll!"

Vom Büro, in das der Präsident Wallcroft führte, überschaute man das Hauptgeschoß des Lageraums. Es enthielt einen langen Konferenztisch, umgeben von Stühlen; der Stuhl, der die Mitte einnahm, war von den Fahnen Amerikas und des Präsidenten flankiert. Der Präsident zog sein Jackett aus und setzte sich. „Okay", sagte er, lehnte sich zurück und legte die Füße auf den Tisch, „dann wollen wir doch mal sehen, wie weit Sie gekommen sind."

Wallcroft zog zwei dünne Papierstapel aus dem mitgebrachten Hefter und reichte dem Präsidenten einen davon. „Die obenauf liegende Kopie ist der Originalentwurf, die andere meine verbesserte Version."

Der Präsident fing an zu lesen. Ohne aufzusehen, stieß er mit dem Fuß den neben ihm stehenden Stuhl zurück. „Setzen Sie sich", sagte er mit einer Spur von Ungeduld in der Stimme. „Und legen

240

Sie Ihre Jacke ab, wenn Sie mögen." Er warf einen Blick durch die riesige Fensterscheibe, durch die man auf den Lagerraum hinuntersehen konnte. „Da unten ist es so kalt, daß man einen Mantel braucht, und hier oben könnte man mit Leichtigkeit Orchideen züchten."

Rasch las er Wallcrofts Version seiner Rede durch, ging zum Anfang zurück und begann laut vorzulesen: „Ein Gefühl großer Bestürzung und tiefer Trauer erfüllte mich, als ich von dem tragischen Ereignis erfuhr, von dem am dritten Dezember Los Angeles betroffen wurde." Er blickte auf und sah Wallcroft an. „Das ist eine viel bessere Einleitung. Übrigens, wenn Sie möchten, können Sie gern rauchen."

Wallcroft langte instinktiv in seine Jackentasche, verharrte dann jedoch mitten in der Bewegung. „Vielen Dank, aber ich versuche gerade, es mir abzugewöhnen."

„Da haben Sie sich aber wirklich eine günstigen Zeitpunkt ausgesucht!" Der Präsident lächelte und wandte sich wieder seiner Rede zu. „Sagen Sie mal, warum haben Sie den Absatz mit den Astronomen und Biologen vor meine Zusammenfassung des Untersuchungsberichtes gestellt?"

„Sie kamen ein wenig zu rasch zum Kernpunkt Ihrer Rede, Herr Präsident. Man erwartet von Ihnen, daß Sie die Story über eine außerirdische Bedrohung abschwächen, nicht bekräftigen. Das verlangt Fingerspitzengefühl, ich weiß, aber wenn Sie es ihnen zu rasch verkaufen, laufen Sie Gefahr, daß die Leute stutzig werden."

Der Präsident nickte gedankenvoll. „Einverstanden", sagte er schließlich, „vorausgesetzt, ich kann es dahingehend abändern: ‚Astronomen und Biologen gehen schon seit langem davon aus, daß die unermeßlichen Tiefen des Weltraums noch andere Planeten bergen, auf denen es ebenfalls Leben gibt.' Okay?"

Wallcroft nickte und trug mit Bleistift die Korrektur in seine Kopie ein. „Abschnitt sechs, achter Absatz, machte mir ein wenig zu schaffen", sagte er.

Der Präsident stand plötzlich auf, öffnete die Tür und stellte einen Stuhl dazwischen. „Ich werde wohl dafür sorgen müssen, daß etwas mit dieser gottverdammten Klimaanlage passiert!" sagte er mürrisch. „Fahren Sie fort, Mr. Wallcroft, ich höre."

„Abschnitt sechs, achter Absatz. Ich finde es ein wenig verfrüht, Herr Präsident, schon hier von Freundschaft und Verständnis zu reden. Wer oder was auch immer es war, das Los Angeles erwischt hat, es hat fast zehntausend Menschen umgebracht, und Ihre Zuhörer werden von Ihnen die Zusicherung erwarten, daß sich solch ein Vorfall nicht an anderer Stelle wiederholt. Ich würde daher vorschlagen, daß Sie sofort zu der Sache mit dem Befehl an das Strategische Luftkommando überleiten..."

„Ein guter Vorschlag, Mr. Wallcroft. Lassen Sie uns das machen."

Wallcroft blätterte eine Seite um. „Der Absatz über Zivilschutzmaßnahmen, Schutzräume und so weiter ist so, wie er dasteht, in Ordnung. Ebenso der Absatz, wo Sie davon sprechen, unsere friedfertigen Absichten denen da draußen, wer auch immer sie sein mögen, kundzutun. Das kam vorher bloß ein wenig zu früh."

„Dieser Satz, daß wir versuchen werden, die Botschaft über vierzehn Komma zwanzig Megahertz auszusenden – glauben Sie, daß irgend jemand versteht, wovon ich da überhaupt rede?"

„Das ist unwichtig – Hauptsache, es klingt beeindruckend. Ich bin mir aber noch unsicher bei Absatz fünfzehn: ‚Unser Land hat einen schweren, ja sogar gefährlichen Abschnitt seiner Geschichte überstanden.‘ Haben Sie's?"

Der Präsident grunzte. „Und was gibt's da für ein Problem?"

„Das klingt – wie soll ich sagen... ein wenig nach erhobenem Zeigefinger."

„Das war auch meine Absicht."

„Na gut. Und wie würde Ihnen dieser Satz gefallen: ‚Wir stehen heute an der Schwelle eines neuen Kapitels der Geschichte nicht nur dieses Landes, sondern unseres Planeten‘?"

„Kann man an der *Schwelle* eines neuen Kapitels stehen?"

Wallcroft lächelte. „Okay, machen wir den ‚Beginn‘ eines neuen Kapitels daraus. Und dann sagen Sie als nächstes: ‚Angesichts der Herausforderung – und der Chancen! –, denen sich ein jeder von

uns gegenübersieht, gilt es, das Gefühl nationaler Einheit wieder-
zuentdecken...' und so weiter."

„Gut."

„Auf diese Weise kommt das Roosevelt-Zitat besser heraus."
Der Präsident verzog das Gesicht. „Ich weiß nicht recht, ob ich
es so gerne anbringen möchte."

„*Wir haben nichts zu fürchten, außer der Furcht selbst.* Es ist ein
großartiger Aufreißer in diesem Zusammenhang", sagte Wallcroft.

„Vielleicht, wenn er von mir stammte."

„Gerade, daß er nicht von Ihnen stammt, macht ihn so gut. Er
wird die Menschen an andere Krisenzeiten erinnern, denen sie sich
gegenübergesehen und die sie bewältigt haben."

„Mag sein." Der Präsident schien nicht ganz überzeugt. „Was
mir noch immer zu schaffen macht, ist die Frage, ob es uns gelingen
wird, den Eindruck zu erwecken, daß wir das Problem auch
wirklich bewältigen können."

„Dazu habe ich eine Idee", sagte Wallcroft. Er beugte sich vor,
hielt die ausgestreckten Hände wie einen Rahmen vor das Gesicht
des Präsidenten und begann langsam rückwärtszugehen. „Sie
beenden Ihre Rede, okay? Die Kamera weicht zurück, bis die
Zuschauer sehen, daß sich an einer Seite Ihres Pultes ein riesiges
Foto von... nun, sagen wir mal, der Milchstraße befindet, und auf
der anderen ein mechanisches Modell des Sonnensystems.

Und dann machen wir einen Schnitt, nicht zu einer Ansicht des
Weißen Hauses, sondern zu einem Bild vom Teleskop auf Mount
Palomar!"

Der Präsident stand auf und zog sein Jakett wieder an. „Gefällt
mir", sagte er. „Wenn Sie nur nicht vorhaben, statt der National-
hymne die Titelmusik aus *2001 – Odyssee im Weltraum* zu
spielen!"

28

Nadelman nahm das Uhrmacherglas aus dem Auge und machte auf der hellbeleuchteten Werkbank, auf der er gearbeitet hatte, einen Platz für seinen schwarzen Diplomatenkoffer frei. Endlich war er soweit, mit dem Packen anfangen zu können für die Reise, die ihn zusammen mit den übrigen Mitgliedern des WILD CARD-Teams zu den Jungfern-Inseln führen würde.

Er hob den Kopf, als die erste von mehreren Wanduhren im Werkraum seines Hauses in Chevy Chase die volle Stunde zu schlagen begann. Es war jetzt also mehr oder weniger vier Uhr morgens. Er schätzte, daß das, was er zu tun hatte, ihn fast eine Stunde kosten würde, und da das Auto, das ihn zum Militärflughafen bringen sollte, um halb acht da sein würde, lohnte es wohl kaum noch, ins Bett zu gehen. Er erhob sich und goß sich aus der Kanne, die er auf einem elektrisch beheizten Ofen warm hielt, einen Becher Kaffee ein. Die Hände um den Becher gelegt, blieb er einige Minuten lang versonnen stehen und dachte an die Zeit zurück, als er ein kleiner Junge war. Jede Nacht hatte er so lange gewartet, bis das ganze Haus schlief, war dann aus dem Bett gekrochen und wieder in diesen Raum zurückgekehrt, bis die Morgendämmerung anbrach. Er lächelte bei der Erinnerung an einige der Dinge, die er damals zusammengebastelt hatte: das Arbeitsmodell eines motorbetriebenen Torpedobootes, das ein Loch in die Badezimmerwand gerissen hatte; den ferngesteuerten Roboter, der Besuchern die Haustür aufmachen konnte – bis einmal eine der Freundinnen seiner Mutter vor Schreck fast gestorben wäre.

Im Laufe der vergangenen achtundvierzig Stunden – die schönsten, an die er sich seit jenen fernen Tagen erinnerte – hatte er noch einmal dieses zutiefst befriedigende Gefühl kosten dürfen, etwas mit eigenen Händen gemacht zu haben. Nur, daß es diesmal kein Torpedoboot oder Roboter war, sondern eine Bombe. Eine Bombe, die das Leben aller Menschen, die in den vergangenen acht Monaten mit ihm zusammen in Fort Detrick gearbeitet hatten, auslöschen würde. Menschen, die alles wußten, was es über WILD CARD zu wissen gab, und derer man sich aus diesem Grund im Interesse absoluter Geheimhaltung entledigen mußte.

Er setzte den Becher ab, als die anderen Uhren zu schlagen anfingen, und kehrte an die Werkbank zurück. Vor dem Diplomatenkoffer, inmitten von ordentlich aufgereihten, blitzenden Instrumenten und Werkzeugen, lag die Bombe. Er öffnete den Kofferdeckel. Das Innere füllte eine dicke Schaumstoff-Schicht aus, in die er vier unterschiedlich geformte Vertiefungen geschnitten hatte. Er nahm das erste Einzelteil der Bombe auf, den Energie-Block mit dem Hochleistungs-Zeitschalter, und ließ ihn sanft in die vorgesehene Vertiefung gleiten. Es war für ihn nicht schwer gewesen, die mit RDX gefüllte Metalldose zu beschaffen, die als nächstes drankam; Benedict hatte, um die größeren Teile des Raumschiffes anzufertigen, ein Verfahren angewendet, das unter der Bezeichnung „explosives Formen" bekannt war, und war dabei nicht gerade sorgfältig gewesen mit den Eintragungen über die entnommenen Sprengstoffmengen. Neben dem RDX fand ein Beschleunigungsmesser seinen Platz sowie ein Unterbrecherschalter. Zu den Eventualitäten, die er zu berücksichtigen gehabt hatte, gehörte auch der Fall, daß der Pilot wegen Maschinenschadens zu einer Notlandung gezwungen sein könnte. Nadelman würde sich nicht an Bord befinden, konnte also die Bombe nicht kontrollieren, und falls das Flugzeug während einer Landung hochging – und überhaupt, an jeder anderen Stelle als über dem Wasser –, würden die Experten bei der Untersuchung des Unglücks nicht lange brauchen, um die Ursache und den dafür Verantwortlichen festzustellen.

Wenn die Maschine also zurückgerufen werden würde, würde der Beschleunigungsmesser die Dauer und Intensität der Geschwindigkeitsdrosselung während der Landung messen, den Unterbrecherschalter aktivieren und die Bombe entschärfen. Der Koffer – ein Typ, wie ihn häufig Regierungsbeamte für den Transport von Geheimdokumenten verwenden – würde dreifach verschlossen sein und trug Nadelmans Initialen, so daß er nur abzuwarten brauchte, bis er ihn wieder in Empfang nehmen und beseitigen konnte.

Er hob das letzte für diesen Koffer bestimmte Teilstück hoch, wobei er es fast ehrfürchtig handhabte. Er hatte nämlich, wie er glaubte, mit diesem Teil der Ausrüstung einen Weg gefunden, die Arbeit seiner Kollegen während der letzten acht Monate ihres Lebens noch über ihren Tod hinaus zu bestätigen. Es handelte sich um ein Miniatur-Radargerät. Kurz vor der Explosion der Bombe würde es ein Signal aussenden, das von der Flugkontrolle interpretiert werden würde als das Echo eines UFOs, das plötzlich neben dem Flugzeug mit dem WILD CARD-Team an Bord aufgetaucht sein mußte. Gleich darauf würde ein winziges Magnetband anfangen abzuspulen und eine Botschaft auszusenden – anscheinend vom Piloten –, die besagte, daß sie angegriffen und daher die Flugrichtung ändern und ein Ausweichmanöver versuchen würden, um eine Kollision zu vermeiden.

Das Konzept war genial einfach gewesen, und Nadelman hatte es nur verwirklichen können, indem er sich durch die immensen technischen Probleme, die es aufwarf, nicht abschrecken ließ. Radar, hatte er sich gesagt, war eigentlich Kinderkram. Eine rotierende Antenne sendet einen Impuls aus, der, sobald er auf ein Hindernis trifft, reflektiert und wie ein Echo zur Antenne zurückgeschickt wird. Die Antenne ist mit einem synchron kreisenden Kathodenstrahl-Aufzeichner verbunden, dessen Bildschirm von einem Strom von Elektronen bombardiert wird, die in einer geraden Linie vom Mittelpunkt aus zum Rand wandern und wieder zurück. Ebensogut kann dieser Elektronenstrom – auch Sweep genannt – sich wie der Sekundenzeiger einer Uhr bewegen. Ein zur Antenne zurückgeworfenes Echo verstärkt den Fluß der Elektronen lange genug, um ein phosphoreszierendes Radarzeichen auf dem Bildschirm erscheinen zu lassen.

Da der Sweep einmal in zehn Sekunden rotiert, und weil es siebzig Sekunden dauert, bis der Lichtpunkt verglüht, kann ein Mann der Flugkontrollstelle die Geschwindigkeit, Flughöhe, Entfernung und Richtung eines jeden Flugzeuges bestimmen, das

das Gebiet, welches die Antenne der Radarstation erfaßt, überfliegt.

Die Vorrichtung, die Nadelman so liebevoll konstruiert hatte, diente dazu, eine Minute, bevor die Bombe explodierte, mit dem Empfang der Radarimpulse der Bodenstation zu beginnen. Bruchteile einer Sekunde später würde sie dann ihren ersten eigenen Impuls ausstrahlen. In diesem Augenblick würde der Elektronenstrom ein winziges Stück näher am Rande des Schirms auftauchen als der des Flugzeuges. Das Auftauchen eines *zweiten* Radarpunktes auf der gleichen Radiallinie wie der, der vom Flugzeug reflektiert wurde, würde den Anschein erwecken, als habe sich irgend etwas in höchster Geschwindigkeit zwischen zwei Sweeps dem Flugzeug genähert. Die Zeitlücke zwischen dem Echo des Flugzeuges und dem falschen Echo würde dann immer kleiner werden, bis sie schließlich übereinanderlagen. Für die Bodenstation würde das so aussehen, als sei „etwas" mit dem Flugzeug, das das WILD CARD-Team an Bord hatte, zusammengestoßen.

Nadelman konnte der Versuchung, das Tonband noch einmal abzuhören, nicht widerstehen; er verband den Tonkopf des kleinen Gerätes mit einem Verstärker, den Verstärker mit einem Lautsprecher und schaltete ein. Vor dem Hintergrund knatternder atmosphärischer Störgeräusche fing eine alarmiert klingende Stimme an zu sprechen: „An Küstenradar. SAM Zero Fünf. Habe nicht-identifiziertes Flugobjekt gesichtet, fünf Uhr Standortzeit, Entferung zehn Meilen. Nähert sich von links nach rechts, sehr schnell. Sieht metallisch aus ... Eine riesige Scheibe mit einer Art von ... Versuche Ausweichmanöver ... Mein Gott, gleich stoßen wir zusammen!"

Um zwanzig nach fünf hatte Nadelman die einzelnen Teile untereinander verbunden, sich vom Tower in Andrews die genaue Zeit geben lassen und die letzten Einstellungen am Zeitschalter vorgenommen. Er klappte den Kofferdeckel zu und verschloß ihn. Er war fertig. Er stand auf, reckte sich, trat ans Fenster und zog die Jalousie hoch. Der Himmel begann hell zu werden, und erleichtert stellte er fest, daß der gestern abend vom Wetterbericht vorausgesagte Schnee nicht gefallen war. Er drehte dem Fenster den Rücken zu und ging, vor sich hinsummend, zum Ofen und öffnete die Klappe. Alles, was jetzt noch zu tun blieb, war das Vernichten der verschiedenen Konstruktionspläne, Navigationskarten und Berichte über Sabotageakte an Flugzeugen, die er für seine Arbeit gebraucht hatte; dann hatte er sich nur noch umzuziehen, für sich und die Katzen Frühstück zu machen und auf das Auto zu warten.

Das für das WILD CARD-Team bestimmte Flugzeug – eine blau-weiße Boeing Advanced 737 des 89. Militär-Luftbrückenge-schwaders – wurde noch von Schwärmen von Mechanikern und Bodenpersonal umsorgt, als Nadelman am Andrews-Militärflug-hafen eintraf und bald darauf die vereiste Treppe zur vorderen Passagiertür hinaufstieg.

Der Offizier vom Dienst hatte zuerst gezögert, ihn vor den anderen Passagieren an Bord zu lassen, mußte jedoch schließlich nachgeben, als Nadelman hartnäckig darauf bestand, daß er eine Sache von nationaler Bedeutung zu erledigen habe, die keinen Aufschub dulde.

Eine der beiden dem Flug zugeteilten Stewardessen nahm gerade Lebensmittel aus einem Lieferwagen in Empfang, als Nadelman auf sie zukam; sie unterbrach ihre Tätigkeit und führte ihn rasch durch einen mit Sofas und niedrigen Tischen möblierten Raum in die Passagierkabine. Wie er erwartet hatte, gab es hier zu beiden Seiten des Ganges sechs Reihen von je drei nach rückwärts gewandten Sitzen. Durch die offenstehende Tür vor ihm konnte er den langen Konferenztisch und die Stühle sehen, die den letzten Raum des für Passagiere bestimmten Flugzeugteiles ausfüllten.

„Der hier tut's am besten", murmelte er und ließ seinen Diplomatenkoffer zusammen mit einem Armvoll Papieren auf den ersten Sitz zu seiner Rechten fallen; auf diesem Platz würde er genau über der Verbindungsstelle von Tragfläche und Flugzeug-rumpf sitzen. Zwar sollte die Wahl seines Sitzplatzes wie zufällig wirken, doch hatte er ihn sich nach sorgfältiger Überlegung ausgesucht. Wenn das Flugzeug in der Luft war, würde diese Verbindungsstelle stärkerem Druck ausgesetzt sein als irgendein anderer Teil des Flugzeuges, und nur wenn die Bombe hier explodierte, konnte er absolut sicher sein, daß das Flugzeug auch aufreißen würde.

Sobald die Stewardeß ihn verlassen hatte, ließ er den Aktenkoffer unter seinem Sitz verschwinden, zog sich die Wolldecke, die sie ihm gegeben hatte, über die Beine und lehnte sich bequem zurück, um auf die Nachricht des Präsidenten zu warten, die ihn ins Weiße Haus beordern würde.

Gegen acht Uhr war der Passagierraum voll. Wie Nadelman erwartet hatte, waren selbst die reservierteren Mitglieder des Teams in aufgeräumter Stimmung bei der Aussicht darauf, daß sie nach einem, wie man ihnen gesagt hatte, nicht allzu anstrengenden Kursus, der zu ihrer Akklimatisierung dienen sollte, von ihren Verpflichtungen erlöst werden würden. Ein paarmal hatte er befürchten müssen, daß sich doch jemand neben ihn setzen würde, aber dann hatte es selbst der Mutigste nicht gewagt, die Papiere, die er auf den beiden Sitzen ausgebreitet hatte, zur Seite zu räumen.

Um zehn nach acht wurde die Passagiertür geschlossen, und einen Moment lang leuchteten die Lampen auf, während die einzelnen Motoren gestartet wurden und anliefen. Nadelman löste seinen Blick von den Papieren und sah aus dem Fenster. Unter der Tragfläche konnte er das Flimmern der Abgase vor dem mit Rauhreif überzogenen Flugfeld sehen. Dann rollte die Boeing langsam an und ließ den Terminal hinter sich. Eine Orchesterversion von „White Christmas" brach ab, und die Stimme der Stewardeß begrüßte die Passagiere an Bord.

Nadelman sah besorgt auf die Uhr: Der Anruf des Präsidenten war jetzt seit fünf Minuten überfällig. Er wußte, wenn der Anruf erst kam, nachdem sie oben waren, dann würde er den Koffer mit von Bord nehmen müssen, da es keine Möglichkeit gab, den unfehlbaren Mechanismus der Bombe daran zu hindern, während der Landung zu blockieren. Und damit wären sie wieder am Nullpunkt angelangt. Es würde viel zu verdächtig wirken, wenn er und der Präsident ein ähnliches Spiel auf dem Rückflug von den

Jungfern-Inseln inszenieren würden. Doch dann machte seine Verärgerung und Enttäuschung einem plötzlichen Gefühl von Furcht Platz, als ihm ein alarmierender Gedanke durch den Kopf fuhr: Was, wenn der Anruf überhaupt nicht kam? An diese Möglichkeit hatte er überhaupt noch nicht gedacht. Was ihm Sorgen machte, war nicht seine persönliche Sicherheit; wenn er die Aufforderung, zum Präsidenten zu kommen, nicht erhielt, brauchte er sich nur krank zu stellen, und das Flugzeug würde landen müssen, um ihn von Bord zu lassen. Nein, was ihn wirklich ins Schwitzen geraten ließ, war die Erkenntnis, daß er, wenn es wirklich in der Absicht des Präsidenten lag, ihn zusammen mit den anderen loszuwerden, durch den geglückten Trick, das Flugzeug zu verlassen, höchstens einen Aufschub für seine Hinrichtung gewinnen würde.

„Ist Ihnen nicht gut?"

Verwirrt drehte er den Kopf zur Seite und sah Napier, der sich auf den Sitz neben ihm gesetzt hatte. Im ersten Moment wußte er nicht, wie er reagieren sollte. „Ich weiß nicht recht", murmelte er. Seine Gedanken rasten.

Napier nickte verständnisvoll und schnallte sich an. „Sie sind überarbeitet", sagte er. „Zwei Wochen in der Sonne werden uns allen guttun."

Nadelman sah wieder aus dem Fenster. Er verfluchte den Präsidenten, der ihn in solch eine verzwickte Lage gebracht hatte. Es blieb nicht mehr viel Zeit – sie befanden sich jetzt am Ende des Zubringers, und das Flugzeug drehte langsam in Wartestellung, im rechten Winkel zur Startbahn.

Er fühlte Napiers Hand auf seinem Arm. Er wandte sich ihm zu und sah, daß er ihm einen silbernen Hüftflakon hinhielt. „Kommen Sie", sagte er, „trinken Sie ein Schlückchen. Dann fühlen Sie sich gleich besser."

Nadelman schüttelte den Kopf.

„Kommen Sie!" beharrte Napier und drängte ihm die Flasche entgegen.

„Mein Gott, Sie werden schon nicht dran sterben!"

Widerwillig und nur, um Zeit zu gewinnen, nahm ihm Nadelman die Flasche ab und setzte sie vorsichtig an die Lippen. Erleichtert, daß sie Kognak enthielt und nicht Whisky, wie er befürchtet hatte, trank er einen tiefen Schluck. Zu seiner Überraschung stellte er fest, daß er sich augenblicklich besser fühlte. Er wollte Napier die Flasche zurückgeben, doch dieser winkte ab. „Sie können sie austrinken", sagte er. „Wenn ich noch mehr trinke, brauche ich bald kein Flugzeug mehr, um zu schweben."

Nadelman trank noch einen Schluck und sah wieder aus dem Fenster. Sie befanden sich jetzt in Startposition.

Er entschied, daß es unter diesen Umständen am vernünftigsten war, davon auszugehen, daß die Mitteilung des Präsidenten irgendwo unterwegs hängengeblieben war, und das Flugzeug also sofort zu verlassen. Wenn seine Annahme stimmte, würde der Plan mehr oder weniger wie vorgesehen ablaufen; wenn nicht, war er draußen in keiner besseren Lage, als wenn er im Flugzeug bliebe.

Er löste seinen Sicherheitsgurt. „Ich glaube, ich muß Sie bitten, mich rauszulassen", sagte er zur Napier. „Ich fühle mich wirklich scheußlich." Er streckte den Arm aus und wollte gerade auf die Klingel für die Stewardeß drücken, als Napier sein Handgelenk umfaßte. „Schön ruhig bleiben", sagte er sanft. „Entspannen Sie sich. Es ist nur die Aufregung vor dem Start. Soll ich Ihnen mal was sagen? Mir geht es genauso. Ja, ich meine es im Ernst. Kommen Sie, bleiben Sie ganz ruhig – gleich haben wir das Schlimmste hinter uns."

Nadelman versuchte, sich aus Napiers Griff zu befreien, doch er schien keine Kraft mehr und sein Gleichgewicht verloren zu haben. Fast kam es ihm vor, als sei er betrunken, und doch wußte er, daß dies nicht sein konnte. Das Fläschchen war kaum viertelvoll gewesen, als Napier es ihm angeboten hatte. Er machte eine Drehung, wollte Napier befehlen, ihn loszulassen, und fing statt dessen an zu kichern. Er versuchte aufzustehen, aber seine Beine schienen eingeschlafen zu sein. Mit einem leeren Grinsen sah er wieder aus dem Fenster. Das hohe Pfeifen der Düsen ging in ein tiefes Dröhnen über, und der Flügel unter ihm erbebte, als könne er es kaum erwarten, sich in die Lüfte zu erheben. Plötzlich wurden die Bremsen gelöst, und das Flugzeug begann vorwärtszurollen. In wachsender Geschwindigkeit huschten Lichter am Fenster vorbei, und weit hinten auf dem Flugfeld wurde ein rotes Leuchtsignal zu einem verschwommenen Fleck und verschwand aus der Sicht. Nadelman wurden die Augen schwer; er versuchte, sie offenzuhalten, um das vorbeiziehende Lichterkaleidoskop zu bewundern, doch es gelang ihm nicht.

Als das Fahrwerk des Flugzeuges eingezogen wurde und unter der Passagierkabine verschwand, war Nadelman in einen tiefen, traumlosen Schlaf gesunken.

Napier schraubte den Verschluß wieder auf die Flasche und steckte sie in seine Jackentasche. Verdammt noch mal! dachte er und lockerte Nadelman Kragen und Krawatte, der Präsident hat tatsächlich recht gehabt! Der arme Kerl scheißt sich ja fast ein vor Angst! Jetzt war ihm auch klar, warum Nadelman fast immer, wenn er Detrick hatte verlassen müssen, über Land gefahren war, wo es doch wesentlich sicherer gewesen und auch schneller gegangen wäre, wenn er den Hubschrauber genommen hätte. Er lächelte bei dem Gedanken daran, wie der Präsident mit ihm über den Trick gesprochen hatte, den Nadelman wahrscheinlich anwenden würde, um aus dem Flugzeug zu verschwinden. „Wissen Sie, Frank", hatte er gesagt, „dieser Kursus zur Akklimatisierung, zu dem Sie alle fahren, mag Ihnen vielleicht wie ein unnützer Ausflug vorkommen, aber Sie können mir glauben, daß er ein ganz wesentlicher Teil des Unternehmens ist. Ich möchte auf keinen Fall, daß er in die Hose geht, nur weil Dick zu spät kommt oder sogar überhaupt nicht. Mal abgesehen davon, daß Sie ihm beim Einsteigen ins Flugzeug eine Betäubungsspritze in den Hintern jagen könnten – sehen Sie sonst noch eine Möglichkeit, daß er auch wirklich, wenn er wenigstens schon mal am Flughafen ist, in das verdammte Flugzeug steigt und drinbleibt?"

Napier beugte sich zum Fenster vor, um einen letzten Blick auf den Potomac zu erhaschen, während die Boeing sich im Steigflug nach Süden wandte. Die Schrift NO SMOKING – FASTEN YOUR SEATBELT erlosch. Er holte eine Zigarre aus der Tasche und biß das Ende ab. Wenn Nadelman aufwacht, dachte er und kehrte zu seinem Sitz auf der anderen Seite des Ganges zurück, dann wird er sich wohl ein wenig verkatert fühlen. Aber wenn die Wirkung des Chloralhydrats, das er in den Kognak getan hatte, verflogen war, hatten sie auch den schlimmsten Teil des Fluges hinter sich.

Um 9.22 Uhr befand sich die Spezialmaschine SAM Zero Fünf dreihundertfünfzig Meilen südöstlich von Andrews. Die Fluggeschwindigkeit betrug vierhundertzwanzig Knoten. Die Wolkendecke begann endlich aufzureißen, und dreiunddreißigtausend Fuß tiefer konnte Major Norman Karlovac türkisfarbenes Wasser erblicken, das dort, wo das Nordatlantik-Becken anfing, in ein tiefes Blau überging.

Karlovac, ein schlanker Mann mit schütter werdendem, stumpfblondem Haar und blasser Haut, war das genaue Gegenteil dessen, was man sich im allgemeinen unter einem Flugkapitän vorstellt, doch er hatte Erfahrung auf acht verschiedenen Typen von Düsenmaschinen und über neuntausend Flugstunden hinter sich.

In zehn Minuten würden sie an der BASS-Kreuzung ankommen. BASS war nichts weiter als eine Netzbezeichnung auf Flugkarten, doch für die Besatzung hatte sie eine besondere Bedeutung: es war ein Pflicht-Meldepunkt. Dort würde Karlovacs Co-Pilot, Lieutenant Eugene Dozier, der Flugsicherungsstelle die Position von SAM Zero Fünf mitteilen und Karlovac das Flugzeug auf einen magnetischen Leitstrahl von einhundertvierundsechzig Grad einpeilen. Dann befanden sie sich in einem Korridor, der als „Whisky-Route" bezeichnet wurde, und sie über die Meldestellen „Scotch", „Irish", „Bourbon", „Corn" und „Rye" zum „San Juan Center" führte. Und wenn die Beschreibung stimmte, die Stewardeß Egan vom Zustand ihrer Passagiere geliefert hatte, dann konnten sie gar keine passendere Route fliegen.

Patti Egan schloß die Cockpit-Tür und kehrte in die Bordküche zurück. Im gleichen Augenblick betrat auch ihre Kollegin, Karen Rowland, mit einem Stoß von Tabletts den Raum. „Warum hat dir eigentlich der fette Kerl auf Platz sechsunddreißig befohlen, die

Zeitungen da zu verstecken?" Sie wies mit dem Kopf auf einen Stapel Exemplare der *Washington Post,* deren Schlagzeile lautete: *Präsidentenansprache zu den Untersuchungsergebnissen aus der Todesstadt am heutigen Abend!*

Patti Egan zuckte die Achseln. „Er sagte, viele von den Passagieren hätten Verwandte in Los Angeles verloren. Das würde aber keiner glauben, wenn er sähe, wie die sich da hinten benehmen!"

Um 9.24 Uhr hatte das Pokerspiel in der Lounge eine ziemliche Lautstärke erreicht. Kochalski lag mit einem Gewinn von zweitausendfünfhundert Dollar weit vorn, obwohl er den größten Teil der Whiskyflasche geleert hatte. Gerade eben hatte er seinen zweiten Royal Flush hingelegt. Weiner, angefeuert von Johnson, beschwerte sich lauthals. Wie, zum Teufel, konnte Kochalski zweimal hintereinander einen Royal Flush haben, wo doch laut Statistik diese Kartenkombination nur einmal unter sechshundertneunundvierzigtausendsiebenhundertundvierzig Runden vorkommt? Benedicts Interesse galt nicht mehr so sehr den Karten als vielmehr Karen Rowlands Hüften; die Stewardeß war mit einem Tablett voller Gebäck und Kaffee auf dem Weg zu Nadelman und bückte sich gerade, um ein Exemplar des *Journal of Molecular Biology* vom Boden aufzuheben.

Im hinteren Teil hob Payne, der am Konferenztisch saß und die Sicherheitsvorschriften durchging, den Blick und sah Zelinski nach, der auf dem Weg zur Toilette war. Es war bereits das vierte Mal, seit sie sich in der Luft befanden, und Zelinski überlegte wieder einmal, ob er nicht doch noch Nadelman überreden könnte, ihn in den Staaten bleiben zu lassen, um sich seiner längst überfälligen Prostata-Operation unterziehen zu können, oder ob er besser damit warten sollte, bis er wieder sicher in Paraguay war.

Payne hatte sich, anders als Napier, Stillman, Olsen und Mizushima, dafür entschieden, statt sich befördern zu lassen von der Möglichkeit Gebrauch zu machen, aus dem Geheimdienst auszusteigen. Er plante, ein Jahr lang in Europa herumzureisen und dann in San Francisco mit einem Teil der Prämie aus dem

Präsidenten-Fond eine Privatdetektei zu eröffnen. Noch lieber würde er ja ganz aufhören zu arbeiten, doch bis jetzt sah er keinen Weg, wie er seiner Frau und anderen Familienmitgliedern erklären sollte, daß er plötzlich, im Alter von fünfunddreißig Jahren, reich geworden war.

McElroy saß allein am anderen Ende des Tisches, betrank sich und dachte nach. Er wußte, daß die mit seiner Botschaft versehenen Pralinen ihre Empfänger erreicht hatten, und zwar aufgrund der höflichen, jedoch etwas verwundert klingenden Dankesworte, die er von den vier Frauen erhalten hatte. Warum bloß hatte es nicht funktioniert? Hatte denn nicht wenigstens eine der Frauen wenigstens eine Praline gegessen? Das hätte doch gereicht, um zu enthüllen, was in Detrick passiert war. Konnten denn alle vier gefastet haben? Aber dann hätten sie die Pralinen doch sicher verschenkt!

Er goß sich nach. Die Ironie des Ganzen war ihm schmerzlich bewußt. Angenommen, er hätte Erfolg gehabt und WILD CARD wäre gestoppt worden: Eine wütende Menge wäre, sobald sie von der Verschwörung erfahren hätte, über sie hergefallen und hätte sie möglicherweise gelyncht. Man hätte den Präsidenten zur Verantwortung gezogen, und auch er wäre mit in den Abgrund gerissen worden und hätte nie mehr als Wissenschaftler arbeiten dürfen. So aber, weil sein Plan versagt hatte, konnte er seine Forschungen fortsetzen, zum Nutzen der Menschheit, wie er glaubte. Er konnte das Lehren revolutionieren, die Plackerei des Lernens abschaffen. Es war eine Arbeit, von der er sich einen Nobelpreis erhoffen konnte.

Im Hauptteil des Passagierraumes waren jetzt nur dreizehn Sitze belegt. Chesterton legte das ledergebundene Exemplar von Trollopes *Phineas Redux* beiseite und dachte darüber nach, ob zwei Wochen wohl ausreichen würden, um seine Kollegen auf die Fragen vorzubereiten, denen sie sich nach ihrer Rückkehr ausgesetzt sehen würden.

Kavanagh hatte seinen Platz neben Chesterton verlassen und sich neben Mizushima gesetzt, um ihm auf seinem Reise-Schachbrett die Züge der *Nimzovitch*-Verteidigung zu erklären. Beide hatten nie so recht geglaubt, daß die Arbeit für WILD CARD sie reich machen würde, und jetzt waren sie sich noch völlig im unklaren, was sie mit dem Geld anfangen sollten.

Pedlar, der neben ihm saß, war mit Kopfrechnen beschäftigt. Als Vorbeugung gegen eine Geldentwertung hatte er darauf bestanden, die Hälfte seines Verdienstes in Ware ausgezahlt zu bekommen: ein Kilo reinen Heroins. Mit Milchzucker vermischt würde diese Menge für schätzungsweise zwanzigtausend Schuß reichen. Und bei einem Straßenverkaufspreis von zur Zeit fünfzig Dollar pro Schuß ... Pedlar, zutiefst zufrieden mit sich, lehnte sich zurück.

Hinter ihm überlegte Henry Jerome angestrengt, wie er auf Charlotte Paxtons Redefluß reagieren sollte, die ihm gerade äußerst detailliert von einem bizarren Sexabenteuer berichtete, das sie vor zwei Jahren während eines auf den Jungfern-Inseln verbrachten Urlaubs erlebt haben wollte. Ihre Zukunftspläne gingen nicht über den Wunsch hinaus, sich so schnell wie möglich jemanden fürs Bett zu angeln, selbst wenn das hieße, dafür bezahlen zu müssen, während Jerome nichts mehr ersehnte als die Rückkehr in die Welt der Reihenhäuser und Rasenmäher, des Elternbeirats und Rotary-Clubs – einer Welt, zu deren Fortbestehen er, wie er glaubte, durch seine Mitarbeit an WILD CARD beigetragen hatte.

Conrad schlief. Er hatte erotische Träume, in denen er nackt mit den beiden Stewardessen in einem Swimmingpool herumtobte, der nicht mit Wasser, sondern mit nagelneuen Dollarnoten gefüllt war.

Napier saß mit Stillman, Olsen und Lawrence zusammen und diskutierte über die jeweiligen Vorzüge einer „Winchester 71" gegenüber einer „Marlin 336 deluxe" für die Hochwildjagd.

Karen Rowland blieb neben Nadelman stehen, unschlüssig, ob sie ihn wecken sollte. Sie sah auf die Uhr; es ging auf halb zehn zu. „Dr. Nadelman!" rief sie. Er bewegte sich, seine Augenlider begannen zu flattern.

„Ich würde ihn seinen Rausch ausschlafen lassen", sagte Napier von der anderen Seite des Ganges her.

Sie drehte sich lachend um. „Das wird es sein, stimmt's?" Sie machte einen Schritt in Nadelmans Sitzreihe hinein, um Patti Egan, die mit einem Tablett voller Flaschen und Gläser ankam, vorbeizulassen.

In diesem Augenblick aktivierte der Zeitmechanismus den Radarsender im Diplomatenkoffer unter Nadelmans Sitz.

Karen Rowland wandte sich wieder Nadelman zu, der gerade die Augen aufschlug und sich erstaunt umsah.

„Guten Morgen!" sagte sie fröhlich und klappte ein kleines Brett vor ihm herunter. „Sie sind gerade rechtzeitig aufgewacht, um..." Doch sie konnte ihren Satz nicht beenden. Mit einer heftigen Bewegung stieß Nadelman gegen die Klappe und das Tablett; der Kaffee ergoß sich über ihre weiße Bluse, und Nadelman begann wie wahnsinnig unter seinem Sitz nach dem Aktenkoffer zu tasten.

Als Patti sich umdrehte, um zu sehen, was vor sich ging, war die auf Band gesprochene Mitteilung, das SAM Zero Fünf von einem UFO überflogen wurde, zu Ende, und die Bombe detonierte.

Mit einem ohrenbetäubenden Schlag zerbarst der Koffer und riß ein gezacktes Loch von dreißig Fuß Durchmesser in die Aluminiumlegierung des Flugzeugrumpfes.

Nadelman zerplatzte wie eine Wassermelone und bespritzte die mit Kunstleder bespannte Kabinenwand und Decke mit Blut, Gewebefetzen und Fäkalien. Teile dessen, was einmal die Halterungen seines Sitzes gewesen waren, schossen mit einer Geschwindigkeit, die die von Gewehrkugeln übertraf, durch die Kabine und mähten Zelinski und Patti Egan nieder. Karen Rowland, Haare, Rock und Bluse von der Stichflamme verbrannt, war auf der Stelle tot; Napier, Stillman, Olsen und Lawrence starben einen Augenblick später, als durch die Druckwelle ihre Lungen platzten.

Schlagartig sank der Druck in der Kabine. Von vorne und hinten strebte, fast wie eine wabernde Masse, ein Strom von Trümmern – Handgepäck, Stoff, Tabletts, Flaschen, Gläser und Türen – auf die gähnende Öffnung zu und wurde in das Fast-Vakuum nach draußen gesaugt. Mit im Strom trieb Lieutenant Dozier, der immer

257

noch den Griff der Flugkanzeltür umklammert hielt, die er gerade hatte öffnen wollen, als die Bombe explodierte, gefolgt von Zelinski und den Leichen Karen Rowlands und der drei Sicherheitsbeamten. Obwohl sie stark blutete, schaffte es Patti Egan, nicht mit den anderen nach draußen gezogen zu werden, indem sie sich an die Halterungen der Sitze zu beiden Seiten des Ganges klammerte.

Dann, ebenso rasch wie er eingesetzt hatte, ließ der Druckabfall nach.

Die Kabine, die in weniger als einer Minute durch den hurrikanartigen Sog leergefegt worden war, füllte sich mit Nebel, als die Temperatur unter den Gefrierpunkt sank.

Plötzlich waren es achtundvierzig Grad unter Null – so kalt wie im sibirischen Winter.

Hunderte von im Flugsimulator zugebrachte Stunden befähigten Karlovac, instinktiv und augenblicklich auf solch einen Katastrophenfall zu reagieren. Ohne auf die Schreie zu achten, die aus der Passagierkabine drangen, riß er seine Kopfhörer ab und setzte eine Sauerstoffmaske auf, sorgte dafür, daß die Passagiersauerstoffmasken ausgeworfen wurden, indem er den dafür vorgesehenen Hebel zog, ließ das Schild NO SMOKING – FASTEN YOUR SEATBELTS aufleuchten, überflog mit einem Blick eine stattliche Reihe von Instrumenten und Warnleuchten, die Systemstörungen anzeigten, brachte das Höhensignal zum Schweigen, das losgeheult hatte, als der Druckausgleich nachzulassen begann, und schaltete, da seine Maske keine Kopfhörer enthielt, den Lautsprecher im Dach des Cockpits ein.

Wenn Dozier dagewesen wäre, hätte er ihn jetzt nach hinten geschickt, um das Ausmaß des Schadens zu überprüfen. Nun aber konnte er nicht wissen, daß die Explosion einen der drei eisernen Hauptspanten, die die Passagierkabine stützten, verbogen, wie auch die Befestigung des vorderen Flügelholms am Rumpf abgebrochen hatte. Er wußte nur, daß er die Maschine so schnell wie möglich in wärmere, nicht so dünne Luft bringen mußte, wenn er die Menschen an Bord davor bewahren wollte, von der ungeheuren Kälte überwältigt zu werden.

Als er den Gashebel in den Leerlauf zog, erklang aus dem Lautsprecher eine durch das Dröhnen des Windes und der Motoren kaum zu vernehmende Stimme: „SAM Zero Fünf, hier Küstenradar. Haben Ihre Mitteilung erhalten. Wir haben Sie noch auf dem Radarschirm. Hören Sie uns?"

Da Karlovac wußte, daß ihn das Kollisionsvermeidungssystem während seines Landeflugs vor Gefahren warnen würde, hatte er beschlossen zu warten, bis die unmittelbare Gefahr der Unterkühlung und des Sauerstoffmangels für die Passagiere, die keine Sauerstoffmasken trugen, vorbei war, bevor er die Flugkontrolle alarmieren würde. Woher in aller Welt, fragte er sich, wußten die also, daß er in Schwierigkeiten war?

Er stellte den Schubumkehrhebel auf Arretierung und merkte, wie die Flügel erzitterten, als die Landeklappen sich in dem Luftstau aufrichteten. Damit näherte er sich dem kritischsten Moment: Wenn die Sinkgeschwindigkeit im Verhältnis zu dem Schaden, den das Flugzeug erlitten hatte, zu hoch, oder wenn die Belastung durch diese Manöver zu groß war, konnte es sich nur noch um Minuten handeln, bevor alles auseinanderbrechen würde.

„SAM Zero Fünf, Küstenradar. Hören Sie uns? Funken Sie Mayday, wenn Sie uns hören. Funken Sie Mayday, wenn Sie uns hören..." Die Stimme aus der Kontrollstation sprach weiter, doch Karlovacs ganze Konzentration war darauf gerichtet, das Flugzeug tieferzubringen, und zwar in einem Stück. Er schaltete den Auto-Pilot aus und setzte zu einem Sturzflug über Steuerbord an.

In achtundzwanzigtausend Fuß Höhe nahm Karlovac das Flugzeug aus der Kurvenlage, ließ es aber weitersinken. Die Verbindungsstelle Flügel-Flugzeugrumpf auf der Steuerbordseite war jetzt unerträglicher Belastung ausgesetzt. Plötzlich, mit dem Knall eines ins Vielfache gesteigerten Gewehrschusses, brach die Verbindungsstelle, und der Flügel schwang in die Höhe. Der Außenbordteil – von der Flügelspitze bis zur Motoraufhängung – brach ab und zerfetzte dabei den Nummer-Zwei-Integraltank. Zwanzigtausend Gallonen Kerosin zerstäubten, vermischten sich mit den heißen Abgasen und explodierten mit einem gigantischen Puffen, das das Flugzeug erbeben ließ. Der Innenbordteil des Flügels knallte gegen den Flugzeugrumpf und löste sich, wobei er den Steuerbord-Horizontalkreisel mit sich nahm.

Die Flugkanzel verwandelte sich augenblicklich in ein Tollhaus aus Lichtern, Klingeln und Huptönen. Selbst unter den Händen des sadistischen Simulator-Instruktors war Karlovac niemals so vielen Systemausfällen gleichzeitig ausgesetzt worden. Treibstoff- und Luftdrucksysteme, Flugleitwerk, Hydraulik, Elektronik – alles meldete Schäden. Und ohne den rechten Flügel, und daher ohne Steuerbordauftrieb, fing die Maschine an zu rollen. Einen Augenblick war das Meer unter, im nächsten über ihm, und während Roll- und Sturzgeschwindigkeit immer größer wurden, wechselten Meer und Himmel aus einem strahlenden Blau in ein stumpfes Grau, und plötzlich wurden seine Glieder schwer wie Blei.

In fünfzehntausend Fuß Höhe begann die verstümmelte Boing auseinanderzufallen. Zuerst riß der Backbordflügel ab und entfernte sich in einem hohen Bogen vom Flugzeugrumpf. Dann zerbrach der Rumpf selbst in Höhe des bombengeschädigten Hauptrahmens in zwei Hälften; Leichen platzten heraus wie Erbsen aus einer Schote.

Weiter unten flatterte ein Schwarm Seevögel hastig in südlicher Richtung davon, als Wrackteile auf dem Wasser aufschlugen und hohe, weiße Schaumsäulen aufsteigen ließen. Fast fünf Minuten lang regnete es über drei Meilen im Umkreis Wrackteile vom Himmel. Dann, so plötzlich wie er gekommen war, legte sich der Aufruhr wieder; die letzte Fontäne sank auf der ölig glänzenden See in sich zusammen, und langsam hörten die hochsteigenden Blasen auf.

Zehn Minuten später kehrten die durch den Aufschlag der Wrackteile verschreckten Haie zurück, um zwischen tanzenden Sitzpolstern und leeren, gelben Rettungsbooten nach dem zu suchen, was vom WILD CARD-Team übriggeblieben war.

29

Die First Lady, die den ihr am Los Angeles International Airport überreichten Strauß roter Rosen noch immer im Arm hielt, beugte sich im Hubschrauber am Präsidenten vorbei zum Fenster hin.

„O Liebling, ich kann es einfach nicht glauben! Da warten ja noch mehr Menschen als am Flughafen!"

Der Präsident klappte den Bericht seines Sicherheitsberaters zur nationalen Lage zu und machte sich an den Knöpfen seiner Manschetten zu schaffen. Was er in diesem Bericht gelesen hatte, war, wie er jetzt wußte, die völlige Rechtfertigung seiner Entscheidung, WILD CARD zu realisieren. Nicht einmal die Aussicht auf das, was ihm gleich bevorstand, konnte das Gefühl tiefer Befriedigung dämpfen.

Es hatte zwar eine Reihe von Demonstrationen in Städten mit großen Hippie-Kommunen gegeben, auf denen die Forderung gestellt wurde, die Außerirdischen bei ihrem Erscheinen mit Blumen und nicht mit Gewehren zu empfangen, doch Aufstände, Protestmärsche und Sit-Ins hatten restlos aufgehört.

Der Präsident rechnete rasch nach: Selbst wenn es ihm möglich wäre, die Zahl der Todesopfer im Land auf dem Herbstdurchschnitt zu halten, wären bis zum nächsten Jahr um diese Zeit ebenso viele Menschen bei Aufständen ums Leben gekommen wie jetzt durch den Virus. Und dabei waren die Zehntausende von Verletzten und Verstümmelten noch nicht berücksichtigt.

Überall waren Zeichen eines neuen Lebens zu erkennen. Sogar die Zahl der Arbeitslosen war gefallen infolge eines soeben in Gang gesetzten landesweiten Forderungsprogrammes zum Bau von Schutzräumen und der Produktion von Atemgeräten. Die erfreulichste Nachricht von allen war jedoch, daß der Dow-Jones-Index endlich wieder die ersten, wenn auch schwachen Zeichen gab, daß in der Wirtschaft des Landes noch Leben steckte.

Der Präsident setzte seine Sonnenbrille auf und sah aus dem Fenster, hinunter auf ein Netz von Hochspannungsleitungen und das Gewirr von schäbigen Läden und Tankstellen, die roten

Dächer der Stuckhäuser, kränkelnde Palmen und abblätternde Plakatwände. „Na ja", meinte er zu seiner Frau, „wie Williamsburg sieht das da unten aber nicht aus."

Sie lächelte und legte ihm, immer noch vorgebeugt dasitzend, beruhigend die Hand auf den Arm. „In hundert Jahren wird es einen ländlichen Charme angenommen haben", sagte sie, „und in tausend Jahren zählt man es dann zu den Weltwundern."

Der Vorschlag, das Gebiet um die Doty Avenue so zu lassen, wie es seit der Unglücksnacht war – er kam vom Direktor des vom Smithsonian Instituts eingerichteten Nationalmuseums für Völkerkunde –, hatte zunächst seinen Beifall gefunden; doch erst als es zu spät war, hatte er begriffen, daß man von ihm erwarten würde, der Einweihungsfeier beizuwohnen. In der Hälfte der normalerweise benötigten Zeit war das Geld bewilligt und das erforderliche Gesetz erlassen worden, und eine Armee von Archäologen war aufgebrochen, um auch den kleinsten Gegenstand auf dem über vierhundert Hektar großen Gelände zu sichten. Alles wurde mit der gleichen Ehrfurcht behandelt und katalogisiert, als käme es aus der Schatzkammer Tut-ench-Amuns: Teile von Sears- und Roebuck-Möbeln, Tankstellen-Kalender, abgetragene Schuhe und Kleider, leere Bierdosen und Coca-Cola-Flaschen – nichts war zu unbedeutend oder beschädigt, um weggeworfen zu werden. Sogar an die Wände gesprayte Parolen und obszöne Graffitti sollten erhalten bleiben, als handele es sich um Renaissance-Fresken.

Den Zeichen eines Einweisers folgend, kam der Helikopter sanft auf dem Hubschrauber-Landeplatz des El Camino Colleges auf. Der Präsident löste den Sitzgurt und zog sich sein Jackett an. Es drängte ihn, die vor ihm liegende, unangenehme Aufgabe hinter sich zu bringen. Als er aufstand, fiel ihm ein, daß es seiner Frau bestimmt nicht recht sein würde, sich die Frisur durch den von den Rotorblättern erzeugten Wind zerstören zu lassen; er wartete also, bis sie zum Stillstand gekommen waren und trat dann erst auf die seitlich angebrachten Stufen hinaus.

Im selben Moment fiel eine Musikkapelle der Marine in scharlachroten Uniformen mit „Hail to the Chief" ein, und donnernde Begrüßungsrufe erschollen von der dichten Menge, die hinter dem den Redondo Beach Boulevard begrenzenden Drahtzaun stand.

Die Hitze und der Lärm trafen den Präsidenten und die First Lady mit unerwarteter Wucht. Im ersten Augenblick wußte keiner von beiden, wie er reagieren sollte. Sie hatten sich dunkel gekleidet und trugen schwarze Armbinden, da sie angenommen hatten, daß sich zu diesem ernsten Anlaß eine gewisse Förmlichkeit nicht umgehen ließe. Der Präsident trug sogar als weiteres Zeichen seines Respekts einen Hut, was er normalerweise niemals getan hätte.

Seine Frau zupfte ihn am Ärmel. „Was machen wir bloß?" flüsterte sie.

„Ich glaube, es ist eine Hier-und-jetzt-Situation", antwortete er und warf seinen Hut hinter sich in den Hubschrauber.

Mehrere Minuten lang blieben sie auf der obersten Stufe stehen und winkten und lächelten der sich wie wild gebärdenden, fähnchenschwenkenden Menge zu, bevor sie hinunterschritten, um das Empfangskomitee zu begrüßen.

Der Lärm war ohrenbetäubend. Der Präsident mußte schreien, um sich beim Händeschütteln mit Bürgermeister Mansio verständlich zu machen. „Ich habe gesagt", brüllte er, den Mund dicht an Mansios Ohr, „daß es mich mit tiefem Schmerz erfüllt, meinen ersten Besuch als Präsident in Ihrer schönen Stadt aus dem Anlaß solch einer erschütternden Tragödie machen zu müssen."

Die Empfangsreihe öffnete sich. Doch statt auf die wartende Autokolonne gingen der Präsident und seine Frau, umgeben von der Meute der Kameraleute und Pressefotografen, auf den Drahtzaun zu.

Die Menge gebärderte sich wie verrückt. Ein paar Minuten lang schritten sie den Zaun ab, lächelten, sagten „Hallo!" und „Erfreut, Sie kennenzulernen!", in unmittelbarer Reichweite einer Unzahl winkender Hände. Der leitende Geheimdienstbeamte, voller Furcht, der Zaun könnte unter der Last der Körper nachgeben, drängte den Präsidenten aufzuhören.

„Nur noch eine Minute, Hank", murmelte der Präsident, „nur noch ein, zwei Minuten..."

Hier fiel es ihm noch leicht zu glauben, daß er richtig gehandelt hatte mit seiner Entscheidung für WILD CARD; dort drüben, auf dem Unglücksgelände, würde es, wie er wußte, ganz anders sein.

Widerstrebend wandte er sich schließlich ab und folgte der First Lady zur Autokolonne, wo er neben ihr auf dem Rücksitz des schwarzen Lincoln Continental Platz nahm.

Einhunderttausend Menschen war der Zutritt in das zum Nationaldenkmal erklärte Gelände gestattet worden. Man hatte sie in zwei Gruppen aufgeteilt. Den nächsten Angehörigen waren Sitzplätze vor den Ruinen des Hauses auf der Doty Avenue, mit Blickrichtung zum Podium, von dem aus der Präsident sprechen würde, zugewiesen worden. Die andere, weitaus größere Gruppe war zu beiden Seiten des etwa fünfhundert Meter langen, nördlich der Redondo Beach Boulevard Kreuzung verlaufenden Abschnittes der Crenshaw Avenue verteilt worden, die jetzt in Avenue of the Galaxies umbenannt worden war. Sie würden sich mit einem kurzen Blick auf den vorbeifahrenden Präsidenten begnügen müssen und die Feierlichkeiten nur über Lautsprecher miterleben.

Tosender Beifall hüllte die Autokolonne ein, als sie aus dem Gelände des El Camino Colleges ausscherte und die Reise über die Avenue of the Galaxies antrat. Über ihren Köpfen, zu beiden Seiten der langen, geraden Allee, flatterten auf Halbmast die Flaggen der Vereinten Nationen vor einem strahlend blauen Himmel.

Der Präsident stand auf und winkte der Menge mit hocherhobenen Armen zu. Plötzlich zerplatzte vor dem die Kolonne anführenden Wagen ein Sack voller Rosenblätter aus Papier, den jemand aus der Menge auf die Straße geworfen hatte. Ein zweiter folgte, dann noch einer, und schon war die Luft von einem Wirbel roter Blätter erfüllt. Innerhalb von wenigen Minuten sahen die Motorradeskorte, der Präsident und alle Insassen des offenen Lincoln aus, als seien sie blutbespritzt.

Der Präsident hatte darum gebeten, Personen, die bei Terroristenanschlägen Verletzungen davongetragen hatten, vor den Polizeilinien zu beiden Seiten der Avenue Plätze anzuweisen. Neben dem Wunsch, ihnen ein sicheres und bequemes Zuschauen zu ermöglichen, war es ihm hauptsächlich darum gegangen, daß er sie sehen konnte. Von diesen Menschen mit ihren verstümmelten Gliedmaßen erhoffte er sich die emotionale Grundlage für die harte Bewährungsprobe, die vor ihm lag. Sie waren für ihn der lebende Beweis, daß WILD CARD nötig gewesen war.

Er ließ die Kolonne anhalten und stieg aus. Begleitet von der First Lady und zwei Geheimdienstagenten überquerte er die Straße und schüttelte einem hübschen, zehn Jahre alten Mädchen in einem Rollstuhl die ihr gebliebene Hand; sie könne mit ihren neuen Beinen schon recht gut umgehen, erklärte sie ihm stolz. Der Präsident ging weiter, um ein paar Worte mit einem Nationalgardisten zu wechseln, der durch die Kugel eines Heckenschützen gelähmt worden war, und dann zu einem kleinen, durch eine Napalmbombe entstellten Jungen.

Er machte noch keine Anzeichen, zum Lincoln zurückgehen zu wollen. Die Polizeibeamten im Wagen an der Spitze des Zuges sahen besorgt auf die Uhr und überlegten, ob er wohl beabsichtigte, den ganzen restlichen Weg bis zur Doty Avenue zu Fuß zu gehen. Verwundert sahen sie, wie eine ältere Frau sich mit tränenüberströmtem Gesicht in ihrem Rollstuhl aufrichtete und den Präsidenten umarmte. Das Ganze glich, wie es einer von ihnen später nannte, mit jeder Minute mehr dem Einzug Jesu in Jerusalem.

Mit fünfunddreißig Minuten Verspätung kam die Wagenkolonne schließlich neben der mit einem Band umspannten Tribüne auf der Doty Avenue zum Stehen. Alle dort versammelten Personen erhoben sich und fingen an zu klatschen. Hinter der First Lady stieg der Präsident die Stufen empor und schüttelte den aufgereihten Würdenträgern die Hand. Alle drei Staatsgewalten waren vertreten, ebenso die Vereinigten Generalstäbe, Direktoren und Kuratorium des Smithsonian Instituts und die Gesandten aller Mitgliedsländer der Vereinten Nationen.

Der Präsident nahm seinen Platz ein, der Applaus verklang. Während der nun folgenden Reden erlaubte er es sich nicht ein einziges Mal, dem Blick auch nur eines Augenpaares zu begegnen, und er schaute auch nicht auf die Ruinen des Hauses hinter sich.

Dann endlich war er an der Reihe. Er stand auf und trat an das Pult mit dem blau-goldenen Präsidentenwappen. Tumultartiger Beifall brach los. Er legte die Hände auf die Seitenkanten des Pultes und wartete; die Menschen applaudierten weiter. Der Präsident hob die Hände, als wolle er sagen: Genug!, doch statt nachzulassen, schwoll der Beifall zu einem neuen Crescendo an. Mein Gott!, dachte er, warum hören die bloß nicht auf? Daß diese Menschen ihm, dem Mann, der ihre Väter und Mütter, Söhne und Töchter, Brüder und Schwestern ermordet hatte, so inbrünstig applaudierten, war eine fast unerträgliche Last, auf die er nicht vorbereitet gewesen war. Panik stieg in ihm auf. Es kam ihm vor, als holten sie dadurch, daß sie seiner Freveltat beistimmten, erst recht den Zorn Gottes auf ihn herab.

Er löste den Blick von dem ordentlichen Stapel gelber Blätter, auf die seine Rede getippt worden war, richtete ihn über den Wald von vor ihm aufgebauten Mikrofonen in die Ferne und fing an zu sprechen:

„Als amerikanische Astronauten... zum ersten Mal ihren Fuß... auf eine andere Welt als die unsere setzten... trugen sie eine Botschaft für die Nachwelt bei sich: ... ‚Wir kommen in friedlicher Absicht und für die ganze Menschheit...' die ganze Menschheit... die ganze Menschheit..." Trotz der Hitze fror es ihn plötzlich. Seine Worte, über Dutzende von Lautsprechern übertragen, wurden verächtlich von den Wänden der leeren Gebäude zu ihm zurückgeworfen.

Das letzte gelbe Blatt lag vor ihm. Gleich ist es vorbei! dachte er. In einer halben, höchstens einer dreiviertel Stunde können mir alle den Buckel runterrutschen!

Er strich sich eine Locke seines braunen Haares aus der Stirn und hob den Kopf. „Wir dürfen nie vergessen", sagte er, „daß wir nichts weiter sind ... als Geschöpfe auf einem einzigen Planeten ... in einem einzigen Sonnensystem ... in den ungeheuren und unendlich geheimnisvollen Tiefen des Weltraums.

Wir müssen uns als eine noch junge Spezies ansehen ... die viel zu lernen ... und für vieles zu büßen hat vor den Gerichtshöfen der Geschichte.

Vor allem anderen aber ... müssen wir ein kosmisches Bewußtsein erlangen ... und auf eine Gemeinschaft des Kosmos hinarbeiten.

Denn dort liegt unsere Zukunft: ... in einem Universum der Nationen!"

Er verließ das Rednerpult, überquerte mit raschen Schritten das Podium und stieg die Stufen hinab. Aus den Händen eines Adjutanten nahm er einen Lorbeerkranz von der Größe eines Lkw-Reifens in Empfang. Er hielt ihn mit beiden Händen und begann, gemessenen Schrittes, allein und unter dem völligen Schweigen der Menge auf den Gedenkstein zuzugehen, den man über der Stelle, an der das Raumschiff explodiert war, aufgerichtet hatte.

Endlich dort angekommen, zitterten ihm vor Anstrengung die Arme. Er lehnte den Kranz vorsichtig gegen den roh gehauenen Granitblock und schwor sich, es gleich nach seiner Rückkehr nach Washington seinen Protokollchefs heimzuzahlen, daß sie sich nicht etwas Leichteres ausgedacht hatten.

Als er sich aufrichtete, fühlte er einen kühlen Hauch über sein Gesicht wehen. Er blinzelte; etwas war ihm ins Auge geflogen. Er blinzelte stärker, doch das verschlimmerte die Sache nur. Seine Hand war schon fast am Gesicht, als ein Trupp Marinesoldaten, der vor den Ruinen Aufstellung genommen hatte, den ersten einer Salve von einundzwanzig Salutschüssen abfeuerte. Irgendwo begann ein Hornist den Zapfenstreich zu blasen. Der Präsident ließ den Arm sinken und nahm Haltung an. Seine Augen füllten sich mit Wasser, und einen Augenblick später lief ihm die erste Träne die Wange hinunter.

Als die Ehrenbezeugungen verklangen, war das tränenüberströmte Gesicht des Präsidenten bereits seit zwei Minuten von gnadenlosen Fernsehkameras in Nahaufnahme festgehalten worden.

30

Gegen halb fünf am Nachmittag des einundzwanzigsten Dezember war die Temperatur in Fort Detrick auf fünf Grad unter Null gesunken. Ein Nordwind, der die ersten Schneeflocken des Winters mit sich brachte, schlüpfte ungehindert durch den elektrischen Zaun und den Stacheldraht, um neugierig an den Fenstern der dunklen, leeren Laboratorien zu rütteln.

Bill Barringer war der einzige Mensch, der sich noch im Hochsicherheitsgebiet aufhielt. Er beeilte sich mit dem Aufräumen seines Büros, um dann auch das Gelände verlassen zu können. Schon beim Aufstehen heute morgen hatte er sich nicht wohl gefühlt, und jetzt war sein Hals entzündet, der Kopf tat ihm weh, und trotz seines dicken Mantels und der Heizstrahler, mit denen er sich umgeben hatte, war ihm kalt. Er nahm die letzte Handvoll Papiere aus dem letzten Ordner und fing an, sie in den Reißwolf zu schieben. Das fehlte mir gerade noch! dachte er, während er zusah, wie die dünnen Papierstreifen aus der Maschine quollen, ausgerechnet zu Weihnachten eine Grippe zu kriegen!

Er sah sich um. Das Büro wirkte so aufgeräumt, als sei ein Heer von Ameisen durchgezogen. Bevor er nach Hause gehen konnte, mußte er jetzt nur noch nachsehen, ob die anderen Beamten, die hier in der Abteilung für Postzensur gearbeitet hatten, ihre Schreibtische ebenso gründlich geleert hatten wie er.

Er schaltete den Reißwolf und die Heizstrahler ab, nahm sein Gepäck auf und ging zur Tür. Bevor er das Licht abdrehte, vergewisserte er sich noch einmal mit einem Blick durch den Raum, daß er nichts vergessen hatte. Eigentlich fand er es schade, hier wegzumüssen. Alles in allem war der Auftrag nicht übel gewesen. Er war zwar nie dahintergekommen, was zum Teufel sie alle hier gemacht hatten – seinem Gefühl nach mußte es etwas mit der Entwicklung einer Laserstrahlbombe zu tun haben –, doch im Grunde genommen war es ihm auch gleichgültig gewesen. Er hatte eine vernünftige Arbeitszeit gehabt, auf Staatskosten in einer luxuriösen Wohnung gelebt, und es war nicht ein einziges Mal auf ihn geschossen worden. Zu all dem hatte er noch in den vergangenen acht Monaten mehr Geld verdient als in derselben Anzahl von Jahren als Polizist.

Nur eine Sache bedauerte er: daß er während dieses Auftrages keine Zeit mit seiner Tochter hatte verbringen dürfen. Wenn ich es doch bloß gekonnt hätte! sagte er sich, oder wenn ihre Mutter noch am Leben wäre und ein Auge auf sie halten könnte! Dann wäre sie vielleicht nicht so leicht vom Wege abgekommen.

Susan Barringer, eine Biochemie-Studentin an der Kent State University, war zu Beginn des Herbstsemesters während einer Demonstration festgenommen und wegen Beschädigung von Staatseigentum und Anzettelung eines Aufstandes angeklagt worden. Er hatte eine Menge Beziehungen spielen lassen müssen, damit man die Anklage fallenließ, und daher war er überrascht und auch verletzt gewesen, als er später erfuhr, daß sie trotzdem weiterhin in der Prostetbewegung der Studentenschaft aktiv war.

Diese Kinder! dachte er verärgert und machte die Tür hinter sich zu.

Das Büro neben seinem war ziemlich groß und enthielt sechs verkratzte Holzschreibtische, ein paar weitere Büromöbel und eine Reihe gelber Aktenschränke. Er brauchte eine Viertelstunde, um die Schränke und fünf der Schreibtische durchzusehen. Bis dahin hatte er nichts Belastenderes gefunden als eine Rolle Tesafilm, einen ausgetrockneten Kugelschreiber, eine halbvolle Schachtel Kleenex-Tücher, ein paar Briefmarken und eine sieben Tage alte *Washington Post,* deren Titelgeschichte vom Abschuß des Flugzeugs mit dem WILD CARD-Team an Bord durch ein UFO handelte.

Er benutzte einige der Kleenex-Tücher, um sich die Nase zu putzen, und machte sich dann an den sechsten und letzten Schreibtisch. Er begann die Durchsuchung wie bei den vorangegangenen mit der oberen Schublade auf der linken Seite. Sie war leer, ebenso die zweite und dritte. Die erste Schublade auf der anderen Seite war ebenfalls leer, doch in der zweiten lag eine angebrochene Packung Kohlepapier. Das oberste Blatt war benutzt worden. Er hielt es gegen das Licht und sah, daß es zur Erstellung eines Durchschlags einer an Henry Jerome gerichteten Aktennotiz verwendet worden war, in der sich einer seiner Leute darüber beklagte, daß die Reparatur des Mikroskops ihrer Abteilung so lange gedauert hatte. Mit vor Wut gerötetem Gesicht stapfte Barringer zum Reißwolf und fing an, die Kohleblätter einzeln hineinzufüttern.

Als er fertig war, ging er wieder zum Schreibtisch zurück und zog am Griff der untersten Schublade. Sie bewegte sich ein kleines Stück, dann klemmte sie. Er hörte, wie innen etwas Schweres über den Boden rutschte. „Scheiße!" fluchte er. Sein Atem blieb in der kalten Luft als Wolke vor seinem Mund stehen. Er sah sich nach einem Gegenstand um, mit dem er die Schublade gewaltsam öffnen könnte.

Ganz in der Nähe hing eine große Rolle mit Packpapier an der Wand. Er nahm sie aus den Haltern und zog die schwere Holzspindel heraus. Mit ihr als Hebel gelang es ihm, die Schublade weitere fünf Zentimeter vorzuziehen. Er kniete nieder, schob seinen Ärmel hoch und streckte die Hand hinein. Seine Finger stießen auf etwas Weiches, Viereckiges. Er zog es vor und versuchte zu erkennen, was es war; schließlich sah er, daß es sich um eine große Schachtel „Whitman's Samplers" handelte.

Stirnrunzelnd schob er den Hut in den Nacken. Was, zum Teufel, macht einer meiner Jungs mit Pralinen? fragte er sich im stillen. Whisky hätte er ja noch verstanden, aber Pralinen? Mit beiden Händen zog er die Packung vorsichtig durch den Spalt nach draußen und legte sie auf die Schreibtischplatte. Plötzlich fiel es ihm wieder ein: Es mußte eine von den vier Schachteln sein, die

McElroy zwei Wochen, nachdem seine Freundin an einer Überdosis gestorben war, hatte verschicken wollen. Er erinnerte sich jetzt, daß Napier damals bei McElroy kein Risiko hatte eingehen wollen und den Auftrag erteilt hatte, vier neue Pralinenschachteln zu besorgen, sie zusammen mit McElroys Briefkarten zu verpacken und abzuschicken. Der Untersuchungsbericht, den er ein paar Tage später zu sehen bekommen hatte, war negativ gewesen: keine Mikrofilmrollen, keine Geheimbotschaften – in der Tat, keinerlei Hinweis darauf, daß die Pralinen in irgendeiner Weise präpariert worden waren.

Er stand auf und blickte auf die noch verschlossene, cellophanumhüllte Schachtel nieder. Eine Idee stieg in ihm auf: „Whitman's Samplers" waren die Lieblingspralinen seiner Tochter...

Er holte einen Umschlag aus der Tasche, öffnete ihn und nahm eine Weihnachtskarte und einen Verrechnungsscheck über hundert Dollar heraus. Er riß einen Bogen von der Packpapierrolle und packte, so schnell es seine klammen Finger erlaubten, die Weihnachtskarte und den Scheck zusammen mit den Pralinen darin ein. Er klebte das Päckchen mit Tesafilm zu, wog es und klebte die drei Briefmarken darauf, die er vorher gefunden hatte.

„Selbst wenn sie das Zeug heute nicht mehr mag", sagte er sich, „wird es ihr wenigstens zeigen, daß ich es nicht vergessen habe." Er lächelte. „Und außerdem, davon steht bestimmt nichts in den Worten des Vorsitzenden, daß man seinen Freunden nicht mal ein paar kapitalistische Pralinen anbieten darf!"

Zufrieden mit sich und seinem kleinen Scherz nahm er sein Gepäck auf, löschte das Licht und machte sich auf die Suche nach einem Briefkasten.

Ich kenne die hübschesten Mädchen, die farbigsten Politiker, die auf-
sässigsten Sportler, die eigen-
artigsten Künstler, verstehe viel von
gutem Essen und Trinken, weiß,
was in ist und was out ist und kenne
alle Plätze, wo was los ist. Ich bin mal
erotisch, mal literarisch, mal wissenschaftlich, mal sportlich, fast nie
esoterisch, meistens witzig, manchmal
satirisch, auch schon mal etwas
zynisch und auf jeden Fall sehr unter-
haltsam.

Playboy, das Männermagazin,
bringt alles was Männern Spaß macht.
Jeden Monat am Kiosk.